Tag 1

Was habt ihr am
Wochenende **gemacht**?

너희들은 주말에 무엇을 **했니**?

Tag 2

Morgen **warte**
ich da auf dich!

내일 거기서 널 **기다리**고 있을게!

Tag 3

Eigentlich bin
ich noch böse auf dich.

원래는 나 아직 너에게 화가 났거든.

Tag 4

Ich habe eine
schlimme **Ahnung**.

나는 불길한 **예감**이 든다.

Tag 5

Ich bin gleich
wieder **zurück**.

난 곧 다시 **돌아올게**.

Tag 1

Was habt ihr am Wochenende **gemacht?**

너희들은 주말에 무엇을 **했니?**

Tag-01

A1

0001 **ab**

~부터

Ab nächsten Montag werde ich fleißig lernen!
다음주 월요일**부터** 나는 열심히 공부할 거야!

▸ m. **Montag** 월요일 / **lernen** 공부하다 / **fleißig** 열심히

Tip 'werden+동사 원형'은 '~할 것이다'라는 미래 시제를 나타낸다.

---

das
0002 **Baby**
-s, -s

n. 아기

Mein Sohn ist ein süßes **Baby**.
나의 아들은 귀여운 **아기**다.

▸ **süß** 귀여운 / m. **Sohn** 아들

---

das
0003 **Café**
-s, -s

n. 카페, 커피숍

Sie ist die Kellnerin im **Café**.
그녀는 **카페**의 여종업원이다.

▸ f. **Kellnerin** 여종업원

0004 **da**

~때문에(종속접속사), 저기, 여기, 그때, 당시

Da er krank war, konnte er nicht kommen.
그는 아팠기 **때문에** 올 수 없었다.

▸ **krank** 아픈 / **kommen** 오다

Tip konnte는 화법조동사 'können ~할 수 있다'의 과거형이다.

0005 die **Ecke** -, -n

f. 모퉁이, 코너

An der **Ecke** gibt es ein gutes Restaurant.
저 **모퉁이**에 좋은 레스토랑이 있어.

▸ **es gibt+4격** 4격이 있다 / n. **Restaurant** 식당, 레스토랑

0006 **fahren**

타고 가다

Das Schiff **fährt** langsam aus dem Hafen.
배가 항구에서부터 천천히 **출발한다**.

▸ n. **Schiff** 배 / m. **Hafen** 항구

Tip 'langsam 천천히'의 비교급-최상급은 langsamer-langsamst이다.

0007 der **Garten** -s, Gärten

m. 정원

Der Vater pflanzt Bäume im **Garten**.
아버지가 **정원**에 나무를 심으신다.

▸ m. **Vater** 아버지 / **pflanzen** (식물을) 심다 / m. **Baum** 나무

0008 das **Haar** -(e)s, -e

n. 머리카락

Er kämmt sich die **Haare**.
그는 (자기의) **머리**를 빗는다.

▸ **kämmen** (머리 등을)빗기다, 빗겨 주다

Tip 'sich kämmen'은 '(자신의) 머리를 빗다'라는 의미이다.

0009 **immer**

항상

Er kommt **immer** pünktlich.
그는 **항상** 제시간에 온다.

▸ **pünktlich** 시간을 시키는, 정시의

0010 **ja**

네, 예

Ja, ich bin Studentin.
네, 저는 대학생(여)입니다.

0011 der
Kaffee
-s, -s

m. **커피**

Der **Kaffee** ist für mich zu bitter.
그 **커피**는 나에게 너무 쓰다.

▸ **bitter** 쓴

0012 **lachen**

웃다

Das Kind **lacht** sehr süß.
그 아이는 매우 귀엽게 **웃는다**.

▸ n. **Kind** 아이 / **sehr** 매우, 아주

Tip 'süß 귀여운'의 비교급-최상급은 süßer-süßest이다.

0013 **machen**

~하다, 만들다

Was habt ihr am Wochenende **gemacht**?
너희들은 주말에 무엇을 **했니**?

▸ **am Wochenende** 주말에

0014 **nach**

(나라, 도시)~(으)로, (시간의 경과)~후에

Wegen der Arbeit, ziehe ich **nach** Berlin um.
나는 직장 때문에 베를린**으로** 이사 간다.

▸ **wegen** 때문에 / f. **Arbeit** 일, 직장 / **umziehen** 이사하다

Tip 'nach ~(으)로'는 3격 지배 전치사이다.

0015 **oben**

위에

Gehen Sie nach **oben**. Das Büro von Frau Meier ist im 3. Stock.
위로 가세요. 마이어 씨의 사무실은 4층입니다.

▸ **gehen** 가다 / n. **Büro** 사무실 / m. **Stock** 층

Tip 우리나라 기준의 1층이 독일에서는 'EG (Erdgeschoss)'이고, 우리나라 기준 2층부터 독일어로 '1. Stock'이 된다. 즉, 마이어 씨의 사무실이 위치한 '3. Stock'은 4층이 된다.

0016 das **Papier** -s, -e

n. 종이

Ich schreibe einen Text auf ein **Papier**.
나는 **종이**에 글을 쓴다.

▸ **schreiben** 쓰다

0017 das **Rad** -(e)s, Räder

n. 바퀴, 자전거

Das **Rad** von meinem Fahrrad ist kaputt.
내 자전거의 **바퀴**가 고장 났다.

▸ n. **Fahrrad** 자전거 / **kaputt** 고장난

0018 der **Saft** -(e)s, Säfte

m. 주스

Möchten Sie einen Apfel**saft** oder Trauben**saft**?
당신은 사과 **주스**를 원하십니까 아니면 포도 **주스**를 원하십니까?

▸ **oder** 또는

Tip möchten은 '~하고 싶다, ~을(를) 원하다'라는 뜻을 가진 화법조동사이다. 주로 '화법조동사+동사 원형'의 형태로 사용된다.

0019 das **Team** -s, -s

n. 팀, 선수단

Unser **Team** hat endlich gewonnen!
우리 **팀**이 드디어 이겼다!

▸ **endlich** 드디어

Tip 'gewinnen 이기다'의 과거 분사가 gewonnen이다.

0020 **über**

(비접촉) ~ 위쪽에, ~ 위쪽으로

Über die Stadt fliegt ein Flugzeug.
도시 **위**로 비행기 한 대가 날아간다.

▸ f. **Stadt** 도시 / **fliegen** 날다 / n. **Flugzeug** 비행기

Tip 3, 4격 동시 지배 전치사 'über'는 비접촉으로서, 공간을 사이에 두고 위에 떠 있는 경우를 나타낸다. 주로 장소·위치는 3격으로(~에), 이동·방향은 4격으로(~으로) 사용한다.

0021 der **Vater** -s, Väter

m. **아빠**

Endlich bin ich **Vater** geworden!
드디어 내가 **아빠**가 되었다!

Tip 매우 많이 쓰이는 중요 동사 중 하나인 'werden ~이(가) 되다'의 과거 분사가 geworden이다.

0022 **wer**

누가

Wer sind Sie?
당신은 **누구**십니까?

0023 der **Sonntag** -s, -e

m. **일요일**

Am **Sonntag** geht meine Familie zur Kirche.
일요일에 나의 가족은 교회로 간다.

▸ f. **Kirche** 교회

0024 **aber**

그러나

Sie ging heute schwimmen, **aber** sie hatte ihre Schwimmsachen vergessen.
그녀는 오늘 수영하러 왔**지만**, 수영복 챙기는 것을 잊어버렸다.

▸ **heute** 오늘 / **schwimmen** 수영하다

A2

0025 **backen**

(빵이나 과자를) 굽다

Die Großmutter **bäckt** für ihre Enkelkinder einen Kuchen.
할머니가 그녀의 손주들을 위해서 케이크를 **굽는다**.

▸ f. **Großmutter** 할머니 / m. **Kuchen** 케이크 / n. **Enkelkind** 손주

0026 die
Cafeteria
-, -s

f. 카페테리아

Man kann einen Kuchen in der **Cafeteria** kaufen.
사람들은 **카페테리아**에서 케이크를 살 수 있다.

▸ **kaufen** 사다

0027 **dabei**

그 곁에, 그 근처에

Der Kellner hat seinen Stift **dabei**.
그 웨이터가 그의 펜을 **가지고** 있다.

▸ m. **Kellner** 종업원 / m. **Stift** 펜

0028 **freundlich**

친절한, 다정한

Mein Vater ist ein sehr **freundlicher** Mann.
우리 아빠는 정말 **다정한** 남자다.

▸ m. **Mann** 남자

Tip 'freundlich 친절한'의 비교급-최상급은 freundlicher-freundlichst이다.

0029 die
Gabel
-, -n

f. 포크

Wir haben keine saubere **Gabel** mehr.
우린 깨끗한 **포크**가 더 없다.

▸ **sauber** 깨끗한

0030 das
Hähnchen
-s, -

n. 영계, 수평아리, 통닭구이

Hähnchen schmeckt in Korea besser als in Deutschland.
통닭구이는 독일에서보다 한국에서 더 맛이 좋다.

▸ **schmecken** ~한 맛이 나다

0031 die
Idee
-, -n

f. **생각, 아이디어**

Habt ihr denn eine neue **Idee**?
너희 새로운 **아이디어** 좀 있니?

▸ **neu** 새로운

0032 die
Jacke
-, -n

f. **재킷**

Hast du deine Regen**jacke** mit?
너는 비옷을 가지고 있니?

▸ **mithaben** 휴대하고 있다 / m. **Regen** 비

0033 der
Kalender
-s, -

m. **달력**

Was steht denn im **Kalender**?
달력에 무엇이 적혀 있나요?

▸ **stehen** 서 있다, 적혀 있다

Tip 부사 'denn 좀, 도대체'는 강조할 때 사용한다.

0034 der
Laden
-s, Läden

m. **가게, 상점**

Die meisten **Läden** sind am Feiertag zu.
대부분의 **가게**는 공휴일에 문을 닫는다.

▸ **meist** 대부분 / m. **Feiertag** 공휴일

0035 das
Mädchen
-s, -

n. **소녀, 여자아이**

Familie Schmidt bekommt bald ein **Mädchen**.
슈미트 가족에게 **여자아이**가 곧 생길 것이다.

▸ **bekommen** 얻다, 생기다 / **bald** 곧

0036 das
Obst
-(e)s, -

n. 과일

Ich esse gern **Obst**, das ich immer auf dem Markt kaufe.
나는 내가 항상 시장에서 사는 **과일**을 즐겨 먹는다.

▸ **essen** 먹다 / **gern** 즐겨 / **immer** 항상 / m. **Markt** 시장

Tip 현재형은 가까운 미래를 나타내기도 한다.

0037 das
Paar
-(e)s, -e

n. 짝, 쌍, 커플

Dieter und Heidi sind ein schönes **Paar**.
Dieter와 Heidi는 예쁜 한 **커플**이다.

▸ **schön** 아름다운

0038 die
Qualität
-, -en

f. 품질, 질

Die **Qualität** des Essens hier ist super gut.
여기 음식의 **질**이 매우 좋다.

▸ n. **Essen** 먹는 것, 음식 / **hier** 여기

0039 das
Radio
-s, -s

n. 라디오

Könnten Sie bitte das **Radio** anmachen?
라디오 좀 켜 주실 수 있나요?

▸ **anmachen** (전원을) 켜다

Tip könnten은 'können ~할 수 있다'의 접속법 2식으로 공손한 표현에서 사용한다.

0040 die
Sache
-, -n

f. 사물, 물품, 소지품

Ihr könnt eure **Sachen** im Zimmer lassen.
너희들은 **소지품들**을 방에 놔둘 수 있어.

▸ n. **Zimmer** 방 / **lassen** 두다

0041 die **Tablette** -, -n

f. 알약

Muss ich dreimal täglich eine **Tablette** nehmen?

내가 매일 하루에 세 번 **약**을 먹어야만 해?

▸ **dreimal** 세 번 / **täglich** 매일 / **nehmen** 가지다, 먹다

Tip müssen은 '해야만 한다'라는 뜻을 가진 화법조동사이다.

0042 **üben**

연습하다, 익히다

Pianisten **üben** oft über 8 Stunden pro Tag Klavier.

피아니스트들은 자주 하루에 8시간 이상 피아노를 **연습한다**.

▸ **über** ~이상 / f. **Stunde** 시간 / **pro** ~마다, ~당 / m. **Tag** 날, 일 / n. **Klavier** 피아노

B1

0043 **unterwegs**

가는 길에, 도중에

Ich bin noch **unterwegs**.

나는 아직 **가는 길**이야.

▸ **noch** 아직

Tip 'unterwegs+sein'은 '가는 중이다'라는 의미이다.

0044 die **Vergangenheit** -, -en

f. 과거

Meine **Vergangenheit** ist unwichtig für unsere gemeinsame Zukunft.

나의 **과거**는 우리의 공동의 미래를 위해 중요하지 않다.

▸ **unwichtig** 중요하지 않은 / **gemeinsam** 공동의 / f. **Zukunft** 미래

0045 **wirken**

일으키다, 작용하다

Die Medizin hat gut **gewirkt**.
그 약이 좋게 **작용했다**.

▸ f. **Medizin** 약, 약품

0046 **abbiegen**

굽히다, 방향을 바꾸다

Wir müssen da vorne links **abbiegen**.
우리는 저 앞에서 좌**회전해야** 돼.

▸ **da vorne** 저기 앞 / **links** 왼쪽

0047 das **Abgas** -es, -e

n. 배기가스

Diesel-**Abgase** sind sehr schädlich.
디젤(에서 나오는) **배기가스**는 정말 해로워요.

▸ **schädlich** 해로운

0048 die **Bäckerei** -, -en

f. 빵집, 제과점

In der **Bäckerei** habe ich eine Brezel und ein Vollkornbrot gekauft.
나는 **빵집**에서 브레첼 하나와 통밀빵 하나를 샀다.

▸ f. **Brezel** 브레첼, 프레즐 / n. **Vollkornbrot** 통밀빵

0049 **ernsthaft**

진지한, 진심의, 심각한

Dieser Film ist sehr **ernsthaft** gewesen.
이 영화는 아주 **진지한** 영화였다.

▸ m. **Film** 영화 / **sehr** 아주

0050 die

Chance

-, -n

f. 좋은 기회, 찬스

Ich gebe dir eine letzte **Chance**.

내가 너에게 마지막 **기회**를 줄게.

▸ **letzt** 마지막

연습문제

1 보기에서 알맞은 단어를 빈칸에 채워 문장을 완성하세요.

보기	immer	über	nach

1 Wegen der Arbeit, ziehe ich ________________ Berlin um.

2 ________________ die Stadt fliegt ein Flugzeug.

3 Er kommt ________________ pünktlich.

2 뜻이 맞는 단어끼리 연결하세요.

1 wirken •	• a 굽히다, 방향을 바꾸다
2 abbiegen •	• b 연습하다, 익히다
3 üben •	• c 일으키다, 작용하다
4 backen •	• d ~하다, 만들다
5 machen •	• e 타고 가다
6 fahren •	• f (빵이나 과자를) 굽다

3 다음 형용사의 뜻과 비교급 – 최상급을 쓰세요.

1 süß (뜻: ________________) - ________________ - ________________

2 freundlich (뜻: ________________) - ________________ - ________________

정답

1 ① nach ② Über ③ immer

2 ① c ② a ③ b ④ f ⑤ d ⑥ e

3 1) 뜻: 귀여운 - süßer - süßest

2) 뜻: 친절한, 다정한 - freundlicher - freundlichst

Tag 2

Morgen **warte** ich da auf dich!

내일 거기서 널 **기다리**고 있을게!

Tag-02

A1

0051 die **Dame**
-, -n

f. 숙녀

Meine **Damen** und Herren,
신사 **숙녀** 여러분,

0052 die **Ehe**
-, -n

f. 혼인, 결혼, 부부

Die **Ehe** ist etwas Schönes.
결혼은 아름다운 것이다.

▸ **etwas Schönes** 아름다운 것

Tip 'etwas+형용사'는 '~한 것'을 의미한다.

0053 der **Fahrer**
-s, -

m. 운전자

Ich warte auf meinen Taxi**fahrer**.
나는 내 택시 **기사**님을 기다린다.

Tip 'warten+auf 4격'은 'auf 4격을 기다리다'를 나타낸다.

0054 der **Gast**
-(e)s, Gäste

m. 손님, 초청객

Bitte sei mein **Gast**.
부디 내 **손님**이 되어 주세요.

Tip 초대할 때 쓰는 멘트이다. sei는 'sein ~(이)다'의 명령형이다.

0055 **haben**

~을(를) 가지고 있다

Er **hat** viele alte Häuser.
그는 오래된 집을 많이 **갖고 있다**.

▸ **viel** 많은 / **alt** 오래된 / n. **Haus** 집

Tip 'haben ~을(를) 가지다'는 반드시 숙지해야 할 중요 동사이다.
'alt 오래된'의 비교급-최상급은 älter-ältest이다.

---

die
0056 **Information**
-, -en

f. 정보, 통지, 안내소

Ich muss noch mehr **Informationen** von der Schule ansehen.
나는 그 학교의 더 많은 **정보**를 봐야 한다.

▸ f. **Schule** 학교 / **ansehen** 보다, 주시하다

Tip 'viel 많은'의 비교급-최상급은 mehr-meist이다.

0057 **jetzt**

이제, 지금

Die Wohnung ist **jetzt** komplett renoviert.
그 집은 **이제** 완전히 수리되었다.

▸ f. **Wohnung** 집 / **komplett** 완전한 / **renovieren** 개조하다, 수리하다

0058 **kaputt**

망가진, 고장 난

Mein alter Computer ist schon wieder **kaputt** gegangen.
내 오래된 컴퓨터가 또 다시 **고장 났다**.

▸ **schon** 이미 / **wieder** 다시

Tip kaputt gehen은 '고장 나다'라는 의미의 분리동사이다.

---

das
0059 **Land**
-es, Länder

n. 국가, 육지, 시골

Möchten Sie auf dem **Land** wohnen?
당신은 **시골**에서 살기를 원하십니까?

▸ **wohnen** 거주하다

0060 das **Meer** -es, -e

n. 바다, 대양

Meine Heimat liegt am **Meer**.
나의 고향은 **바닷**가에 위치해 있다.

▸ f. **Heimat** 고향 / **liegen** 있다, 누워 있다

0061 **nächst**

다음의, 근접한, 가장 가까운

An der **nächsten** Station steigen wir aus.
우리는 **다음** 역에서 하차한다.

▸ f. **Station** 역 / **aussteigen** 하차하다, 내리다

Tip 형용사 'nah 가까운'의 최상급이다. (nah - näher - nächst)

0062 **oder**

또는

Wir gehen entweder zu Fuß **oder** fahren mit dem Fahrrad.
우리는 자전거를 타**거나** 걸어서 간다.

▸ m. **Fuß** 발 / **fahren** 타고 가다

Tip 'entweder A oder B: A 또는 B'는 양자택일의 상황을 나타낸다.

0063 die **Party** -, -s

f. 파티

Heute Abend gibt es eine **Party** bei Lisa.
오늘 저녁에 Lisa네에서 **파티**가 있다.

▸ **heute** 오늘 / m. **Abend** 저녁 / **es gibt** ~이(가) 있다

0064 **rauchen**

흡연하다

In diesem Gebäude darf man nicht **rauchen**.
이 건물에서는 **흡연**해서는 안 됩니다.

▸ n. **Gebäude** 건물

0065 **sagen**

말하다

Der Arzt **sagte**, ich muss für meine Gesundheit weniger Alkohol trinken.
나는 건강을 위해서 술을 덜 마셔야 한다고 의사가 **말했다**.

▸ m. **Arzt** 의사 / f. **Gesundheit** 건강 / m. **Alkohol** 술

Tip 'wenig 적은'의 비교급-최상급은 weniger-wenigst이다.

0066 die **Tasche** -, -n

f. 가방, 주머니

Ich sammle gern moderne **Taschen**.
나는 유행하는 **가방**을 즐겨 수집한다.

▸ **modern** 유행의, 현대의

0067 **über-nachten**

숙박하다, 밤을 보내다

Wir **übernachten** in der Jugendherberge.
우리는 유스호스텔에서 **숙박한다**.

▸ f. **Jugendherberge** 유스호스텔

0068 **verdienen**

(돈을) 벌다, 수익이 있다

Ich **verdiene** bei dieser Arbeit viel Geld.
나는 이 일을 하면서 많은 돈을 **벌고** 있다.

▸ f. **Arbeit** 일, 작업 / n. **Geld** 돈

0069 **warten**

기다리다

Morgen **warte** ich da auf dich!
내일 거기서 널 **기다리**고 있을게!

▸ **morgen** 내일

Tip 'warten auf 4격'은 'auf 4격을 기다리다'를 의미한다.

0070 die **Zeit** -, -en

f. 시간, 시대

Wir haben noch genug **Zeit**.
우리는 아직 충분한 **시간**이 있다.

▸ **noch** 아직 / **genug** 충분한

A2

0071 **abgeben**

교부하다, 제출하다

Sie müssen den Bericht bis morgen **abgeben**.
그 보고서 내일까지 **제출하**셔야 합니다.

▸ m. **Bericht** 보고서

0072 das **Bad** -(e)s, Bäder

n. 목욕, (공중)목욕탕

Das **Bad** ist immer sauber.
그 **목욕탕**은 항상 깨끗하다.

▸ **immer** 항상 / **sauber** 깨끗한

0073 der **Chef** -s, -s

m. (과, 부서의) 장, 상사, 리더, 인솔자, 대표, 우두머리

Der Betrieb bekommt einen neuen **Chef**.
그 기업은 새로운 **대표**를 얻는다.

▸ m. **Betrieb** 기업 / **bekommen** 얻다 / **neu** 새로운

0074 **damals**

당시에, 그때에

Damals war ich noch ein Kind.
당시 나는 아직 아이였다.

▸ n. **Kind** 어린아이

0075 **egal**

아무래도 상관없는

Das ist mir **egal**.
그건 내게 **아무래도 상관없어**.

0076 die **Tasche** -, -n

f. 가방, 주머니

Ich sammle gern moderne **Taschen**.
나는 유행하는 **가방**을 즐겨 수집한다.

▸ **modern** 유행의, 현대의

0077 **ganz**

완전히, 아주, 꽤 완전히, 전체의

Die neue Hose gefällt mir **ganz** gut.
저 새 바지가 나에게 **아주** 마음에 든다.

▸ f. **Hose** 바지 / **gefallen** 마음에 들다

0078 **kalt**

추운, 서늘한, 시원한, 찬

Mir ist **kalt**.
저는 **추워요**.

Tip 'kalt 추운'의 비교급-최상급은 kälter-kältest이다.

0079 **manchmal**

이따금, 때때로

Manchmal trinke ich Bier, wenn ich nicht schlafen kann.
나는 잠을 잘 수 없을 때면, **가끔** 맥주를 마신다.

▸ n. **Bier** 맥주 / **schlafen** 자다

0080 die
Nähe
-, -

f. **인접, 근처**

Gibt es einen Supermarkt in der **Nähe**?
슈퍼마켓이 이 **근처**에 있나요?

▸ m. **Supermarkt** 마트, 슈퍼마켓

Tip in der Nähe는 '근처에'라는 의미이다.

0081 **obwohl**

~일지라도

Obwohl es regnet, fahre ich mit dem Fahrrad zur Arbeit.
나는 비가 올**지라도** 자전거를 타고 직장으로 간다.

▸ **regnen (es regnet)** 비가 온다

0082 der
Park
-es, -s

m. **공원**

Meistens geht er mit seinem Hund durch den **Park** spazieren.
그는 대체로 개와 함께 **공원**을 가로질러 산책한다.

▸ **meistens** 대체로 / m. **Hund** 개 / **spazieren** 산책하다

0083 die
Quote
-, -n

f. **비율, 몫, 배당**

Die Arbeitslosen**quote** ist gestiegen.
실직자의 **비율**이 상승했다.

▸ pl. **Arbeitslosen** 실직자 / **steigen** 오르다

0084 der
Raum
-(e)s, Räume

m. **공간, 방**

Die Konferenz findet in **Raum** 80 statt.
회의는 80호**실(방)**에서 개최된다.

▸ f. **Konferenz** 회의 / **stattfinden** 개최되다

0085 **sammeln**

모으다

Sie **sammelt** Briefmarken.
그녀는 우표를 **모은다**.

▸ f. **Briefmarke** 우표

0086 die **Tafel** -, -n

f. 칠판

Die Lehrerin schreibt ein neues Wort an die **Tafel**.
선생님이 **칠판**에 새로운 단어를 쓰신다.

▸ f. **Lehrerin** 선생님(여) / n. **Wort** 단어

0087 **überall**

도처에, 사방에, 여기저기에

Ich habe dich **überall** gesucht.
나는 너를 **여기저기에**서 찾았다.

▸ **suchen** 찾다

0088 **verbieten**

금지하다

Schwimmen ist hier **verboten**.
여기는 수영하는 것이 **금지되어** 있습니다.

▸ **schwimmen** 수영하다 / **hier** 여기

0089 **warum**

왜, 어째서

Warum trinkst du gern Bier?
너는 **왜** 맥주를 즐겨 마셔?

0090 das **Zentrum** -s, Zentren

n. 중앙, 중심가

Diese Stadt ist das kulturelle **Zentrum** meines Landes.
바로 이 도시가 우리 나라의 문화 **중심지**이다.

▸ **kulturell** 문화의

0091 die **Abbildung** -, -en

f. 삽화

Die **Abbildung** dieses Kinderbuches ist sehr genau.
이 동화책의 **삽화**는 매우 세밀하다.

▸ n. **Kinderbuch** 동화책 / **genau** 세밀한, 정확한

0092 der **Bahnsteig** -(e)s, -e

m. (정거장) 플랫폼

Am **Bahnsteig** 2 fährt gerade die S5 ein.
2번 **플랫폼**에 지금 S5 전철이 들어오고 있습니다.

▸ **gerade** 지금, 막 / **einfahren** (기차, 전철, 등) 들어오다

0093 die **Couch** -, -s

f. 소파

Unsere neue **Couch** im Wohnzimmer ist sehr bequem.
우리 거실에 새로운 **소파**는 정말 편하다.

▸ n. **Wohnzimmer** 거실 / **sehr** 매우 / **bequem** 편안한

0094 **dagegen**

그와 반대로, 그것을 향해, 반대하는

Ich bin **dagegen**, dass die Steuer noch teurer wird.
나는 세금이 훨씬 더 비싸지는 데 **반대한다**.

▸ f. **Steuer** 세금 / **teuer** 비싼 / **werden** 되다

Tip 'dagegen 반대하는'의 반의어는 'dafür 동의하는'이다.

0095 **ebenfalls**

~도 또한 역시, 마찬가지로

Mein bester Freund ist **ebenfalls** dabei.
내 가장 친한 친구 **또한** 함께한다.

▸ m. **Freund** 친구

0096 das
Fach
-(e)s, Fächer

n. 과목, 분야, 칸막이

Was ist dein Lieblings**fach**?
네가 가장 좋아하는 **과목**은 무엇이니?

0097 die
Geburt
-, -en

f. 출생, 출산, 탄생

Das war eine schwere **Geburt**.
힘든 **출산**이었다.

0098 das
Semester
-s, -

n. 학기

Mein **Semester** ist im August zu Ende.
나의 **학기**는 8월에 끝난다.

▸ n. **Ende** 끝

0099 die
Spur
-, -en

f. 흔적, 단서, 차선

Das Auto fährt auf einer **Spur**.
그 자동차가 **차선**을 (밟고) 달린다.

▸ n. **Auto** 자동차

0100 **hinweisen**

가리키다, 지시하다, 언급하다

Du musst ihn darauf **hinweisen**, dass die Straße sehr gefährlich ist.
너는 그에게 그 길이 매우 위험하다는 것을 **언급해야 해**.

▸ f. **Straße** 거리, 길 / **gefährlich** 위험한

Tag 2

연습문제

1 보기에서 알맞은 단어를 어미 변화에 맞게 빈칸에 채워 문장을 완성하세요.

보기	damals	verboten	obwohl

1 ______________ es regnet, fahre ich mit dem Fahrrad zur Arbeit.

2 Rauchen ist hier ______________.

3 ______________ war ich noch ein Kind.

2 뜻이 맞는 단어끼리 연결하세요.

1 übernachten •	• a (돈을) 벌다, 수익이 있다
2 verdienen •	• b 숙박하다, 밤을 보내다
3 abgeben •	• c 교부하다, 제출하다
4 rauchen •	• d 기다리다
5 warten •	• e 흡연하다

3 동사의 뜻, 과거형, 과거 분사형을 쓰세요.

1 haben (뜻: ______________) - ______________ - ______________

4 다음 형용사의 뜻과 비교급 - 최상급을 쓰세요.

1 kalt (뜻: ______________) - ______________ - ______________

정답

1 ① Obwohl ② verboten ③ Damals
2 ① b ② a ③ c ④ e ⑤ d
3 1) 뜻: ~을(를) 가지고 있다 - hatte - gehabt
4 1) 뜻: 추운, 서늘한, 시원한, 찬 - kälter - kältest

Tag 3

Eigentlich bin ich noch böse auf dich.

원래는 나 아직 너에게 화가 났거든.

Tag-03

A1

0101 der **Geburtstag** -(e)s, -e

m. **생일**

Er hat mir das Buch zum **Geburtstag** geschenkt.
그는 **생일**에 나에게 책을 선물했다.

▸ n. **Buch** 책 / **schenken** 선물하다

0102 die **Hand** -, Hände

f. **손**

Sie wäscht sich die **Hände**.
그녀는 **손**을 씻는다.

0103 das **Internet** -s, -s

n. **인터넷**

Im **Internet** habe ich das billigste Hotel reserviert.
나는 **인터넷**에서 최저가 호텔을 예약했다.

▸ n. **Hotel** 호텔 / **reservieren** 예약하다

0104 das **Jahr** -es, -e

n. **연(年), 해**

Das **Jahr** hat 52 Wochen.
한 **해**는 52주이다.

▸ f. **Woche** 주(週)

0105 die **Karte** -, -en

f. 카드

Kann ich mit **Karte** bezahlen?
카드로 지불할 수 있나요?

▸ **bezahlen** 지불하다

0106 **langsam**

느린, 천천히

Könnten Sie bitte **langsamer** sprechen?
좀 더 **천천히** 말씀해 주시겠어요?

▸ **sprechen** 말하다

Tip 'langsam 천천히'의 비교급-최상급은 'langsamer-langsamst'이다.

0107 **man**

사람들이, 누군가 (일반 주어)

Darf **man** hier parken?
이곳에 **누군가** 주차해도 됩니까?

▸ **parken** 주차하다

0108 der **Name** -ns, -n

m. 이름, 성명

Wie schreibt man Ihren **Namen**?
당신의 **이름**을 어떻게 씁니까?

0109 der **Opa** -s, -s

m. 할아버지

Sein **Opa** wohnt in einem Seniorenheim.
그의 **할아버지**는 양로원에 사신다.

▸ n. **Seniorenheim** 양로원

0110 die **Pause** -, -n

f. 휴식, 중지

Wir haben von 12:30 Uhr bis 14:00 Uhr Mittags**pause**.
우리는 12시 30분부터 14시까지 점심 **휴식** 시간이다.

▸ f. **Uhr** 시각, 시계

0111 **rechts**

오른편에, 오른쪽으로

Sie müssen an der nächsten Kreuzung **rechts** abbiegen.
당신은 다음 교차로에서 **오른쪽으로** 꺾어야 합니다.

▸ f. **Kreuzung** 교차로 / **abbiegen** 꺾다

Tip 'rechts 오른쪽으로'의 반의어는 'links 왼쪽으로'이다.

0112 der **Salat** -es, -e

m. **샐러드**

Machen wir den **Salat** mit Öl?
우리 오일 뿌린 **샐러드** 만들까?

▸ n. **Öl** 기름

0113 das **Taxi** -s, -s

n. **택시**

Wer bezahlt das **Taxi**?
누가 **택시**비를 계산할 거니?

0114 **überweisen**

송금하다, 계좌 이체하다

Ich habe die Miete **überwiesen**.
나는 월세를 **송금했다**.

▸ f. **Miete** 임대료(집세, 월세 등)

0115 **verheiratet**

기혼의, 결혼한

Wir sind seit 30 Jahren **verheiratet**.
우리는 30년 전에 **결혼했다**.

Tip 'verheiratet 기혼의'의 반의어는 'ledig 결혼 안 한, 미혼인'이다.

0116 **was**

무엇이, 무엇을

Was ist das?
이것은 **무엇**입니까?

0117 die
Zeitung
-, -en

f. **신문, 일간지**

Jeden Morgen lese ich die **Zeitung**.
매일 아침마다 나는 **신문**을 읽는다.

▸ **lesen** 읽다

0118 **ab | fahren**

출발하다

Der Bus **fährt** um 12 Uhr **ab**.
버스는 정각 12시에 **출발한다**.

Tip 'um+시각'은 '~시 정각에'를 의미한다.

0119 **baden**

목욕하다

Er **badet** am Abend in warmem Wasser.
그는 저녁에 따뜻한 물로 **목욕한다**.

▸ **warm** 따뜻한 / n. **Wasser** 물

0120 der
Computer
-s, -

m. **컴퓨터**

Er arbeitet stundenlang am **Computer**.
그는 긴 시간 동안 **컴퓨터**로 일한다.

▸ **stundenlang** 긴 시간 동안, 한참 동안

0121 **danken**

감사하다, 고마워하다, 칭찬하다

Wir **danken** Ihnen für Ihre Einladung.
우리는 당신의 초대에 대해 당신에게 **고마워한다**.

▸ f. **Einladung** 초대, 초대장

Tip 'danken+für 4격: für 4격에 대해 고마워하다'를 알아 두자.

0122 **eigentlich**

원래의, 본래, 고유한

Eigentlich bin ich noch böse auf dich.
원래는 나 아직 너에게 화가 났거든.

▸ **böse** 화난, 나쁜

0123 **fallen**

떨어지다

Er ist aus dem Bett ge**fallen**.
그는 침대에서 **떨어졌다**.

▸ n. **Bett** 침대

0124 die **Garage** -, -n

f. 차고

Mein Auto steht in der **Garage**.
내 차는 **차고**에 세워져 있다.

0125 **hart**

단단한

Die Kartoffeln sind noch **hart**.
감자들이 아직 **단단하다**.

▸ f. **Kartoffel** 감자

Tip 'hart 단단한'의 비교급-최상급은 härter-härtest이다.

0126 die **Intelligenz** -, -en

f. 지능

Seine angeborene **Intelligenz** ist sehr gut.
그의 타고난 **지능**은 매우 좋다.

▸ **angeboren** 타고난, 천성의

Tip 'gut 좋은'의 비교급-최상급은 besser-best이다.

0127 der **Job** -s, -s

m. **직업**

Hast du einen neuen Job gefunden?
너는 새로운 **직업**을 찾았니?

▸ **finden** 찾다, 생각하다

0128 die **Kasse** -, -n

f. **계산대, 카운터, 은행 창구**

Ich gehe zum Bezahlen an die **Kasse**.
나는 계산하기 위해서 **카운터**로 간다.

0129 **langweilig**

지루한, 지겨운

Er findet den Film sehr **langweilig**.
그는 그 영화를 매우 **지루하다**고 생각한다.

▸ m. **Film** 영화

Tip 'langweilig 지루한'의 비교급-최상급은 langweiliger-langweiligst이다.

0130 **malen**

(그림) 그리다, 채색하다

Sie kann sehr gut **malen**.
그녀는 그림을 매우 잘 **그릴** 수 있다.

0131 **nass**

젖은

Ich bin ganz **nass**, weil ich den Regenschirm verloren habe.
내가 우산을 잃어버려서, 완전히 **젖었어**.

▸ **ganz** 완전히 / m. **Regenschirm** 우산 / **verlieren** 잃어버리다

0132 **öffnen**

열다, 개봉하다

Der Supermarkt ist von 8:00 bis 21:00 Uhr **geöffnet**.
슈퍼마켓은 8시부터 21시까지 **연다**.

Tip 'von A bis B'는 'A부터 B까지'의 범위를 나타낸다.

0133 **parken**

주차하다

Ich **parke** mein Auto und dann gehe ich zu dir.
나 내 차 **주차하고** 너 (있는) 쪽으로 걸어갈게.

▸ **gehen** 걷다

die
0134 **Quittung**
-, -en

f. 영수증

Geben Sie mir bitte eine **Quittung**.
제게 **영수증** 한 장만 주세요.

▸ **geben** 주다

0135 **rechnen**

계산하다

Der Verkäufer hat falsch **gerechnet**.
그 판매원이 잘못 **계산했다**.

▸ m. **Verkäufer** 판매원 / **falsch** 잘못된, 틀린

0136 **schicken**

보내다

Hast du ihr eine Einladung zur Hochzeit **geschickt**?
너 그녀에게 청첩장을 보냈니?

▸ f. **Einladung** 초대, 초대장 / f. **Hochzeit** 결혼식

0137 **teil | nehmen**

~에 참가하다, 참여하다

Ich kann an dem Kurs regelmäßig **teilnehmen**.
나는 그 강좌에 정기적으로 **참여할** 수 있다.

▸ m. **Kurs** 코스, 강좌 / **regelmäßig** 규칙적으로, 정기적으로

Tip 'teilnehmen an+3격'은 '~에 참여하다'라는 의미이다.

0138 **übersetzen**

번역하다

Kannst du den Text ins Deutsche **übersetzen**?
이 문서를 독일어로 **번역할** 수 있나요?

▸ m. **Text** 텍스트

0139 **vergessen**

잊어버리다

Ich habe den Termin ganz **vergessen**.
나는 그 일정을 완전히 **잊어버리**고 있었다.

▸ m. **Termin** 일정

die
0140 **Wäsche**
-, -n

f. 빨래

Ich hänge die **Wäsche** auf dem Balkon auf.
나는 **빨래**를 발코니에 널어놓는다.

▸ **aufhängen** 걸다, 매달다 / m. **Balkon** 발코니

Tip 'hängen+4격'은 '4격을 ~에 걸다, 매달다'라는 의미이다.

das
0141 **Ziel**
-(e)s, -e

n. 목표, 의도, 목적지

Dieser Weg führt nicht zum **Ziel**.
이 길은 **목적지**로 인도하지 않는다.

▸ m. **Weg** 길 / **führen** 안내하다

B1

0142 **selbstverständlich**

당연한

Über **selbstverständliche** Dinge brauchen wir nicht zu sprechen.
당연한 일에 대해 우리는 말할 필요가 없다.

▸ n. **Ding** 물건, 사건, 일 / **brauchen** 필요하다

0143 die
Kabine
-, -n

f. **작은 방, 객실, 선실**

Ich probiere das Shirt in der Umkleide**kabine** an.
이 셔츠 저 탈의**실** 안에서 입어 볼게.

▸ **anprobieren** 입어 보다 / n. **Shirt** 셔츠

0144 **hinter-lassen**

뒤에 남기다, 유언으로 남기다

Er hat mir all sein Geld **hinterlassen**.
그는 그의 전 재산을 유산으로 **남겼다**.

0145 **gründlich**

철저하게, 철저한, 아주 꼼꼼한

Du sollst die Sprachprüfung **gründlich** vorbereiten.
너는 그 어학 시험을 **철저하게** 준비해야 한다.

▸ f. **Sprachprüfung** 어학 시험 / **vorbereiten** 준비하다

0146 die
Frist
-, -en

f. **기간, 기한, 연기, 유예**

Mein Chef hat mir eine **Frist** bis nächsten Montag gesetzt.
나의 상사가 내게 다음주 월요일까지로 **기한**을 정했다.

▸ m. **Montag** 월요일 / **setzen** 정하다, 설정하다, 앉히다

Tip 독일 대학 원서 접수 기간 역시 Frist(en)로 많이 표현한다.

0147 **erschöpft**

지친, 다 써 버린, 소진한

Ich bin von meiner Arbeit total **erschöpft**.
난 내 일로 인해 **기진맥진이다**.

▸ **total** 완전히

0148 **der**
Drucker
-s, -

m. **프린터, 인쇄 직공**

Mein **Drucker** hat keine Farbe mehr.
내 **프린터**에 잉크가 더 없어.

▸ f. **Farbe** 색 / **mehr** 더 많은

Tip 'viel 많은'의 비교급-최상급은 mehr-meist이다.

0149 **die**
Brust
-, Brüste

f. **가슴, 흉부**

Meine **Brust** tut weh.
내 **흉부** 쪽이 아프다.

▸ **tun** 하다, 행동하다 / **weh** 아픈

0150 **der**
Augenblick
-(e)s, -e

m. **순간, 찰나**

In diesem **Augenblick**, habe ich mich sehr gut gefühlt.
그 **순간**에 난 좋은 기분을 느꼈다.

▸ **fühlen** 느끼다

연습문제

1 보기에서 알맞은 단어를 빈칸에 채워 문장을 완성하세요.

보기	verheiratet	Frist	man	Geburtstag

1 Er hat mir das Buch zum ______________ geschenkt.

2 Darf ______________ hier parken?

3 Wir sind seit 30 Jahren ______________.

4 Mein Chef hat mir eine ______________ bis nächsten Montag gesetzt.

2 뜻이 맞는 단어끼리 연결하세요.

1 abfahren •	• a 잊어버리다
2 teilnehmen •	• b (그림) 그리다, 채색하다
3 rechnen •	• c 계산하다
4 vergessen •	• d 출발하다
5 malen •	• e ~에 참가하다, 참여하다
6 fallen •	• f 떨어지다

3 다음 형용사의 뜻과 비교급 – 최상급을 쓰세요.

1 langsam (뜻: ______________) - ______________ - ______________

2 langweilig (뜻: ______________) - ______________ - ______________

3 nass (뜻: ______________) - ______________ - ______________

4 hart (뜻: ______________) - ______________ - ______________

정답

1 ① Geburtstag ② man ③ verheiratet ④ Frist

2 ① d ② e ③ c ④ a ⑤ b ⑥ f

3 1) 뜻: 느린, 천천히 - langsamer - langsamst 2) 뜻: 지루한, 지겨운 - langweiliger - langweiligst
3) 뜻: 젖은 - nasser(nässer) - nassest(nässest) 4) 뜻: 단단한 - härter - härtest

Tag 4

Ich habe eine schlimme **Ahnung.**

나는 불길한 **예감**이 든다.

Tag-04

A1

0151 **ab | fliegen**

이륙하다

Das Flugzeug **fliegt** jetzt **ab.**
비행기가 지금 **이륙한다**.

▸ n. **Flugzeug** 비행기 / **jetzt** 지금, 현재

0152 die **Bahn** -, -en

f. 길, 기차

Die **Bahn** ist immer zu spät.
그 기차는 항상 너무 늦는다.

▸ **immer** 항상 / **spät** 늦은, 지각한

0153 der **Cent** -s, -(s)

m. 센트

Die Parkgebühr beträgt 50 **Cent** je 30 Minuten.
주차비는 30분에 50**센트**이다.

▸ f. **Parkgebühr** 주차 요금 / **betragen** ~(금액)에 달하다 / f. **Minute** 분

0154 **daneben**

그곁에, 그것과 나란히, 게다가

Schieß nicht **daneben**, sonst ist es kein Tor.
그 **옆**에 슛하지 마, 거긴 골대가 아니야.

▸ **schießen** 쏘다, 던지다, 슛하다 / **sonst** 그 외에, 그 밖에, 그렇지 않으면 / n. **Tor** 문, 골

0155 das **Ei** -(e)s, -er

n. 달걀

Die Henne legt ein **Ei**.
암탉이 **알**을 낳는다.

▸ f. **Henne** 암탉, 새의 암컷 / **liegen** 두다, 놓다, 눕다, (알을) 낳다

0156 die **Fahrkarte** -, -n

f. 차표, 승차권

Ich kaufe eine **Fahrkarte** für den Bus.
난 버스 **차표**를 산다.

▸ **kaufen** 사다 / m. **Bus** 버스

0157 die **Gabe** -, -n

f. 재능

Sie hat die **Gabe** der Dichtkunst.
그녀는 문학적 **재능**이 있다.

▸ f. **Dichtkunst** 문학, 문예

0158 das **Handy** -s, -s

n. 핸드폰

Mein **Handy** ist kaputt.
내 **핸드폰**이 고장 났다.

▸ **kaputt** 고장 난, 훼손된, 망가진

0159 **in**

~안에, ~안으로

Wohnst du **in** einer Stadt oder **in** einem Dorf?
너는 도시**에** 거주하니 아니면 시골**에** 거주하니?

▸ **wohnen** 거주하다 / f. **Stadt** 도시, 시내 / **oder** 또는 / n. **Dorf** 마을, 시골

Tip in은 3, 4격 동시 지배 전치사이다. 주로 장소·위치는 3격으로(~에), 이동·방향은 4격으로(~으로) 사용한다.

0160 **jung**

젊은, 어린

Ihr seid für diesen Film noch zu **jung**.
너희들은 이 영화를 보기에 아직 너무 **어리다**.

▸ **seid** sein 동사의 2인칭 복수 현재형 / m. **Film** 영화 / **noch** 아직, 여전히, 그래도

Tip 'jung 어린'의 비교급-최상급은 jünger-jüngst이다.

---

die
0161 **Kartoffel**
-, -n

f. 감자

Möchten Sie **Kartoffel**puffer mit Apfelmus?
당신은 사과 소스를 곁들인 **감자**전을 원하십니까?

▸ **möchten** 원하다 / m. **Kartoffelpuffer** 감자전 / n. **Apfelmus** 사과 소스

---

das
0162 **Lebens-mittel**
-s, -

n. 식료품

Jeden Samstag kaufen wir **Lebensmittel** im Supermarkt ein.
우리는 토요일마다 슈퍼마켓에서 **식료품**을 산다.

▸ m. **Samstag** 토요일 / **einkaufen** 구입하다 / m. **Supermarkt** 슈퍼마켓

Tip 복수로만 쓰는 명사다.

0163 **mehr**

(좀) 더, 더 많이

Mehr kann ich nicht essen. Ich bin zu satt.
나는 **더 이상**은 먹을 수가 없어. 너무 배불러.

▸ **können** 할 줄 알다, 할 수 있다 / **essen** 먹다 / **satt** 포화한, 배부른

Tip 'viel 많은'의 비교급-최상급은 mehr-meist이다.

---

die
0164 **Nummer**
-, -n

f. 숫자

Haben Sie die Hose eine **Nummer** größer?
바지 한 **치수** 큰 사이즈 가지고 있나요?

▸ **haben** 가지고 있다 / f. **Hose** 바지 / **groß** 큰

Tip 'groß 큰'의 비교급-최상급은 größer-größt이다.

0165 **oft**

종종, 자주

Ich habe **oft** Ohrenschmerzen.
나는 **종종** 귀가 아프다.

▸ m. **Ohrenschmerz** 귀앓이, 귀 통증

Tip 'oft(=häufig) 자주, 종종'의 비교급-최상급은 öfter(=häufiger)-öftest(=häufigst)이다.

die
0166 **Polizei**
-, -en

f. 경찰

Die **Polizei** hat den Verbrecher festgenommen.
경찰이 범인을 체포했다.

▸ m. **Verbrecher** 범죄자, 범인 / **festnehmen** 체포하다

0167 **regnen**

비가 오다

Gestern hat es stark **geregnet**. Heute scheint die Sonne.
어제는 **폭우**가 왔다. 오늘은 해가 내리쬔다.

▸ **gestern** 어제 / **stark** 강한, 억센 / **heute** 오늘, 금일 / **scheinen** 빛나다, 비치다 / f. **Sonne** 태양, 해

das
0168 **Salz**
-es, -e

n. 소금

Geben Sie mir bitte Pfeffer und **Salz**.
후추와 **소금** 주세요.

▸ **geben** 주다 / m. **Pfeffer** 후추

der
0169 **Tee**
-s, -s

m. (마시는) 차

Bitte einen Schwarz**tee** mit Milch.
우유를 넣은 홍**차** 하나 주세요.

▸ m. **Schwarztee** 홍차 / f. **Milch** 우유

0170 die
Uhr
-, -en

f. 시각, 시계

Wie viel **Uhr** ist es jetzt? - Es ist sieben Uhr.
지금 **몇 시**입니까? - 7시입니다.

▸ **wie viel Uhr~** 몇 시 / **jetzt** 지금, 현재 / **sieben** 7, 일곱

0171 **verkaufen**

팔다, 판매하다

Ich habe gestern mein altes Auto **verkauft**.
나는 어제 나의 오래된 자동차를 **팔았다**.

▸ **gestern** 어제 / **alt** 늙은, 낡은, 헌, 오래된 / n. **Auto** 자동차

0172 der
Wein
-(e)s, -e

m. 포도주, 와인

In diesem Restaurant gibt es einen sehr guten **Wein**.
이 레스토랑에 아주 좋은 **와인**이 있다.

▸ n. **Restaurant** 음식점, 레스토랑, 식당 / **sehr** 매우, 아주 / **gut** 좋은

0173 das
Zimmer
-s, -

n. 방

Diese Wohnung hat 3 **Zimmer**.
이 집에는 3개의 **방**이 있습니다.

▸ f. **Wohnung** 집

A2

0174 die
Ahnung
-, -en

f. 예감, 예상

Ich habe eine schlimme **Ahnung**.
나는 불길한 **예감**이 든다.

▸ **schlimm** 좋지 않은, 나쁜, 불길한

0175 **bald**

곧, 금방

Sie kommt **bald** wieder.
그녀는 **금방** 다시 올 것이다.

▸ **kommen** 오다 / **wieder** 다시, 거듭

0176 der **Cousin** -s, -s

m. **남자 사촌**

Dein **Cousin** sieht intelligent aus.
너의 **남자 사촌**은 총명해 보인다.

▸ **aussehen** ~한 모습이다, ~처럼 보이다 / **intelligent** 지적인, 총명한

Tip 'intelligent 총명한'의 비교급-최상급은 intelligenter-intelligentest이다.

Tag 4

0177 die **Cousine** -, -n

f. **여자 사촌**

Meine **Cousine** ist die Tochter meiner Tante.
내 **여자 사촌**은 나의 이모의 딸이다.

▸ f. **Tochter** 딸 / f. **Tante** 이모, 고모, 숙모, 아주머니

0178 **dann**

그러고 나서

Zuerst habe ich mein Schlafzimmer geputzt, **dann** habe ich das Geschirr gespült.
먼저 나는 나의 침실을 청소했고, **그러고 나서** 설거지를 했다.

▸ **zuerst** 먼저, 우선 / n. **Schlafzimmer** 침실 / **putzen** 청소하다 / n. **Geschirr** 그릇, 식기 / **spülen** 씻다, 헹구다

0179 **eigen-**

자기의, 자신의, 고유의

Das ist deine **eigene** Angelegenheit.
이것은 너 **자신의** 업무이다.

▸ f. **Angelegenheit** 용무, 업무

0180 **fast**

거의, 대략

Fast alle Freunde von mir können schwimmen.
나의 **거의** 모든 친구들이 수영을 할 줄 안다.

▸ **alle** 모든 / **können** ~할 줄 알다, ~할 수 있다 / **schwimmen** 수영하다

0181 das **Instrument** -(e)s, -e

n. 악기, 기구, 도구

Kannst du ein **Instrument** spielen?
너는 **악기**를 연주할 수 있니?

▸ **können** ~할 줄 알다, ~할 수 있다 / **spielen** 연주하다, 놀다, 경기하다

0182 die **Jahreszeit** -, -en

f. 계절, 시즌

Welche **Jahreszeit** magst du am liebsten?
너는 어떤 **계절**을 가장 좋아하니?

▸ **welche** 어느, 어떤 / **mögen** 좋아하다 / **am liebsten** 가장 좋아하는

0183 die **Katze** -, -n

f. 고양이

Ich wünsche mir eine **Katze** mit blauen Augen.
나는 푸른 눈을 가진 **고양이** 한 마리를 원한다.

▸ **wünschen** 원하다, 바라다 / **blau** 푸른 / n. **Auge** 눈(眼)

0184 die **Lampe** -, -n

f. 램프, 조명등

Mach bitte die **Lampe** an.
조명 좀 켜 줘.

▸ **anmachen** 켜다

0185 der
Mann
-es, Männer

m. **남자, 남편**

Was ist ihr **Mann** von Beruf?
그녀 **남편**의 직업은 무엇이니?

▸ m. **Beruf** 직업

0186 **operieren**

수술하다

Wegen der Krankheit lässt er sich **operieren**.
질병 때문에 그는 **수술**을 받는다.

▸ f. **Krankheit** 병, 질병 / **lassen** 허용하다, 내버려두다, ~하도록 만들다

Tip wegen은 2격 지배 전치사이며 '~때문에'라는 뜻이다.

0187 **passen**

알맞다, 어울리다

Passt die Jacke zu diesem Rock?
그 재킷이 이 치마와 **어울리**니?

▸ f. **Jacke** 재킷 / m. **Rock** 치마

0188 die
Quelle
-, -n

f. **샘물, 근원**

Die **Quelle** sprudelt aus dem Felsen.
샘물이 바위에서 솟아난다.

▸ **sprudeln** 솟아나다, 뿜어나다 / m. **Felsen** 바위

0189 der
Rat
-(e)s, Räte

m. **충고, 조언**

Können Sie mir einen **Rat** geben?
저에게 **조언**을 해 주실 수 있나요?

▸ **können** ~할 줄 알다, ~할 수 있다 / **geben** 주다

Tip einen Rat geben은 '조언을 해 주다'라는 의미의 숙어이다.

0190 **sauber**

깨끗한

Bring mir ein **sauber**es Handtuch.
깨끗한 수건 좀 가져다 줘.

▸ **bringen** 가져오다, 운반하다 / n. **Handtuch** 수건

Tip 'sauber 깨끗한'의 비교급-최상급은 saub(e)rer-sauberst이다.

---

die
0191 **Tasse**
-, -n

f. 차, 커피용 잔

Möchten Sie eine **Tasse** Kaffee?
커피 한 **잔** 원하세요?

▸ **möchten** 원하다 / m. **Kaffee** 커피

B1

die
0192 **Tat**
-, -en

f. 행위, 행동, 업적

Das war zweifellos seine **Tat**.
이건 의심할 여지없는 그가 한 **행동**이다.

▸ **zweifellos** 의심할 여지없는

0193 **über-arbeiten**

과로하다

Koreaner **überarbeiten** sich ziemlich oft.
한국인들은 자주 **과로를 한다**.

▸ m. **Koreaner** 한국 사람 / **ziemlich** 상당한, 꽤 / **oft** 자주

0194 **verbinden**

(붕대로) 감다, 묶다, 연결하다

Du sollst die Wunde sofort **verbinden**.
너 당장 상처를 **붕대로 감아**야 해.

▸ **sollen** ~해야 한다 / f. **Wunde** 상처, 부상 / **sofort** 당장, 지금

0195 **weg | gehen**

가 버리다, 떠나다

Sie ist von zu Hause **weggegangen**.
그녀는 그 집에서 **떠났다**.

▸ **von zu Hause** 집에서

0196 **zittern**

떨다, 진동하다

Sie **zittert** vor Kälte.
그녀는 추위에 **떨었다**.

▸ f. **Kälte** 추위, 차가움

0197 das **Abenteuer** -s, -

n. 모험

Für ein **Abenteuer** braucht man Mut.
모험을 하려면 용기가 필요하다.

▸ **brauchen** 필요로 하다 / m. **Mut** 용기, 대담

0198 die **Aufnahme** -, -n

f. 개시, 수용, 촬영한 것

Die letzte **Aufnahme** war blöd.
마지막 **촬영한 것(또는 녹음물)**은 별로였다.

▸ **letzt** 마지막 / **blöd** 별로인, 어리석은, 불쾌한

0199 die **Batterie** -, -n

f. 배터리, 건전지

Meine elektrische Zahnbürste braucht neue **Batterien**.
내 전동 칫솔은 새 **건전지**가 필요하다.

▸ **elektrisch** 전기의, 전기로 움직이는 / f. **Zahnbürste** 칫솔 / **brauchen** 필요로 하다 / **neu** 새로운

Tag 4

0200 die

Distanz

-, -en

f. **거리, 간격, 격차**

Die **Distanz** von Berlin bis München ist circa 585㎞.

베를린에서 뮌헨까지의 **거리**는 대략 585㎞이다.

▸ **von A bis B** A부터 B까지 / **circa** 약, 대략

연습문제

1 보기에서 알맞은 단어를 어미 변화에 맞게 빈칸에 채워 문장을 완성하세요.

보기	mehr	Mann	Fahrkarte	operieren	verkaufen

1 Ich habe gestern mein altes Auto ______________ .

2 Wegen der Krankheit, lässt er sich ______________ .

3 Ich kaufe eine ______________ für den Bus.

4 ______________ kann ich nicht essen. Ich bin zu satt.

5 Was ist ihr ______________ von Beruf?

2 뜻이 맞는 단어끼리 연결하세요.

1 weggehen •	• a 팔다, 판매하다
2 überarbeiten •	• b 비가 오다
3 verkaufen •	• c 가 버리다, 떠나다
4 regnen •	• d 규정 (시간) 외의 일을 하다
5 verbinden •	• e 알맞다, 어울리다
6 passen •	• f (붕대로) 감다, 묶다, 연결하다

3 다음 형용사의 뜻과 비교급 – 최상급을 쓰세요.

1 jung (뜻: ______________) - ______________ - ______________

2 oft (뜻: ______________) - ______________ - ______________

3 sauber (뜻: ______________) - ______________ - ______________

정답

1 ① verkauft ② operieren ③ Fahrkarte ④ Mehr ⑤ Mann

2 ① c ② d ③ a ④ b ⑤ f ⑥ e

3 1) 뜻: 젊은, 어린 - jünger - jüngst 2) 뜻: 종종, 자주 - öfter - öftest
3) 뜻: 깨끗한 - saub(e)rer - sauberst

Tag 5

Ich bin gleich wieder **zurück.**

난 곧 다시 **돌아올게.**

Tag-05

A1

0201 der **Beamte** -n, -n

m. **공무원**

Der Präsident verleiht dem **Beamten** eine Auszeichnung.
대통령이 그 **공무원**에게 상을 준다.

▸ m. **Präsident** 대통령 / **verleihen** 수여하다, 주다

0202 der **Doktor** -s, -en

m. **박사, 의사**

Er macht den medizinischen **Doktor**.
그는 의학 **박사** 학위를 받는다.

▸ **medizinisch** 의학의, 의료상의

0203 die **Eltern**

pl. **부모**

Ich wohne mit meinen **Eltern** zusammen.
나는 **부모님**과 함께 산다.

▸ **wohnen** 살다, 거주하다

Tip 항상 복수로 쓰인다.

0204 **fertig**

완료한, 준비가 된, 끝난

Heute bin ich **fertig** mit der Arbeit und gehe jetzt nach Hause.
오늘 나는 일이 **끝났고** 이제 집으로 간다.

▸ f. **Arbeit** 일, 업무 / **jetzt** 이제, 지금 / **nach Hause** 집으로

0205 **gehen**

가다, 걷다

Wir **gehen** einmal in der Woche auf den Markt.
우리는 일주일에 한 번 장을 보러 **간다**.

▸ m. **Markt** 장, 시장 / **einmal** 한 번 / f. **Woche** 주

0206 die **Haus-aufgabe** -, -n

f. 숙제

Die Kinder müssen zuerst ihre **Hausaufgaben** machen.
아이들은 먼저 그들의 **숙제**를 해야 한다.

▸ n. **Kind** 어린이, 아이, 아동 / **müssen** ~해야 한다 / **zuerst** 먼저, 우선 / **machen** 하다

0207 das **Kind** -es, -er

n. 어린이, 아이

Die meisten **Kinder** mögen Süßigkeiten.
대부분의 **어린이**들이 단것을 좋아한다.

▸ **meist** 최대의, 대부분 / **mögen** 좋아하다 / f. **Süßigkeit** 단것, 군것질

0208 **lernen**

배우다, 습득하다

Seit wann **lernen** Sie hier Deutsch?
당신은 언제부터 여기에서 독일어를 **배우고** 있습니까?

▸ **seit** ~이후, 부터 / **hier** 이곳에서, 여기에서 / n. **Deutsch** 독일어

0209 der **Mensch** -en, -en

m. 사람, 인간

Katrin ist ein ehrlicher **Mensch**.
카트린은 정직한 **사람**이다.

▸ **ehrlich** 정직한, 신뢰할 수 있는

Tag 5

0210 **nein**

아니(요)

Nein, ich weiß es nicht.
아니요, 저는 그것을 알지 못합니다.

▸ **wissen** 알다, 알고 있다

Tip 'nein 아니(요)'의 반의어는 'ja 예'이다.

0211 der **Onkel** -s, -

m. **남자 친척**

Mein **Onkel** hat das Geschäft von meinem Opa übernommen.
삼촌은 그 회사를 나의 할아버지로부터 넘겨받았다.

▸ n. **Geschäft** 회사, 가게, 상점 / m. **Opa** 할아버지 / **übernehmen** 넘겨받다, 인계받다

0212 der **Preis** -es, e

m. **가격**

Der **Preis** von der Fahrkarte ist schon wieder gestiegen.
교통권의 **가격**이 또 다시 올랐다.

▸ f. **Fahrkarte** 승차권, 차표 / **schon wieder** 다시, 재차

0213 **richtig**

정확한, 바르게

Das Gerät ist nicht **richtig** eingestellt.
그 기계는 **올바르게** 설치되어 있지 않다.

▸ n. **Gerät** 도구, 기계 / **einstellen** 조절하다, 설치하다

Tip 'richtig 정확한'의 반의어는 'falsch 틀린'이다.

0214 der **Schüler** -s, -

m. **(대학생을 제외한) 남학생**

Der Schüler reist oft nach Italien.
그 **남학생**은 종종 이탈리아로 여행을 간다.

▸ **reisen** 여행하다 / **oft** 자주, 여러 번 / **Italien** 이탈리아

Tip der Schüler는 남자 학생을 나타내며 (대학생을 제외한) 여학생은 die Schülerin이다.

0215 die
Tante
-, -n

f. 여자 친척

Die Schwester meiner Mutter ist meine **Tante**.
내 어머니의 자매가 나의 **이모**다.

▸ f. **Schwester** 자매 / f. **Mutter** 어머니

0216 **und**

그리고

Ich esse gern Pizza, Brot **und** Salat.
나는 피자, 빵 **그리고** 샐러드를 즐겨 먹는다.

▸ f. **Pizza** 피자 / n. **Brot** 빵 / m. **Salat** 샐러드

0217 der / die
Verwandte
-n, -n

m. / f. 친척

An Weihnachten kommen alle **Verwandten**.
크리스마스에 모든 **친척**들이 온다.

▸ n. **Weihnachten** 크리스마스 / **kommen** 오다

Tip 남자는 der Verwandte, 여자는 die Verwandte로 표현한다.

0218 **wenig**

적은, 적게

Ich habe **wenig** Geld.
난 **적은** 돈을 가지고 있다.

▸ n. **Geld** 돈, 금전

Tip 'wenig 적은'의 비교급-최상급은 weniger-wenigst이다.

0219 **zusammen**

함께

Wir sind zurzeit fast jeden Tag **zusammen**.
우리는 요즘 거의 매일 **함께**하고 있다.

▸ **zurzeit** 지금은, 현재는, 요즘 / **fast** 거의 / m. **Tag** 날, 하루

0220 der
April
-(s), -e

m. 4월

Im **April** blühen die Tulpen und der Löwenzahn.
4월에는 튤립과 민들레가 핀다.

▸ **blühen** (꽃이) 피다 / f. **Tulpe** 튤립 / m. **Löwenzahn** 민들레

A2

0221 **beginnen**

시작하다

Das Vorstellungsgespräch **beginnt** um 13 Uhr.
면접은 13시에 **시작된다**.

▸ n. **Vorstellungsgespräch** 면접

Tip 면접은 die persönliche Vorstellung이라고도 한다.

0222 **deshalb**

그 때문에

Gestern hat er wenig geschlafen, **deshalb** ist er heute müde.
그는 어제 잠을 적게 잤기 **때문에** 오늘 피곤하다.

▸ **gestern** 어제 / **wenig** 약간의, 적은, 소량의, 적게 / **heute** 오늘 / **müde** 피로한, 지친, 피곤한

0223 **ein | steigen**

승차하다

Bitte vorn(e) **einsteigen**!
앞으로 **승차하**십시오!

▸ **vorn** 앞에, 전방에, 앞으로

Tip '뒤로 승차하십시오!'는 'Bitte hinten einsteigen!'이 된다.

0224 die
Fabrik
-, -en

f. **공장**

Er arbeitet in einer chemischen **Fabrik**.
그는 화학 **공장**에서 일한다.

▸ **arbeiten** 일하다, 노동하다 / **chemisch** 화학의, 화학적인

0225 **gewinnen**

이기다, 승리하다, 획득하다

Beim Tennis kann ich nicht **gewinnen**.
테니스에서 내가 **이길** 수 없다.

▸ **bei** ~옆에, ~에서, ~할 때 / n. **Tennis** 테니스

0226 der **Hunger** -s, -

m. **배고픔, 기근**

Ich habe den ganzen Tag nichts gegessen. Ich habe **Hunger**!
나는 하루 종일 아무 것도 먹지 못했어. 나 **배고파**!

▸ **den ganzen Tag** 하루 종일 / **nichts** 아무것도 / **essen** 먹다

0227 **kaufen**

사다

Wir gehen jeden Morgen zur Bäckerei, um frisches Brot zu **kaufen**.
우리는 갓 구운 빵을 **사기** 위해, 매일 아침 빵집에 간다.

▸ **gehen** 가다 / m. **Morgen** 아침, 오전 / f. **Bäckerei** 빵집 / **um~zu** ~하기 위해, ~하기에 / **frisch** 신선한, 상쾌한, 시원한

0228 **leihen**

빌려주다

Kannst du mir das Buch **leihen**?
너는 나에게 책 한 권을 **빌려줄** 수 있니?

▸ **können** 할 줄 알다, 할 수 있다 / n. **Buch** 책

0229 **modern**

현대의, 근대의

Ich verstehe überhaupt nicht die **moderne** Kunst.
나는 **현대** 미술을 전혀 이해하지 못하겠어.

▸ **verstehen** 이해하다, 파악하다 / **überhaupt** 통틀어, 대개 / f. **Kunst** 미술, 예술

0230 **nützlich**

유익한

Danke für die **nützlichen** Informationen.
유익한 정보(를 주어서) 고마워.

▸ f. **Information** 정보

0231 **privat**

사적인, 개인적인

Sie hat mir ihre **private** Telefonnummer gegeben.
그녀는 나에게 그녀의 **개인적인** 전화번호를 주었다.

▸ f. **Telefonnummer** 전화번호 / **geben** 주다

0232 die **Rose** -, -n

f. 장미

Dein Parfüm riecht nach **Rosen**.
너의 향수는 **장미** 향이 난다.

▸ n. **Parfüm** 향수

Tip 'riechen nach+3격: ~한 냄새가 나다, ~한 향기가 나다' 구조를 알아 두자.

0233 **schwierig**

어려운

So **schwierig** ist das nicht.
이건 그렇게 **어렵**지 않아.

Tip 'schwierig 어려운'의 비교급-최상급은 schwieriger-schwierigst이다.

0234 der **Tourist** -en, -en

m. 관광객

In dieser Stadt gibt es immer viele **Touristen**.
이 도시에는 항상 **관광객**이 많다.

▸ **immer** 늘, 항상 / **viel** 많은 / f. **Stadt** 도시

0235 die **Universität** -, en

f. 대학교

Wir studieren an der Technische **Universität**.
우리는 공**대**에서 공부하고 있다.

▸ **studieren** 대학에서 공부하다, 전공하다, 연구하다 / **technisch** 기술적인, 공학의

0236 **vorgestern**

그저께

Ich habe **vorgestern** meine Freundin getroffen.
나는 **그저께** 여자 친구를 만났다.

▸ f. **Freundin** 여자 친구, 여자인 친구 / **treffen** 만나다

Tag 5

0237 **wollen**

~할 예정이다, ~할 계획이다, 하려고 한다

Ich **will** im Mai nach Deutschland fahren.
난 5월에 독일로 갈 **예정이다**.

▸ m. **Mai** 5월 / **fahren** ~(으)로 가다

Tip wollen은 화법조동사이며, 화법조동사들은 주로 '화법조동사+동사 원형'의 형태로 사용된다.

0238 **zurück**

뒤로, 되돌아

Ich bin gleich wieder **zurück**.
난 곧 다시 **돌아올**게.

▸ **gleich** 곧, 즉각적으로 / **wieder** 다시

0239 **arbeitslos**

실업의, 무직인

Ich bin seit letztem Jahr **arbeitslos**.
나는 지난해부터 **실업**자다.

▸ **seit** ~이후, 부터 / **letzt** 최근의, 바로 전의 / n. **Jahr** 연도, 해

0240 **heimlich**

비밀의, 몰래, 친숙한

Ich esse **heimlich** Süßigkeiten.
나는 **몰래** 단것을 먹는다.

▸ f. **Süßigkeit** 단것, 군것질

0241 **genießen**

즐기다, 누리다

Ich **genieße** den schönen Urlaub.
난 이 멋진 휴가를 **즐겨요**.

▸ **schön** 아름다운 / m. **Urlaub** 휴가

0242 **funktio-nieren**

작동하다

Meine Kamera **funktioniert** genau so gut, wie ich es mir vorgestellt habe.
내 카메라는 내가 상상(생각)했던 것처럼 잘 **작동한다**.

▸ f. **Kamera** 카메라 / **genau** 바로 그대로, 딱, 정확히 / **sich vorstellen** 생각하다, 상상하다

0243 das **Hack-fleisch** -(e)s

n. 잘게 간 고기

In Deutschland ist **Hackfleisch** sehr günstig.
독일에선 **잘게 간 고기**가 매우 싸다.

▸ **günstig** 값싼, 저렴한

Tip Fleisch로 끝나는 복합명사들은 복수가 없다.

0244 **je~ desto~**

~하면 할수록, 더 ~하다

Je mehr ich ihn kenne, **desto mehr** liebe ich ihn.
내가 그를 **더 많이 알면 알수록**, 나는 그를 **더 많이 사랑한다**.

▸ f. **kennen** 알다, 인지하다 / **lieben** 사랑하다

Tip 'je+비교급+주어+동사, desto+비교급+동사+주어'로 정해진 어순과 형태를 지켜야 한다.

0245 die
Konferenz
-, -en

f. 회의

Viele Menschen waren bei der **Konferenz**.
많은 사람들이 그 **회의**에 있었다.

▸ m. **Mensch** 사람

0246 **nachdem**

~한 후에

Nachdem ich gelaufen war, habe ich geduscht.
나는 뛰고 난 **후에** 샤워를 했다.

▸ **laufen** 달리다, 걷다 / **duschen** 샤워하다

Tag 5

0247 **ordentlich**

정식의, 정돈된

Meine Wohnung ist heute besonders **ordentlich**, weil ich morgen Besuch bekomme.
난 내일 (누군가 나를) 방문하기 때문에, 내 집은 오늘 특히 **정돈이** 되어 있다.

▸ f. **Wohnung** 집 / **besonders** 특히 / **morgen** 내일 / **Besuch bekommen** 방문이 있다

0248 die
Sauna
-s/Saunen

f. 사우나

Finnländer mögen die **Sauna** sehr.
핀란드인들은 **사우나**를 매우 좋아한다.

▸ m. **Finnländer** 핀란드 사람 / **mögen** 좋아하다 / **sehr** 매우

0249 der
Durch-schnitt
-(e)s, -e

m. 평균, 단면

Mein Testergebnis war höher als der **Durchschnitt**.
나의 시험 결과(성적)은 **평균**보다 높았다.

▸ n. **Testergebnis** 시험 결과 / **höher** 더 높은('hoch 높은'의 비교급)

0250 **entsorgen**

수거하다, 처리하다

Kannst du bitte den Müll **entsorgen**?
그 쓰레기를 **처리해** 줄 수 있니?

▸ m. **Müll** 쓰레기

연습문제

1 보기에서 알맞은 단어를 어미 변화에 맞게 빈칸에 채워 문장을 완성하세요.

보기	zusammen lernen vorgestern Eltern ordentlich

1 Ich wohne mit meinen ______________ zusammen.

2 Wir sind zurzeit fast jeden Tag ______________ .

3 Seit wann ______________ Sie Deutsch?

4 Es sieht in seinem Zimmer sehr ______________ aus.

5 Ich habe ______________ meine Freundin getroffen.

2 뜻이 맞는 단어끼리 연결하세요.

1 beginnen •	• a 승차하다
2 der Hunger •	• b 시작하다
3 einsteigen •	• c ~할 예정이다, ~할 계획이다, 하려고 한다
4 wollen •	• d 배고픔, 기근
5 leihen •	• e 빌려주다

3 다음 형용사의 뜻과 비교급 – 최상급을 쓰세요.

1 wenig (뜻: ______________) - ______________ - ______________

2 modern (뜻: ______________) - ______________ - ______________

3 nützlich (뜻: ______________) - ______________ - ______________

4 schwierig (뜻: ______________) - ______________ - ______________

정답

1 ① Eltern ② zusammen ③ lernen ④ ordentlich ⑤ vorgestern

2 ① b ② d ③ a ④ c ⑤ e

3 1) 뜻: 적은, 적게 - weniger - wenigst 2) 뜻: 현대의, 근대의 - moderner - modernst
3) 뜻: 유익한 - nützlicher - nützlichst 4) 뜻: 어려운 - schwieriger - schwierigst

Woche
2

Tag 6

Ich habe eine Tasse Tee **bestellt**.

나는 차 한 잔을 **주문했어**.

Tag 7

Ich **denke** immer an dich.

나는 항상 너를 **생각한다**.

Tag 8

Das Geschenk ist **für** dich.

이 선물은 너를 **위한** 것이다.

Tag 9

Er kommt **niemals** pünktlich.

그는 **단 한 번도** 제시간에 오지 **않는다**.

Tag 10

Ich sende dir morgen eine **Nachricht**.

내가 너에게 내일 **메시지**를 보낼게.

Tag 6

Ich habe eine Tasse Tee **bestellt.**

나는 차 한 잔을 **주문했어.**

Tag-06

A1

0251 der **Schlüssel** -s, -

m. **열쇠**

Ich finde meinen **Schlüssel** nicht.
나는 내 **열쇠**를 못 찾겠어.

▸ **finden** 찾다

0252 **spät**

늦은, 나중의

Sonntags stehen wir immer **spät** auf.
일요일마다 우리는 항상 **늦게** 일어난다.

▸ m. **Sonntag** 일요일 / **aufstehen** 일어나다

0253 **telefonieren**

전화하다, 통화하다

Meine Frau **telefoniert** gerade mit unserer Tochter.
내 아내는 지금 우리 딸과 **통화** 중이다.

▸ f. **Frau** 여성, 아내 / **gerade** 지금, 방금 / f. **Tochter** 딸

0254 der **Unterricht** -(e)s, -e

m. **수업**

Der **Unterricht** dauert drei Stunden.
그 **수업**은 3시간 동안 계속된다.

▸ **dauern** 계속되다, 지속되다, (시간이) 걸리다 / f. **Stunde** 시간

0255 **(sich) verstehen**

이해하다, 알다, 해석하다

Ich **verstehe** nichts von Mathematik.
나는 수학에 관해서는 아무것도 **이해**를 못하겠어.

▸ **nichts** 아무것도 ~않다(없다) / f. **Mathematik** 수학

0256 **wieder-holen**

반복하다, 되풀이하다

Wir **wiederholen** die Lektion.
우리는 그 과를 **반복한다**.

▸ f. **Lektion** 강의, 과

Tip wieder | holen을 분리동사로 쓰면 '되찾다, 다시 찾다'이다.

0257 **zwischen**

사이에, 사이로

Die Bank liegt **zwischen** dem Park und der Bibliothek.
은행은 공원과 도서관 **사이에** 위치해 있다.

▸ **liegen** 위치하다, 누워 있다, 놓여 있다 / / m. **Park** 공원 / f. **Bibliothek** 도서관

Tip zwischen은 3·4격 동시 지배 전치사이다. 주로 장소·위치는 3격으로(~에), 이동·방향은 4격으로(~으로) 사용한다. 그리고 'zwischen A und B: A와 B 사이' 형태를 많이 사용한다.

0258 **an | fangen**

시작하다, 착수하다

Der Deutschkurs **fängt** ab nächster Woche **an**.
독일어 강좌가 다음 주부터 **시작한다**.

▸ m. **Deutschkurs** 독일어 강좌 / **ab** ~부터 / **nächst** 가장 가까운, 바로 다음에 / f. **Woche** 주

0259 der **Arm** -(e)s, -e

m. 팔

Mein **Arm** tut weh.
내 **팔**이 아프다.

▸ **wehtun** 고통을 주다, 아프게 하다

0260 **bestellen**

주문하다, 예약하다, 임명하다

Ich habe eine Tasse Tee **bestellt**.
나는 차 한 잔을 **주문했어**.

▸ f. **Tasse** 잔 / m. **Tee** 차(茶)

0261 das **Bett** -(e)s, -en

n. 침대, 잠자리

Sie liegt mit Fieber im **Bett**.
그녀는 열이 나서 **침대**에 누워 있다.

▸ **liegen** 위치하다, 누워 있다, 놓여 있다 / n. **Fieber** 열

Tip im Bett liegen은 '침대에 누워 있다'라는 숙어적 표현이다.

0262 die **Diät** -, en

f. 다이어트

Ich mache eine **Diät**.
나는 **다이어트** 중이다.

0263 **einmal**

옛날에, 한번은, 언젠가

Wir haben uns nur **einmal** gesehen.
우리는 단 **한 번** 봤었다.

▸ **sehen** 보다

0264 die **Familie** -, -n

f. 가족, 가정

Meine **Familie** fährt in den Ferien nach Italien.
나의 **가족**은 휴가 때 이탈리아로 여행 갈 것이다.

▸ **fahren** ~(으)로 가다 / pl. **Ferien** 휴가, 방학 / **Italien** 이탈리아

0265 **geben**

주다, 베풀다

Ich **gebe** dem Taxifahrer das Geld, um die Gebühr zu bezahlen.
나는 요금을 계산하기 위해 택시 기사에게 돈을 **준다**.

▸ m. **Taxifahrer** 택시 운전사 / n. **Geld** 돈

0266 der
Großvater
-s, Großväter

m. **할아버지**

Dein **Großvater** hat ein Auto gekauft.
너의 **할아버지**는 차 한 대를 사셨다.

▸ n. **Auto** 자동차 / **kaufen** 사다, 구입하다

0267 der
Hund
-es, -e

m. **개**

Mein **Hund** hasst die Nachbarskatze.
나의 **강아지**는 이웃집 고양이를 싫어한다.

▸ **hassen** 증오하다, 싫어하다 / f. **Nachbarskatze** 이웃집 고양이 (m. Nachbar 이웃 / f. Katze 고양이)

Tag 6

0268 der
Juli
-s, -s

m. **7월**

Seine Frau ist im **Juli** geboren.
그의 부인은 **7월**에 태어났다.

▸ **Frau** 여성, 아내 / **gebären** 낳다

0269 **kochen**

요리하다, 끓이다

Mein kleiner Bruder **kocht** besser als ich.
나의 남동생은 나보다 더 **요리**를 잘**한다**.

▸ **klein** 작은, 적은 / m. **Bruder** 남자 형제 / **besser** ~보다 좋은

0270 die
Lösung
-, -en

f. **해답, 답, 해결책**

Bei der Prüfung darfst du die **Lösung** nicht sehen.
시험 볼 때 너는 **답**을 봐서는 안 된다.

▸ f. **Prüfung** 시험 / **sehen** 보다

0271 die
Mutter
-, Mütter

f. 어머니

Ich vermisse meine **Mutter**.
나는 나의 **엄마**를 그리워한다.

▸ **vermissen** 그리워하다

Tip 애칭으로 'Mama 엄마'도 많이 사용한다.

0272 **neu**

새로운

Ich bin **neu** in der Klasse.
나는 반에서 **새로 온** 학생이다.

▸ f. **Klasse** 학급, 반

Tip 'neu 새로운'의 비교급-최상급은 neuer-neu(e)st이다.

0273 die
Post
-, -en

f. 우체국

Die **Post** ist ganz in der Nähe von unserer Wohnung.
우체국은 우리 집에서 굉장히 가깝다.

▸ **ganz** 전체의, 아주, 완전히 / f. **Nähe** 인근, 근처 / f. **Wohnung** 집

A2

0274 **renovieren**

개선하다, 개량하다, 수리하다

Musst du die ganze Wohnung **renovieren**?
너는 집 전체를 **리모델링해**야 하니?

▸ **müssen** ~해야 한다 / **ganz** 전체의, 아주, 완전히 / f. **Wohnung** 집

0275 die **Schokolade** -, -n

f. 초콜릿

In Korea geben die Frauen am Valentinstag ihrem Geliebten die **Schokolade**.
한국에서는 밸런타인 데이에 여자가 연인에게 **초콜릿**을 준다.

▸ **geben** 주다 / f. **Frau** 여성, 아내 / m. f. **Geliebte** 애인, 연인 / m. **Valentinstag** 밸런타인 데이

0276 **schwach**

약한

Wegen meiner Krankheit bin ich sehr **schwach** geworden.
나의 병 때문에 나는 (몸이) 매우 **약해**졌다

▸ **wegen** 때문에 / f. **Krankheit** 병, 질병 / **werden** ~되다

Tip 'schwach 약한'의 비교급-최상급은 schwächer-schwächst이다.

0277 **entfernen**

멀리하다, 제거하다

Sie **entfernt** einen Fleck aus dem Kleid.
그녀가 원피스의 얼룩을 **제거한다**.

▸ m. **Fleck** 반점, 얼룩 / n. **Kleid** 원피스

0278 **um | steigen**

갈아타다

In Heidelberg müssen wir **umsteigen**.
하이델베르크에서 우리는 **갈아타**야 한다.

▸ **müssen** ~해야 한다

0279 **wirklich**

현실의, 진짜의, 정말, 참으로

Er ist ein **wirklicher** Künstler.
그는 **진짜** 예술가다.

▸ m. **Künstler** 예술가, 미술가

Tag 6

0280 **zu | hören**

경청하다, 귀 기울이다

Sie **hörte** dem Bericht aufmerksam **zu.**
그녀는 그 보도를 주의 깊게 **경청했다**.

▸ m. **Bericht** 보고, 보도, 통지 / **aufmerksam** 주의 깊은

die
0281 **Angst**
-, Ängste

f. 공포, 두려움

Der Junge hat **Angst** vor Spinnen.
그 소년은 거미를 **무서워한다**.

▸ m. **Junge** 소년 / f. **Spinne** 거미

Tip 'Angst vor+3격: 3격을 무서워하다' 구조를 알아 두자.

0282 **basteln**

조립하다, 만들다, 공작하다

Sie **bastelt** an einer neuen Lampe.
그녀는 새 램프를 **조립한다**.

▸ **neu** 새로운 / f. **Lampe** 램프

0283 **dick**

두꺼운, 뚱뚱한

Er kauft sich einen **dicken** Mantel.
그는 자신을 위해서 **두꺼운** 외투 하나를 산다.

▸ **kaufen** 사다 / m. **Mantel** 외투

Tip 'dick 두꺼운'의 반의어는 'dünn 얇은'이다.

0284 **etwas**

약간, 다소, 어떤 것, 무엇

Ich brauche **etwas** Geld.
나는 **약간**의 돈이 필요하다.

▸ **brauchen** 필요로 하다 / n. **Geld** 돈

0285 das
Formular
-(e)s, -e

n. 서식(용지)

Sie haben uns nicht alle notwendigen **Formulare** geschickt.
그들이 우리에게 필수적인 **서식**들을 모두 보내 주진 않았다.

▸ **notwendig** 꼭 필요한, 필수적인 / **schicken** 보내다

0286 **genug**

넉넉한, 충분한

Der Schrank ist groß **genug**.
옷장은 충분히 **넉넉하다**.

▸ m. **Schrank** 장, 장롱, 옷장 / **groß** 큰

0287 **heraus**

바깥으로

Kommen Sie **heraus**!
이쪽 **밖으로** 오세요!

▸ **kommen** 오다

0288 das
Klavier
-s, -e

n. 피아노

Dieses **Klavier** soll gestimmt werden.
이 **피아노**는 조율되어야 한다.

▸ **sollen** ~해야 한다 / **stimmen** 옳다, 조율하다

0289 **kurz**

짧은, 가까운

Der Mann hat **kurze** Haare.
그 남자는 **짧은** 머리를 하고 있다.

▸ n. **Haar** 털, 머리카락

Tip 'kurz 짧은'의 비교급 - 최상급은 kürzer-kürzest이다.

0290 der **Löffel** -s, -

m. **숟가락**

Rühren Sie bitte den Tee mit einem **Löffel** um.
숟가락으로 차를 저어 주세요.

▸ **umrühren** 휘젓다 / m. **Tee** 차(茶)

0291 das **Medikament** -es, -e

n. **약, 약물, 약품**

Nehmen Sie dieses **Medikament** nach dem Essen.
이 **약**을 식후에 복용하십시오.

▸ **nehmen** 먹다, 복용하다, 사용하다 / n. **Essen** 식사

0292 **sterben**

죽다

Meine Oma ist vor zehn Jahren **gestorben**.
나의 할머니는 10년 전에 **돌아가셨다**.

▸ f. **Oma** 할머니 / n. **Jahr** 연도(년)

B1

0293 der **Teilnehmer** -s, -

m. **참가자**

Ich war ein **Teilnehmer** beim Marathon.
나는 마라톤의 한 **참가자**였다.

▸ n. **Marathon** 마라톤 경주

0294 die **Philosophie** -, -n

f. **철학**

Ich interessiere mich für die deutsche **Philosophie**.
나는 독일 **철학**에 관심이 있다.

▸ **deutsch** 독일의

Tip 'sich interessieren für 4격'은 'für 4격에 대해 관심(흥미) 있다'라는 의미이다.

0295 das **Mitleid** -es, -

n. 연민, 동정

Er kennt kein **Mitleid**.
그는 **동정**이라고는 알지 못한다.

▸ **kennen** 알다, 인지하다

0296 **löschen**

끄다, 삭제하다, 짐을 풀다

Die Feuerwehr hat das Feuer **gelöscht.**
소방대가 불을 **껐다**.

▸ f. **Feuerwehr** 소방대, 소방대원 / n. **Feuer** 불, 화재

0297 **klingeln**

(전화) 울리다, 벨을 누르다

Das Handy **klingelt**.
휴대폰이 **울린다**.

▸ n. **Handy** 핸드폰

0298 das **Herz** -ens, -en

n. 심장, 마음

Mein **Herz** schlägt schnell.
나의 **심장**이 빠르게 뛴다.

▸ **schlagen** 때리다, 두근거리다 / **schnell** 빠른, 빠르게

0299 **grob**

거친

Der Kaffee ist **grob** gemahlen.
커피가 **거칠게** 갈렸다.

▸ m. **Kaffee** 커피 / **mahlen** 갈다, 빻다

Tip 'grob 거친'의 비교급-최상급은 gröber-gröbst이다.

Tag 6

0300 der **Fußgänger** -s, -

m. **보행자**

Fußgänger müssen im Straßenverkehr vorsichtig sein.
보행자는 도로 교통을 주의해야 한다.

▸ **müssen** 해야 한다 / m. **Straßenverkehr** 도로 교통 / **vorsichtig** 조심스러운, 주의 깊은

연습문제

1 보기에서 알맞은 단어를 어미 변화에 맞게 빈칸에 채워 문장을 완성하세요.

보기	bestellen zwischen kochen geben

1 Die Bank liegt ______ dem Park und der Bibliothek.

2 Ich habe eine Tasse Tee ______.

3 Mein kleiner Bruder ______ besser als ich.

4 Ich ______ dem Taxifahrer das Geld, um die Gebühr zu bezahlen.

2 뜻이 맞는 단어끼리 연결하세요.

1 verstehen •	• a 시작하다, 착수하다
2 wirklich •	• b 참가자
3 anfangen •	• c 갈아타다
4 der Teilnehmer •	• d 현실의, 진짜의, 정말, 참으로
5 umsteigen •	• e 이해하다, 알다, 해석하다

3 다음 형용사의 뜻과 비교급 – 최상급을 쓰세요.

1 neu (뜻: ______) - ______ - ______

2 schwach (뜻: ______) - ______ - ______

3 kurz (뜻: ______) - ______ - ______

4 grob (뜻: ______) - ______ - ______

5 dick (뜻: ______) - ______ - ______

Tag 6

정답

1 ① zwischen ② bestellt ③ kocht ④ gebe

2 ① e ② d ③ a ④ b ⑤ c

3 1) 뜻: 새로운 - neuer - neu(e)st 2) 뜻: 약한 - schwächer - schwächst
3) 뜻: 짧은, 가까운 - kürzer - kürzest 4) 뜻: 거친 - gröber - gröbst
5) 뜻: 두꺼운, 뚱뚱한 - dicker - dickst

Tag 7

Ich **denke** immer an dich.

나는 항상 너를 **생각한다**.

Tag-07

A1

0301 **essen**

먹다, 식사하다

Heute Abend **essen** wir in der Kantine.
오늘 저녁에 우리는 구내식당에서 **식사한다**.

▸ **heute** 오늘, 요즘 / m. **Abend** 저녁 / f. **Kantine** 구내식당

---

das
0302 **Ende**
-s, -n

n. 끝, 결과, 결말

Am **Ende** des Monats reise ich in die USA.
월말에 나는 미국으로 여행을 간다.

▸ m. **Monat** 달, 월 / **reisen** 여행하다 / pl. **USA** 미국

0303 **dort**

거기에, 저기에

Ich möchte mich bis Sonntag **dort** ausruhen.
나는 일요일까지 **거기서** 쉬고 싶다.

▸ **möchten** 원하다 / m. **Sonntag** 일요일 / **sich ausruhen** 쉬다, 휴식하다

Tip bis는 4격 지배 전치사이며 '~까지'라는 뜻이다.

---

der
0304 **Bus**
-ses, -se

m. 버스

Er hat den **Bus** verpasst.
그는 **버스**를 놓쳤다.

▸ **verpassen** 놓치다

0305 die **Birne** -, -n

f. **배, 배나무**

Deutsche **Birnen** sind kleiner als koreanische.
독일의 배는 한국의 배보다 작다.

▸ **deutsch** 독일의 / **klein** 작은, 적은 / **koreanisch** 한국의

0306 das **Auto** -s, -s

n. **자동차**

Wir sind mit dem **Auto** unterwegs.
우리는 **자동차**로 여행 중이다.

▸ **unterwegs** ~중이다

Tip mit은 3격 지배 전치사이며 교통수단을 나타낸다.

0307 der **Absender** -s, -

m. **발송인, 발신인**

Wird der Brief überhaupt ohne **Absender** verschickt?
발송인 없이도 편지가 보내지나요?

▸ m. **Brief** 편지 / **überhaupt** 대개, 일반적으로 / **ohne** ~없이 / **verschicken** 보내다

Tip 'werden+과거 분사'는 현재형 수동태로 '~하여지다'라고 해석된다.

0308 der **Zug** -s, Züge

m. **기차**

Die **Züge** kommen meistens pünktlich an.
기차들은 대부분 정시에 도착한다.

▸ **ankommen** 도착하다 / **meistens** 보통은, 대개는 / **pünktlich** 시간을 엄수하는, 제시간의

0309 die **Wohnung** -, -en

f. **집, 주택**

Die **Wohnung** ist möbliert und liegt im Zentrum.
이 **집**은 가구가 있고 시내에 위치하고 있다.

▸ **möblieren** ~에 가구를 비치하다 / **liegen** 놓여 있다, 위치하다 / n. **Zentrum** 중심, 도심

0310 **vor**

전에, 전으로

Ich bin **vor** drei Tagen zurückgekommen.
나는 3일 **전에** 돌아왔다.

▸ m. **Tag** 날, 일 / **zurückkommen** 되돌아오다

Tip vor는 3, 4격 동시 지배 전치사이다. 주로 장소 · 위치는 3격으로(~에), 이동 · 방향은 4격으로(~으로) 사용한다.

0311 **trinken**

마시다

Ich **trinke** jeden Morgen ein Glas Milch.
나는 매일 아침 우유 한 컵을 **마셔요**.

▸ m. **Morgen** 아침, 오전 / n. **Glas** 유리 / f. **Milch** 우유

0312 **studieren**

대학에서 배우다, 수학하다

Meine Tochter will Medizin **studieren**.
나의 딸은 의학을 **(대학에서) 공부**하려고 한다.

▸ f. **Tochter** 딸 / f. **Medizin** 의학

der
0313 **Sohn**
-es, Söhne

m. 아들

Mein jüngster **Sohn** ist drei.
나의 가장 어린 **아들**은 세 살입니다.

▸ **jung** 젊은, 어린

Tip 'jung 어린'의 비교급-최상급은 jünger-jüngst이다.

das
0314 **Restaurant**
-s, -s

n. 음식점

Das **Restaurant** war schrecklich voll.
그 **음식점**은 엄청나게 꽉 차 있었다.

▸ **schrecklich** 끔찍한, 극심한 / **voll** 가득 찬

0315 die
Prüfung
-, -en

f. 시험

Leider ist er bei der **Prüfung** durchgefallen.
유감스럽게도 그는 **시험**에 떨어졌다.

▸ **leider** 유감스럽게도 / **durchfallen** 떨어지다

0316 der
Oktober
-s, -

m. **10월**

Im letzten Jahr konnte ich meinen Urlaub erst im **Oktober** nehmen.
작년에 나는 **10월**이 되어서야 휴가를 받을 수 있었다.

▸ **letzt** 최근의, 바로 전의 / n. **Jahr** 연도 / m. **Urlaub** 휴가 / **nehmen** 받다, 사용하다

Tip konnte는 화법조동사 'können ~할 수 있다'의 과거형이다.

Tag 7

0317 die
Nacht
-, Nächte

f. 밤, 야간

In der **Nacht** kann man die Sterne am Himmel sehen.
밤에는 하늘에서 별을 볼 수 있습니다.

▸ m. **Stern** 별 / m. **Himmel** 하늘 / **sehen** 보다

0318 **müde**

지친, 피곤한

Ich bin **müde**, weil ich heute viel gearbeitet habe.
나는 오늘 일을 많이 해서 **피곤하**다.

▸ **heute** 오늘, 요즘 / **viel** 많이 / **arbeiten** 일하다, 노동하다

0319 das
Lied
-es, -er

n. 노래, 가곡

Wir singen ein **Lied** für dich!
우리가 너를 위해 **노래** 한 곡을 불러 줄게!

▸ **singen** 노래하다

0320 der
Kugelschreiber
-s, -

m. **볼펜**

Kann ich bitte einen **Kugelschreiber** haben?
제가 **볼펜** 한 자루 가질 수 있나요?

0321 die
Klasse
-, -n

f. **학년, 교실, 반, (등)급**

Ihre kleine Schwester geht in die 2. **Klasse**.
그녀의 여동생은 2**학년**이 된다.

▸ **klein** 작은, 적은 / f. **Schwester** 여자 형제 / **gehen** 가다

A2

0322 **arm**

가난한, 빈약한, 불쌍한

Wir sind zwar **arm**, aber leben glücklich.
우리는 **가난하**지만, 행복하게 산다.

▸ **leben** 살다 / **glücklich** 행복한, 운이 좋은

Tip zwar A, aber(doch) B는 'A지만 B이다'라는 뜻이다.
'arm 가난한'의 비교급, 최상급은 'ärmer-ärmst'이다.

0323 **buchen**

예약하다

Er hat einen Flug nach Deutschland **gebucht**.
그는 독일로 가는 비행기를 **예약했다**.

▸ m. **Flug** 비행 / **Deutschland** 독일

0324 **denken**

생각하다

Ich **denke** immer an dich.
나는 항상 너를 **생각한다**.

▸ **immer** 늘, 항상

Tip 'denken+an+4격: ~을(를) 생각하다' 구조를 숙지하자.

0325 **eng**

좁은

Die Jacke ist zu **eng**.
이 재킷이 너무 **낀다**.

▸ f. **Jacke** 재킷

0326 **früh**

일찍, 이른, 초기의

Morgen muss ich **früh** aufstehen.
내일 나는 **일찍** 일어나야 한다.

▸ **morgen** 내일 / **aufstehen** 일어나다

Tip 'früh 이른'의 비교급-최상급은 früher-frühst이다.
müssen은 '해야만 한다'라는 뜻의 화법조동사이다.

0327 die **Hose** -, -n

f. 바지

Die **Hose** ist zu klein geworden.
바지가 너무 작아졌다.

▸ f. **Hose** 바지 / **klein** 작은, 적은 / **werden** ~되다

0328 **klug**

영리한, 똑똑한

Paola ist **klug**. Sie ist nur 5, aber kann schon gut rechnen.
파올라는 **영리하다**. 그녀는 겨우 5살이지만 벌써 계산을 할 수 있다.

▸ **nur** 겨우, 오직 / **schon** 이미, 벌써 / **gut** 쉽게, 잘 / **rechnen** 계산하다

Tip 'klug 영리한'의 반의어는 'dumm 어리석은, 멍청한'이다.

0329 der **Kunde** -n, -n

m. 손님, 고객

Er ist schon lange bei uns **Kunde**.
그는 벌써 오래전부터 우리의 **고객**이다.

▸ **lange** 오래, 오랫동안

0330 **lügen**

거짓말하다

Kinder, ihr dürft nicht **lügen**!

얘들아, 너희 **거짓말을 해**서는 안 돼!

▸ n. **Kind** 어린이, 아이 / **dürfen** ~해도 된다

0331 **mindestens**

최소한

Bitte kommen Sie **mindestens** 30 Minuten vor der Prüfung.

최소 시험 30분 전까지 오십시오.

▸ **kommen** 오다 / f. **Minute** 분 / f. **Prüfung** 시험

Tip 'mindestens 최소한'의 반의어는 'höchstens 최대한'이다.

0332 **natürlich**

당연하게, 물론

Du bist meine beste Freundin. **Natürlich** helfe ich dir gern.

너는 내 가장 친한 친구야. **당연히** 너를 기꺼이 도와줄게.

▸ **best** 가장 좋은 / f. **Freundin** 여자 친구, 여자인 친구 / **helfen** 돕다 / **gern** 기꺼이, 흔쾌히

Tip 'gern 즐겨'의 비교급-최상급은 lieber-liebst이다.

die

0333 **Pflanze**

-, -n

f. 식물

Die **Pflanzen** hier sind ganz anders als im Süden.

여기의 **식물**은 남쪽과는 다르다.

▸ **hier** 이곳에, 여기에 / **ganz** 아주, 완전히 / **anders** 다른 / m. **Süden** 남부

0334 **reich**

부유한, 많은, 풍부한

Wenn ich **reich** wäre, würde ich einen Porsche kaufen.
만약 내가 **부자라**면, 나는 포르셰를 살 텐데.

▸ **sein** ~(이)다 / **kaufen** 사다

0335 das **Schiff** -(e)s, -e

n. 배, 선박

Das **Schiff** fährt über den Pazifik.
그 **배**는 태평양을 건넌다.

▸ **fahren** ~(으)로 가다 / **über** ~을(를) 건너 / m. **Pazifík** 태평양

0336 **sparen**

절약하다

Um Strom zu **sparen**, schalten wir die Heizung nachts aus.
전기를 **아끼기** 위해, 밤에는 난방을 끈다.

▸ m. **Strom** 전류, 전기 / **ausschalten** 차단하다, 끄다 / f. **Heizung** 난방

Tip 'um A zu B: A를 B하기 위해' 구조를 알아 두자.

0337 **toll**

멋진, 근사한

Unser Urlaub in diesem Sommer war sehr **toll**!
이번 여름 우리의 휴가는 정말 **멋졌**어!

▸ m. **Urlaub** 휴가 / m. **Sommer** 여름 / **sehr** 아주

Tip toll은 super, fantastisch처럼 매우 긍정적인 의미로 사용된다.

0338 **unter-suchen**

조사하다, 검사하다, 진찰하다

Ich **untersuche** die Unterlagen sorgfältig.
나는 그 서류를 꼼꼼히 **검토 중이다**.

▸ f. **Unterlage** 종이, 서류 / **sorgfältig** 주의 깊은, 꼼꼼한

0339 **ver-schieben**

미루다

Kann ich den Termin von heute auf morgen **verschieben**?

제가 일정을 오늘에서 내일로 **미룰** 수 있을까요?

▸ m. **Termin** 일정 / **heute** 오늘, 요즘 / **morgen** 내일

Tip 'verschieben von A auf B'는 'A에서 B로 미루다'라는 의미이다.

0340 der **Wunsch** -es, Wünsche

m. **소망**

Es ist sein **Wunsch**, nach Korea zu reisen.

한국으로 여행 가는 것이 그의 **소망**이다.

▸ **reisen** 여행하다

0341 **zuerst**

우선, 맨 먼저

Du kommst **zuerst** dran.

네가 **맨 먼저**야.

▸ **drankommen** ~차례가 되다

B1

0342 die **Erklärung** -, -en

f. 설명, 해석, 진술

Die **Erklärung** hat mir sehr geholfen.

그 **설명**은 내게 매우 도움이 되었다.

▸ **helfen** 돕다

0343 **eilen**

서두르다, 급히 가다

Komm schnell her! - Ja! Ich **eile**!

빨리 이리로 와! - 응! **서두를게**!

▸ **kommen** 오다 / **schnell** 빠르게

Tip 'Ich bin in Eile! 나는 지금 급하다!'라는 숙어적인 표현도 있다.

0344 die **Datei** -, -en

f. 데이터, 파일

Schickst du mir morgen die **Datei**?
그 **파일** 나한테 내일 보낼 거니?

▸ **schicken** 보내다, 부치다 / **morgen** 내일

0345 die **Bühne** -, -n

f. 발판, 단, 무대

Sänger singen auf einer **Bühne**.
가수들이 **무대** 위에서 노래를 부른다.

▸ m. **Sänger** 가수 / **singen** 노래하다

0346 die **Beratung** -, -en

f. 상담, 조언, 협의

Die **Beratung** beim Autokauf ist wichtig.
자동차 구매에서 **상담**은 중요하다.

▸ m. **Autokauf** 자동차 구매 / **wichtig** 중요한

0347 **äußerlich**

외면의, 외형적인, 피상적인

Äußerlich war er ganz ruhig, aber innerlich war er sehr nervös.
외형적으로 그는 매우 평온했지만, 내면에서 그는 매우 긴장했다.

▸ **ganz** 완전히, 아주 / **ruhig** 조용한, 평온한 / **innerlich** 내면의, 내부적인 / **nervös** 긴장한

Tip 'äußerlich 외면의'의 반의어는 'innerlich 내면으로'이다.

0348 das **Altersheim** -(e)s, -e

n. 양로원

Viele alte Leute wohnen im **Altersheim**.
많은 나이 드신 분들이 **양로원**에 삽니다.

▸ **alt** 늙은, 나이 든 / pl. **Leute** 사람들 / **wohnen** 살다

0349 **fest | stellen**

규명하다, 밝혀 내다

Der Mechaniker hat **festgestellt**, dass mein Auto einen Ölwechsel braucht.
그 기계공은 내 자동차가 오일 교체가 필요하다고 **규명했다**.

▸ m. **Mechaniker** 기계학자, 기계공 / n. **Auto** 자동차 / m. **Ölwechsel** 오일 교체 / **brauchen** 사용하다, 쓰다

0350 das **Grundstück** -(e)s, -e

n. 토지, 부동산

Ich habe mir ein neues **Grundstück** gekauft.
난 새로운 **토지**를 샀다.

▸ **neu** 새로운 / **kaufen** 사다

연습문제

1 보기에서 알맞은 단어를 어미 변화에 맞게 빈칸에 채워 문장을 완성하세요.

보기	Nacht essen trinken Erklärung

1 Heute Abend ______________ wir in der Kantine.

2 Ich ______________ jeden Morgen ein Glas Milch.

3 Die ______________ hat mir sehr geholfen.

4 In der __________ kann man die Sterne am Himmel sehen.

Tag 7

2 뜻이 맞는 단어끼리 연결하세요.

1 das Auto •	• a 부유한, 많은, 풍부한
2 studieren •	• b 자동차
3 buchen •	• c 대학에서 배우다, 수학하다
4 reich •	• d 예약하다
5 feststellen •	• e 규명하다, 밝혀내다

3 다음 형용사의 뜻과 비교급 – 최상급을 쓰세요.

1 arm (뜻: ______________) - ______________ - ______________

2 eng (뜻: ______________) - ______________ - ______________

3 früh (뜻: ______________) - ______________ - ______________

4 klug (뜻: ______________) - ______________ - ______________

5 toll (뜻: ______________) - ______________ - ______________

정답

1 ① essen ② trinke ③ Erklärung ④ Nacht

2 ① b ② c ③ d ④ a ⑤ e

3 1) 뜻: 가난한, 빈약한, 불쌍한 - ärmer - ärmst
2) 뜻: 좁은 - enger - engst
3) 뜻: 일찍, 이른, 초기의 - früher - frühst
4) 뜻: 영리한, 똑똑한 - klüger - klügest
5) 뜻: 멋진, 근사한 - toller - tollst

Tag
8

Das Geschenk ist **für** dich.

이 선물은 너를 **위한** 것이다.

Tag-08

A1

0351 **heißen**

~(이)라고 불리다, (이름)명하다, 칭하다

Wie **heißt** die Straße?

이 도로를 뭐**라고 부르나요**? (이 도로 이름이 뭔가요?)

▸ f. **Straße** 거리, 길

das
0352 **Kino**
-s, -s

n. 영화관, 극장, 영화

Lass uns ins **Kino** gehen!

우리 **영화관** 가자! (우리 영화 보러 가자!)

▸ **lassen** 허용하다, 놓다 / **gehen** 가다

Tip 'Lass uns+동사 원형'은 '우리 (동사 원형)하자.'라는 청유형이다.

0353 **mit**

(동반)~함께, (교통수단)~타고, (첨가)곁들인

Fahren Sie nach Hause **mit** dem Bus oder **mit** der U-Bahn?

당신은 집까지 버스**를 타고** 가십니까 아니면 지하철을 **타고** 가십니까?

▸ **fahren** ~(으)로 가다 / n. **Haus** 집 / m. **Bus** 버스 / f. **U-Bahn** 지하철

Tip mit는 3격 지배 전치사이다.

0354 **nicht**

~아니다, ~않다

Bitte, vergiss den Termin beim Arzt **nicht**!
제발, 병원 예약을 잊어버리**지 마**!

▸ **vergessen** 잊다 / m. **Termin** 일정, 예약 / m. **Arzt** 의사

das
0355 **Problem**
-s, -e

n. 문제, 과제

Ich möchte über mein **Problem** nicht sprechen.
나는 나의 **문제**에 대해서 이야기하고 싶지 않습니다.

▸ **möchten** 원하다 / **sprechen** 말하다, 이야기하다

Tip 'sprechen über 4격: 4격에 관해 이야기하다' 구조를 알아 두자.

0356 **ruhig**

고요한, 조용한

Ich wohne am Rand der Stadt. In der Nacht ist es sehr **ruhig**.
나는 도시 외곽에 산다. 밤이면 매우 **조용하**다.

▸ m. **Rand** 외곽, 변두리 / f. **Stadt** 도시 / f. **Nacht** 밤

Tag 8

0357 **schnell**

빠른, 신속한

Das **schnellste** Verkehrsmittel ist das Flugzeug.
가장 빠른 교통수단은 비행기이다.

▸ n. **Verkehrsmittel** 교통수단 / n. **Flugzeug** 비행기

die
0358 **Stadt**
-, Städte

f. 도시, 시내

Berlin ist eine alte **Stadt**.
베를린은 오래된 **도시**이다.

▸ **alt** 늙은, 오래된

Tip 'alt 오래된'의 비교급 - 최상급은 älter - ältest이다.

0359 die **Tochter** -, Töchter

f. 딸

Meine **Tochter** studiert an einer Musikhochschule.
나의 **딸**은 음악 대학에서 공부 중이다.

▸ **studieren** 대학에서 공부하다, 전공하다, 연구하다 / f. **Musikhochschule** 음악 대학

Tip 'studieren an 대학명'은 '~대학에서 공부하다'이다.

0360 **unten**

아래에, 밑에

Meine Eltern wohnen **unten** im 1. Stock, ich im 2. Stock.
나의 부모님은 **아래** 1층에, 나는 2층에 산다.

▸ m. **Stock** 층 / pl. **Eltern** 부모

0361 das **Wetter** -s, -

n. 날씨

Wir hatten im Urlaub schönes **Wetter**.
휴가 때 **날씨**가 정말 좋았다.

▸ m. **Urlaub** 휴가 / **schön** 아름다운, 멋진

0362 **alt**

늙은, 오래된, 나이 든, 낡은

Mein Auto ist sehr **alt**, deswegen war es billig.
내 자동차는 매우 **낡았고**, 그 때문에 값이 쌌다.

▸ n. **Auto** 자동차 / **deswegen** 그 때문에 / **billig** 싼, 저렴한

0363 der **Arzt** -(e)s, Ärzte

m. 의사 (남)

Er meldet sich beim **Arzt** an.
그는 **의사**에게 (진료) 예약을 한다.

▸ **sich anmelden** 등록하다, 신청하다, 예약하다

0364 **breit**

넓은

Der Rhein ist ein sehr **breiter** Fluss.
라인강은 아주 **넓은** 강이다.

▸ m. **Fluss** 강, 하천

Tip 'breit 넓은'의 비교급 - 최상급은 breiter - breitest이다.

der
0365 **Dezember**
-s, -

m. **12월**

Die Weihnachtsmärkte in Deutschland dauern bis zum 23. **Dezember**.
독일의 크리스마스 마켓은 **12월** 23일까지 계속된다.

▸ m. **Weihnachtsmarkt** 크리스마스 마켓 / **dauern** 계속되다 / **bis zu** ~까지

0366 **erlauben**

허락하다

Ich **erlaubte** ihr zu gehen.
나는 그녀가 가는 것을 **허락했다**.

▸ **gehen** 가다

0367 **für**

~을(를) 위해

Das Geschenk ist **für** dich.
이 선물은 너**를 위한** 것이다.

▸ n. **Geschenk** 선물

Tip für는 4격 지배 전치사이다.

das
0368 **Geld**
-(e)s, -er

n. 돈, 금전, 화폐

Das Auslandsstudium von meinem Sohn kostet viel **Geld**.
내 아들의 (해외) 유학은 많은 **비용**이 든다.

▸ n. **Auslandsstudium** 유학 / m. **Sohn** 아들 / / **kosten** (비용이) 들다

Tip 'viel 많은'의 비교급 - 최상급은 mehr - meist이다.

Tag 8

0369 **gut**

좋은, 우수한

Dein Vorschlag ist sehr **gut**.
너의 제안이 정말 **좋다**.

▸ m. **Vorschlag** 제안

Tip 'gut 좋은'의 비교급-최상급은 besser-best이다.

0370 das **Haus** -es, Häuser

n. 집, 주택

Er will ein eigenes **Haus** besitzen.
그는 자기의 **집**을 소유하기를 원한다.

▸ **wollen** 원하다 / **eigen** 자기의, 자신의 / **besitzen** 소유하다, 가지다

A2

0371 das **Interview** -s, -s

n. 인터뷰, 회견

Es gibt am Samstag ein **Interview**.
토요일에 **인터뷰**가 있다.

▸ m. **Samstag** 토요일

0372 der **Junge** -n, -n

m. 청년, 소년

Der **Junge** hat einen Blumenstrauß in seiner Tasche.
그 **소년**은 자신의 가방 속에 꽃다발을 가지고 있다.

▸ m. **Blumenstrauß** 꽃다발 / f. **Tasche** 가방

0373 die **Kamera** -, -s

f. 카메라

Meine **Kamera** war sehr teuer.
내 **카메라**는 매우 비쌌다.

▸ **teuer** 비싼

Tip 'teuer 비싼'의 비교급-최상급은 teurer-teuerst이다.

0374 der **Kontinent** -es, -e

m. **대륙**

Auf der Erde gibt es sieben **Kontinente**.
지구에는 7개의 **대륙**이 있다.

▸ f. **Erde** 지구

Tip 'es gibt+4격'은 '4격이 있다'라는 의미이다.

0375 **laut**

소리가 큰

Bitte lesen Sie das Gedicht **laut** vor.
그 시를 **크게 소리 내서** 읽어 주십시오.

▸ **vorlesen** 낭독하다, 소리 내어 읽다

Tip 'laut 소리가 큰'의 비교급-최상급은 lauter-lautest이다.

0376 **meistens**

대부분, 대체로

Meistens trinke ich keinen Kaffee, sondern Tee.
대체로 나는 커피를 마시지 않고, 차를 마신다.

▸ **trinken** 마시다 / m. **Kaffee** 커피 / m. **Tee** 차(茶)

Tip 'nicht / kein A, sondern B: A가 아니라 B이다'를 알아 두자.

0377 **notieren**

메모하다

Bitte **notieren** Sie alle wichtigen Informationen.
중요한 모든 정보들을 **메모하**세요.

▸ **wichtig** 중요한 / f. **Information** 정보

Tip notieren에서 파생된 'f. Notiz 메모'까지 알아 두자.

0378 **pro**

~마다, ~당

Die Eintrittskarte kostet 3 Euro **pro** Person.
입장권은 일인**당** 3유로입니다.

▸ f. **Eintrittskarte** 입장권 / **kosten** (비용이) 들다 / f. **Person** 사람

0379 **reisen**

여행하다

Wohin möchtest du in diesem Sommer **reisen**?
너는 이번 여름에 어디로 **여행하**고 싶니?

▸ **wohin** 어디로 / **möchten** 원하다 / m. **Sommer** 여름

0380 **scharf**

날카로운, 매운

Dieses koreanische Gericht ist mir zu **scharf**.
이 한국 음식은 나에게는 너무 **맵다**.

▸ **koreanisch** 한국의 / n. **Gericht** 요리, 법원, 법정

Tip 'scharf 매운'의 비교급-최상급은 schärfer-schärfst이며, 반의어는 'mild 순한'이다.

das
0381 **Theater**
-s, -

n. 극장, 공연장, 연극

Ich gehe nächste Woche ins **Theater**.
나는 다음주에 **극장**에 간다. (연극 보러 간다)

▸ **nächst** 가장 가까운, 바로 다음의 / f. **Woche** 주

0382 **trocken**

건조한, 마른

Die Blumen sind ganz **trocken**, du solltest ihnen mehr Wasser geben.
꽃이 완전히 **말랐**어, 너는 꽃에 물을 더 줘야 해.

▸ f. **Blume** 꽃 / **ganz** 완전히 / **sollen** ~해야 한다 / n. **Wasser** 물 / **geben** 주다

Tip 'trocken 건조한'의 반의어는 'nass 젖은'이다.

0383 **ver-gleichen**

비교하다

Vergleichen Sie mich bitte nicht mit anderen.
제발 나를 다른 사람들과 **비교하**지 마세요.

▸ **ander** 다른, 상이한

0384 der
Wagen
-s, -

m. **자동차, 타는 기구**

Ist dieser **Wagen** deiner?
이 **차** 네 것이니?

0385 **zufrieden**

만족스러운

Ich bin mit meinem neuen Haus **zufrieden**.
나는 나의 새집에 **만족한**다.

▸ **neu** 새로운 / n. **Haus** 집

Tip 'zufrieden+mit 3격'은 '3격에 만족스러운'이라는 의미이다.

0386 **stark**

강한, 힘센, 진한

Der Kaffee ist sehr **stark**.
그 커피가 매우 **강하**다 (진하다).

▸ m. **Kaffee** 커피

Tip 'stark 강한'의 비교급-최상급은 stärker-stärkst이다.

0387 der
Ort
-es, -e

m. **장소**

Der **Ort** liegt in der Mitte der Stadt.
그 **장소**는 도시의 중심에 위치해 있다.

▸ **liegen** 놓여 있다, 위치하다 / f. **Mitte** 중심 / f. **Stadt** 도시

0388 die
Messe
-, -n

f. **박람회, 미사**

Ich gehe nächste Woche zur Auto**messe**.
나는 다음 주에 자동차 **박람회**에 간다.

▸ **gehen** 가다 / **nächst** 가장 가까운, 바로 다음의 / n. **Auto** 자동차

Tag 8

0389 die
Kunst
-, Künste

f. 예술, 미술

Am Wochende gehen wir in eine **Kunst**ausstellung.
주말에 우리는 **미술** 전시회에 간다.

▸ n. **Wochenende** 주말 / **gehen** 가다 / f. **Ausstellung** 박람회, 전시회

0390 **hoffen**

희망하다

Ich **hoffe**, dich wiederzusehen.
나는 너를 다시 보기를 **희망한다**.

▸ **wiedersehen** 다시 보다

B1

0391 die
Erzählung
-, -en

f. 이야기, 서술, 단편 소설

Diese **Erzählung** ist schon 100 Jahre alt.
이 **이야기**는 벌써 100년이 되었다.

▸ **schon** 이미, 벌써 / n. **Jahr** 연도 / **alt** (나이가) ~살인, 오래된

0392 **finanzieren**

(자금을) 조달하다, 대다

Ich **finanziere** meinem Sohn das Studium.
나는 내 아들의 학자금을 **댄다**.

▸ m. **Sohn** 아들 / n. **Studium** 대학 공부, 전공, 연구

0393 **durstig**

목이 마른

Bist du auch **durstig**?
너도 **목이 마르**니?

▸ **auch** ~도, ~또한

Tip 'Hast du auch Durst?'와 같은 표현이다.

0394 das **Boot** -(e)s, -e

n. 보트

Das **Boot** ist im See versunken.
보트가 호수에 침몰했다.

▸ m. **See** 호수 / **versinken** 가라앉다, 침몰하다

Tip der See는 호수, die See는 바다를 뜻한다.

0395 **beißen**

깨물다, 물어뜯다

Mein Hund hat mich **gebissen**.
내 개가 나를 **물었다**.

▸ m. **Hund** 개

0396 die **Aus-sprache** -, -n

f. 발음

Wie kann ich meine deutsche **Aussprache** verbessern?
나 어떻게 내 독일어 **발음**을 개선할 수 있을까?

▸ **deutsch** 독일의 / **verbessern** 개선하다, 향상시키다

0397 der **Architekt** -en, -en

m. 건축가

Ihr Freund ist ein berühmter **Architekt**.
그녀의 남자 친구는 유명한 **건축가**이다.

▸ m. **Freund** 친구, 남자 친구 / **berühmt** 유명한

Tip 'berühmt 유명한'의 비교급-최상급은 berühmter-berühmtest이다.

0398 **fern**

먼

Ich lebe jetzt **fern** von der Heimat.
나는 지금 고향에서 **멀리** 떨어져 산다.

▸ **leben** 살다 / **jetzt** 지금, 현재 / f. **Heimat** 고향, 고국

Tip fern과 sehen이 합쳐진 fernsehen은 'TV 보다'라는 동사이다.

0399 der **Rechner** -s, -

m. **계산기, 계산하는 사람, 컴퓨터**

Ich suche meinen Taschen**rechner**.

나는 나의 전자**계산기**를 찾는다.

▸ **suchen** 찾다 / f. **Tasche** 가방, 주머니

Tip Rechner는 컴퓨터를 가리키기도 한다.

0400 der **Schwager** -s, Schwäger

m. **매형, 형부**

Mein **Schwager** kommt an Weihnachten zu uns.

나의 **형부**가 크리스마스에 우리에게 온다.

▸ **kommen** 오다 / n. **Weihnachten** 크리스마스

연습문제

1 보기에서 알맞은 단어를 어미 변화에 맞게 빈칸에 채워 문장을 완성하세요.

보기	reisen Stadt zufrieden

1 Ich bin mit meinem neuen Haus ________ .

2 Wohin möchtest du in diesem Sommer ________ ?

3 Berlin ist eine alte ________ .

2 뜻이 맞는 단어끼리 연결하세요.

1 heißen •	• a 먼
2 fern •	• b 건조한, 마른
3 trocken •	• c 돈, 금전, 화폐
4 das Geld •	• d 대부분, 대체로
5 meistens •	• e ~(이)라고 불리다, (이름) 명하다, 칭하다

3 다음 형용사의 뜻과 비교급 – 최상급을 쓰세요.

1 schnell (뜻: ________) - ________ - ________

2 alt (뜻: ________) - ________ - ________

3 breit (뜻: ________) - ________ - ________

4 gut (뜻: ________) - ________ - ________

5 laut (뜻: ________) - ________ - ________

6 scharf (뜻: ________) - ________ - ________

정답

1 ① zufrieden ② reisen ③ Stadt

2 ① e ② a ③ b ④ c ⑤ d

3 1) 뜻: 빠른, 신속한 - schneller - schnellst 2) 뜻: 늙은, 오래된, 나이 든, 낡은 - älter - ältest
3) 뜻: 넓은 - breiter - breitest 4) 뜻: 좋은, 우수한 - besser - best
5) 뜻: 소리가 큰 - lauter - lautest 6) 뜻: 날카로운, 매운 - schärfer - schärfst

Tag 9

Er kommt **niemals** pünktlich.

그는 **단 한 번도** 제시간에 오지 **않는다**.

Tag-09

A1

0401 das **Sofa** -s, -s

n. 소파

Wir haben ein modernes **Sofa**.

우리는 유행하는 **소파** 하나를 가지고 있다.

▸ **modern** 유행의, 현대의

Tip die Couch도 '소파'이다.

0402 der **Test** -(e)s, -e/-s

m. 시험, 실험

Du kannst den Eignungs**test** schaffen!

넌 그 자격 **시험**을 해낼 수 있어!

▸ **können** 할 수 있다 / f. **Eignung** 적합성, 자격 / **schaffen** 해내다, 창조하다

0403 **um | ziehen**

이사하다, 옷 갈아입다

Ich bin letzte Woche **umgezogen**. Der Umzug war sehr anstrengend.

나는 지난주에 **이사를 했다**. 이사는 너무 고되었다.

▸ **letzt** 최근의, 바로 전의 / f. **Woche** 주 / m. **Umzug** 이사 / **anstrengend** 고된, 힘든

Tip 'letzt 마지막'의 비교급-최상급은 letzter-letztest이다.

0404 **vielleicht**

아마도, 어쩌면

Sie haben **vielleicht** recht.
당신이 **아마** 맞을 거예요.

▸ **recht** 옳은, 오른쪽의

0405 **werden**

되다

Er ist Arzt **geworden**.
그는 의사가 **되었다**.

▸ m. **Arzt** 의사

der
0406 **Zoll**
-(e)s, Zölle

m. **세관, 관세**

Die Pakete kommen nicht an, weil sie im **Zoll** feststecken.
그 소포들이 **세관**에 (통과되지 않고) 걸려 있기 때문에 도착하지 않고 있다.

▸ n. **Paket** 소포 / **ankommen** 도착하다 / **feststecken** 갇히다

die
0407 **Schwester**
-, -n

f. **여자 형제**

Ich habe zwei **Schwestern**, eine jüngere und eine ältere.
나는 두명의 **여자 형제**가 있다. (나보다 나이가) 한 명은 어리고 한 명은 많다.

▸ **jung** 젊은, 어린 / **alt** 늙은, 오래된

0408 **reparieren**

수리하다

Um das Handy zu **reparieren**, brauchst du einen Profi.
휴대폰을 **수리하**기 위해서 너는 전문가가 필요하다.

▸ n. **Handy** 핸드폰 / **brauchen** 필요로 하다 / m. **Profi** 전문가

0409 der
Plan
-(e)s, Pläne

m. **계획**

Der **Plan** hat sich geändert.
계획이 변경되었다.

▸ **ändern** 바꾸다, 고치다

0410 **normal**

보통의, 평범한, 정규의

Das ist nicht **normal**.
이건 **평범하**지 않다.

0411 der
Mund
-es, Münder

m. **입**

Mach doch den **Mund** zu!
너 **입** 좀 닫아!

▸ **zumachen** 닫다

Tip '좀 조용히 해!'라는 뉘앙스의 표현이다.
'zumachen 닫다'의 반의어는 'aufmachen 열다'이다.

0412 **lustig**

웃긴, 유쾌한

Ich glaube, er ist der **lustigste** Mann der Welt.
나는 그가 세상에서 **제일 웃기다**고 생각한다.

▸ **glauben** 믿다 / m. **Mann** 남자 / f. **Welt** 세상

Tip 'lustig 웃긴'의 반의어는 'langweilig 지루한, 단조로운'이다.

0413 die
Kreditkarte
-, -n

f. **신용 카드**

Nächste Woche muss ich meine **Kreditkarte**nabrechnung bezahlen.
다음 주에 난 내 **신용 카드** 명세서(계산서)를 결제해야 한다.

▸ **nächst** 가장 가까운, 바로 다음의 / f. **Woche** 주 / f. **Abrechnung** 공제, 명세서

0414 der
Januar
-s, -e

m. 1월

Der **Januar** ist der erste Monat im Jahr.
1월은 한 해의 첫 번째 달이다.

▸ m. **Monat** 달, 월 / n. **Jahr** 연도

0415 die
Großeltern

pl. 조부모

Am Sonntag besuche ich meine **Großeltern**.
나는 일요일에 나의 **조부모님**을 찾아뵐 것이다.

▸ m. **Sonntag** 일요일 / **besuchen** 방문하다

0416 **gern**

즐겨, 기꺼이

Sie spielt **gern** Klavier.
그녀는 피아노를 **즐겨** 친다.

▸ **spielen** 놀다, 연주하다, 경기하다 / n. **Klavier** 피아노

Tip 'gern 즐겨'의 비교급-최상급은 lieber-liebst이다.
gerne으로도 혼용되어 쓰인다.
'~(악기) 연주하다' 표현은 'spielen+악기'이다.

Tag 9

0417 das
Foto
-s, -s

n. 사진

Ich habe einen Text auf das **Foto** geschrieben.
나는 **사진** 위에 글을 적었다.

▸ m. **Text** 텍스트 / **schreiben** 쓰다

0418 das
Essen
-s, -

n. 음식, 먹는 것

Das **Essen** schmeckt gut.
그 **음식**은 맛이 좋다.

▸ **schmecken** ~에게 맛이 나다

Tip 'gut 좋은'의 비교급-최상급은 besser-best이다.

0419 das
Datum
-s, Daten

n. 날짜

An welchem **Datum** treffen wir uns?
어떤 **날짜**에 우리 만날까? (우리 며칠에 만날까?)

▸ **treffen** 만나다

0420 der
Bruder
-s, Brüder

m. 남자 형제

Er ist mein älterer **Bruder**.
그는 나의 **오빠/형**이다.

▸ **alt** 나이 든, 늙은, 오래된

Tip 'alt(나이 든)'의 비교급-최상급은 älter-ältest이다.

0421 die
Bank
-, -en

f. 은행

Ich habe ein Konto bei der **Bank**.
나는 **은행**에 계좌가 있다.

▸ n. **Konto** 계좌

0422 das
Auge
-s, -n

n. 눈

Meine **Augen** sind schlecht, deswegen brauche ich eine Brille.
나는 **눈**이 나쁘다, 그래서 나는 안경이 필요하다.

▸ **schlecht** 나쁜 / **deswegen** 그 때문에 / **brauchen** 필요로 하다 / f. **Brille** 안경

A2

0423 **auf | machen**

열다, 열어 주다

Darf ich das Fenster **aufmachen**?
제가 창문을 **열어**도 될까요?

▸ **dürfen** ~해도 된다 / n. **Fenster** 창문

0424 die **Apotheke** -, -n

f. 약국

Gehen Sie bitte mit dem Rezept in die **Apotheke**.
처방전을 가지고 **약국**으로 가세요.

▸ **gehen** 가다 / n. **Rezept** 처방전, 요리법

0425 der **Cocktail** -s, -s

m. 칵테일

Die **Cocktails** in dieser Bar sind sehr gut.
이 바에 있는 **칵테일**들은 매우 좋다(맛있다).

▸ f. **Bar** 술집, 바

0426 **diskutieren**

토론하다

Wir **diskutieren** über das Angebot.
우리는 그 제안에 대해 **토론한다**.

▸ n. **Angebot** 제안

Tip 'diskutieren über 4격: 4격에 관해 토론하다' 구조를 알아 두자.

0427 die **Erdbeere** -, -n

f. 딸기

Im Sommer ist in Deutschland **Erdbeer**saison.
여름엔 독일에서는 **딸기**철이다.

▸ m. **Sommer** 여름 / f. **Saison** 철, 계절, 시즌

0428 **fett**

기름진, 살찐, 지방이 많은

Gestern habe ich zu viel **fette** Kost gegessen.
나는 어제 **기름진** 음식을 너무 많이 먹었다.

▸ **gestern** 어제 / f. **Kost** 음식 / **viel** 많이 / **essen** 먹다

Tip 'fett 기름진'의 비교급-최상급은 fetter-fettest이다.

0429 das
Geschirr
-s, -e

n. 식기

Nach dem Essen waschen wir das **Geschirr** ab.
식사 후에 우리는 **식기**를 씻는다.

▸ n. **Essen** 식사 / **abwaschen** 씻어 내다, 설거지하다

0430 das
Heft
-(e)s, -e

n. 노트, 공책, 소책자

Die Schüler geben dem Lehrer die **Hefte** ab.
학생들이 선생님께 **공책**을 제출한다.

▸ m. **Schüler** 학생 / **abgeben** 제출하다 / m. **Lehrer** 선생님

0431 der
Kurs
-es, -e

m. 강좌, 코스, 수업

Der **Kurs** beginnt am kommenden Montag.
그 **수업**은 다가오는 월요일에 시작한다.

▸ **beginnen** 시작하다 / **kommend** 다가오는, 미래의 / m. **Montag** 월요일

0432 **links**

왼쪽

Gehen Sie nach **links**. Da liegt die Apotheke.
왼쪽으로 가세요. 그곳에 약국이 있습니다.

▸ **gehen** 가다 / **liegen** 놓여 있다, 위치하다 / f. **Apotheke** 약국

Tip 'links 왼쪽'의 반의어는 'rechts 오른쪽'이다.

0433 die
Position
-, -en

f. 위치, 자리, 자세

Diese Sitz**position** schadet meinem Rücken.
이 앉는 **자세**는 내 허리에 안 좋다.

▸ m. **Sitz** 앉는 법, 앉음새 / **schaden** 해가 되다, 손상시키다 / m. **Rücken** 등

0434 die **Rolle** -, -n

f. 역할

Der Charakter spielt in diesem Fall keine **Rolle**.
이 경우에 성격은 중요한 **역할**을 하지 않는다.

▸ m. **Charakter** 성격, 기호 / **spielen** 연기하다 / m. **Fall** 경우, 사건

Tip eine Rolle spielen은 '어떤 역할을 하다'라는 뜻이다.

0435 **satt**

배부른

Möchtest du einen Nachtisch? - Nein danke, ich bin **satt**.
너 후식 원하니? - 아니 고마워, 난 **배불러**.

▸ **möchten** 원하다 / m. **Nachtisch** 후식, 디저트

0436 die **Seite** -, -n

f. 쪽(페이지), 면

Öffnen Sie bitte das Buch auf der **Seite** 10.
이 책의 10**페이지**를 펴세요.

▸ **öffnen** 열다, 펴다 / n. **Buch** 책

0437 die **Tür** -, -en

f. 문, 입구, 현관

Die Gäste stehen vor der **Tür**.
손님들이 **문** 앞에 서 있다.

▸ m. **Gast** 손님, 방문객 / **stehen** 서다

0438 **übermorgen**

모레

Wir wollen morgen ins Kino, wenn nicht, dann auf alle Fälle **übermorgen**.
우리는 내일 극장에 갈 예정이다, 만약 가지 않는다면 **모레**에는 어떠한 경우에도 갈 것이다.

▸ **wollen** 원하다, ~할 예정이다, ~하고 싶다 / **morgen** 내일 / n. **Kino** 영화관, 극장 / **auf alle Fälle** 반드시, 어떠한 경우에도 (m. Fall 사건, 경우)

0439 **verlieren**

잃어버리다

Ich habe mein Handy **verloren**.
내 휴대폰을 **잃어버렸**다.

▸ n. **Handy** 핸드폰

0440 **wissen**

알다, 알고 있다

Die Lehrerin möchte **wissen**, ob wir das Buch gelesen haben.
선생님께서 우리가 이 책을 읽었는지 아닌지 **알고** 싶어하신다.

▸ f. **Lehrerin** 여자 선생님 / **möchten** 원하다 / **ob** ~인지 아닌지 / n. **Buch** 책 / **lesen** 읽다

0441 **zurück | geben**

돌려주다, 반환하다

Sie hat mir drei Euro **zurückgegeben**.
그녀가 나에게 3유로를 **돌려줬다**.

▸ m. **Euro** 유로

B1

0442 **zu | schauen**

구경하다

Ich kann nicht so ruhig **zuschauen**.
그렇게 가만히 **구경하**고 있을 순 없다.

▸ **ruhig** 고요한, 조용한

0443 **glänzen**

빛나다

Der Boden **glänzt** vor Sauberkeit.
바닥은 깨끗하게 **빛난다**.

▸ m. **Boden** 땅, 바닥 / f. **Sauberkeit** 깨끗함, 청결

0444 der **Hinweis** -es, -e

m. **지시, 암시, 힌트**

Ihr **Hinweis** bringt mich auf einen Gedanken.
당신의 **암시**가 나에게 하나의 생각을 불러일으킵니다.

▸ **bringen** 가져오다, 운반하다 / m. **Gedanke** 생각, 사고

0445 **knapp**

간신히, 빠듯한, 꽉 끼는

Das war aber echt **knapp**!
이건 근데 정말 **간발의 차이**였어!

▸ **echt** 진정한, 정말로, 진짜

0446 die **Kranken-schwester** -, -n

f. **간호사**

Meine Schwester arbeitet seit 15 Jahren als **Krankenschwester**.
내 여자 형제는 15년째 **간호사**로 일하고 있다.

▸ f. **Schwester** 여자 형제 / **arbeiten** 일하다 / **seit** ~이래, 이후

0447 die **Möglich-keit** -, -en

f. **가능성**

Ich sehe keine **Möglichkeit**, das Problem zu lösen.
나는 그 해답을 풀 수 있는 **가능성**이 보이지 않는다.

▸ n. **Problem** 문제 / **lösen** 풀다, 해결하다

0448 **niemals**

단 한 번도 ~아닌

Er kommt **niemals** pünktlich.
그는 **단 한 번도** 제시간에 오지 **않는다**.

▸ **kommen** 오다 / **pünktlich** 시간을 엄수하는

0449 der **Spiegel** -s, -

m. **거울**

Die Eisfläche war glatt wie ein **Spiegel**.

얼음판이 마치 **거울**처럼 미끄러웠다.

▸ f. **Eisfläche** 얼음으로 뒤덮인 표면 / **glatt** 미끄러운

Tip 'glatt 미끄러운'의 비교급-최상급은 glatter(glätter)-glattest(glättest) 이다.

0450 **töten**

죽이다

Bei diesem Unfall wurden drei Menschen **getötet**.

이 사고로 인해 세 명이 **사망하**게 되었다.

▸ m. **Unfall** 재해, 사고 / **werden** ~되다 / m. **Mensch** 사람

연습문제

1 보기에서 알맞은 단어를 어미 변화에 맞게 빈칸에 채워 문장을 완성하세요.

보기	Tür wissen reparieren Seite

1 Öffnen Sie bitte das Buch auf der ________ 10.

2 Um das Handy zu ________ , brauchst du einen Profi.

3 Ich ________ , was du im letzten Sommer gemacht hast.

4 Die Gäste stehen vor der ________ .

2 뜻이 맞는 단어끼리 연결하세요.

1 umziehen •	• a 돌려주다, 반환하다
2 aufmachen •	• b 이사하다, 옷 갈아입다
3 die Erdbeere •	• c 열다, 열어 주다
4 übermorgen •	• d 딸기
5 zurückgeben •	• e 모레

Tag 9

3 다음 형용사의 뜻과 비교급 – 최상급을 쓰세요.

1 lustig (뜻: ________) - ________ - ________

2 gern (뜻: ________) - ________ - ________

3 fett (뜻: ________) - ________ - ________

정답

1 ① Seite ② reparieren ③ weiß ④ Tür

2 ① b ② c ③ d ④ e ⑤ a

3 1) 뜻: 웃긴, 유쾌한 - lustiger - lustigst 2) 뜻: 즐겨, 기꺼이 - lieber - liebst
3) 뜻: 기름진, 살찐, 지방이 많은 - fetter - fettest

Tag 10

Ich sende dir morgen eine **Nachricht**.

내가 너에게 내일 **메시지**를 보낼게.

Tag-10

A1

0451 **fragen**

묻다, 질문하다

Kinder **fragen** immer viel.

아이들은 항상 많이 **질문한다**.

▸ n. Kind 아이 / immer 늘

0452 **ein | laden**

초대하다

Er hat mich nach Paris **eingeladen**.

그가 나를 파리로 **초대했다**.

0453 der **Donners-tag** -(e)s, -e

m. 목요일

Jeden **Donnerstag** geht sie zum Tanzkurs.

그녀는 매주 **목요일**에 댄스 수업에 간다.

▸ gehen 가다 / m. Tanzkurs 춤 수업

0454 das **Buch** -(e)s, Bücher

n. 책, 서적

Ich habe alle **Bücher** von Goethe gelesen.

나는 괴테의 모든 **책들**을 읽었다.

▸ lesen 읽다

0455 **aus**

(안에서) 밖으로(출신, 재료)

Der Stuhl besteht **aus** Holz.
그 의자는 나무로 만들어졌다.

▸ m. **Stuhl** 의자 / **bestehen** ~(으)로 구성되어 있다 / n. **Holz** 목질

Tip 'bestehen+aus 3격: aus 3격으로 이루어져 있다' 구조를 알아 두자.

---

das
0456 **Apparte-ment**
-s, -s

n. (원룸 형태의) 집

Die Miete des **Appartements** ist 500 Euro pro Monat.
아파트 임대료가 한 달에 500유로이다.

▸ f. **Miete** 임대료 / **pro** ~당 / m. **Monat** 달(月)

---

der
0457 **Bogen**
-s, -

m. 곡선, 아치, 활

Ich spanne stark den **Bogen**.
나는 **활**을 강하게 (잡아)당긴다.

▸ **spannen** 잡아당기다 / **stark** 강하게

---

die
0458 **CD**
-, -s

f. 씨디, CD

Auf dieser **CD** sind alle meine Lieblingslieder.
이 **CD**엔 내가 가장 좋아하는 모든 노래들이 있다.

▸ n. **Lieblingslied** 가장 좋아하는 노래

0459 **erzählen**

이야기하다

Der Vater **erzählt** den Kindern ein Märchen.
아버지가 아이들에게 동화를 **이야기해 준다**.

▸ m. **Vater** 아버지 / n. **Kind** 아이 / n. **Märchen** 동화

Tag 10

0460 der **Fuß** -es, Füße

m. **발**

Ich bin so lange gegangen, bis die **Füße** mir wehtaten.
발이 아플 때까지 오래 걸었다.

▸ **gehen** 가다 / **immer** 늘, 항상 / f. **Schule** 학교

Tip zu Fuß는 '걸어서'라는 뜻이다.

0461 das **Geschwister** -s, -

n. **형제자매, 남매**

Die **Geschwister** sehen sich alle ähnlich.
형제자매들은 모두 비슷하게 보인다.

▸ **ähnlich** 닮은, 비슷한

0462 das **Hobby** -s, -s

n. **취미**

Motorradfahren ist mein **Hobby**.
오토바이 타는 게 내 **취미**이다.

▸ n. **Motorradfahren** 오토바이 타는 것

0463 **kommen**

오다

Woher **kommen** Sie?
당신은 어디에서 **오셨**습니까?

▸ **woher** 어디서, 어디로부터

Tip 어디 출신(국가, 도시)인지 물어볼 때 사용하는 표현이다.

0464 der **Lehrer** -s, -

m. **선생, 교사 (남)**

Wie findest du deinen **Lehrer**?
너는 네 **선생님**을 어떻게 생각하니?

▸ **finden** 찾다, 생각하다

0465 die **Milch**
-, -

f. **우유**

Warme **Milch** hilft gegen die Schlaflosigkeit.
따뜻한 **우유**는 불면증에 좋다.

▸ **warm** 따뜻한 / **helfen** 돕다 / **gegen** ~에 대해 / f. **Schlaflosigkeit** 불면증

0466 der **November**
-s, -

m. **11월**

Ende **November** fahre ich nach Wien.
나는 **11월** 말에 빈으로 간다.

▸ n. **Ende** 끝 / **fahren** ~(으)로 가다

Tip 도시명, 국가명이 전치사 nach와 사용되면 '~(도시, 국가)로'라는 의미이다.

0467 die **Oma**
-, -s

f. **할머니**

Meine **Oma** lebt schon seit 50 Jahren in Busan.
나의 **할머니**는 벌써 50년 전부터 부산에 사신다.

▸ **leben** 살다 / **schon** 벌써, 이미 / **seit** ~이래, 이후 / n. **Jahr** 연도

0468 der **Reis**
-es, -e

m. **쌀**

Der **Reis** ist heute im Angebot.
쌀이 오늘 세일이다.

▸ **heute** 오늘 / n. **Angebot** 제안, 할인

0469 der **Schinken**
-s, -

m. **햄, (샌드위치용) 햄**

Ich esse super gerne **Schinken**.
나는 **햄**을 엄청 즐겨 먹는다.

▸ **essen** 먹다 / **gern** 즐겨

Tag 10

0470 **seit**

(시간) ~이래로

Seit heute früh geht es mir besser.
오늘 아침**부터** 좀 나아졌어.

▸ **heute** 오늘 / **früh** 이른, 아침에 / **besser** 보다 좋은

Tip seit는 3격 지배 전치사이다.

0471 der **Text** -es, -e

m. **텍스트, 글, 본문**

Lesen Sie den **Text**.
이 **글**을 읽으세요.

▸ **lesen** 읽다

Tip '소리내서 읽어요'라고 말하려면 동사 vorlesen을 사용하며, 'Lesen Sie den Text vor.'라고 표현할 수 있다.

A2

0472 **versuchen**

시도하다

Ich habe alles Mögliche **versucht**.
나는 모든 가능성을 **시도해** 보았다.

▸ **möglich** 가능한

0473 **wechseln**

바꾸다 , 변경하다

Ich werde den Friseur **wechseln**. Dieser hier ist zu teuer.
미용실을 **바꿔야**겠어, 여기는 너무 비싸.

▸ **werden** ~할 것이다 / m. **Friseur** 이발사, 미용실 / **teuer** 비싼

0474 **zuletzt**

마지막으로

Er hat bis **zuletzt** die Hoffnung nicht aufgegeben.
그는 **마지막**까지 희망을 포기하지 않았다.

▸ f. **Hoffnung** 희망 / **aufgeben** 포기하다

---

der
0475 **Strand**
-(e)s, Strände

m. **바닷가, 해변**

Im Urlaub liegen sehr viele Leute am **Strand**.
휴가 때 아주 많은 사람들이 **해변** 위에 누워 있다.

▸ m. **Urlaub** 휴가 / **liegen** 누워 있다, 위치하다 / pl. **Leute** 사람들

0476 **pünktlich**

시간을 지키는

Der Zug kommt **pünktlich** um 7 Uhr.
기차는 **정확하게** 7시 정각에 온다.

▸ m. **Zug** 기차 / **kommen** 오다 / f. **Uhr** 시계, 시각

---

die
0477 **Nachricht**
-, -en

f. **소식, 통지, 보도, 메시지**

Ich sende dir morgen eine **Nachricht**.
내가 너에게 내일 **메시지**를 보낼게.

▸ **senden** 보내다 / **morgen** 내일

0478 **kosten**

비용이 들다

Die Reparatur einer alten Heizung **kostet** viel Geld.
낡은 보일러를 수리하는 데는 **돈이** 많이 **든다**.

▸ f. **Reparatur** 수선, 수리 / **alt** 늙은, 오래된 / f. **Heizung** 난방 / n. **Geld** 돈

Tag 10

0479 **(sich) interes-sieren**

관심, 흥미를 가지다

Ich **interessiere** mich sehr für Fußball.
나는 축구에 정말 **관심이 있다**.

▸ m. **Fußball** 축구

Tip 'sich interessieren für 4격: für 4격에 대해 관심을 가지다' 구조를 숙지하자.

0480 **her | stellen**

생산하다, 제조하다

Diese Produkte werden im Ausland **hergestellt**.
이 제품들은 해외에서 **생산**된다.

▸ n. **Produkt** 제품 / **werden** ~되다 / n. **Ausland** 외국

0481 **glauben**

믿다

Ich **glaube** an seine Ehrlichkeit.
나는 그의 성실함을 **믿는다**.

▸ f. **Ehrlichkeit** 정직, 성실

Tip 'glauben+an 4격'은 'an 4격을 믿다'를 나타낸다.

0482 **frisch**

신선한, 쾌적한

Sie kauft ein **frisch** gebackenes Brötchen.
그녀는 **갓** 구운 빵 하나를 산다.

▸ **kaufen** 사다 / **gebacken** 구운 / n. **Brötchen** 작은 빵

0483 der **Euro** -(s), -(s)

m. **유로**

Die Gebühr beträgt 30 **Euro**.
수수료는 30**유로**입니다.

▸ f. **Gebühr** 수수료 / **betragen** 어떤 금액에 달하다

0484 **dünn**

얇은, 홀쭉한

Sie schneidet das Brot in **dünne** Scheiben.
그녀는 빵을 **얇은** 조각으로 자른다.

▸ **schneiden** 자르다 / n. **Brot** 빵 / f. **Scheibe** 조각

Tip 얇게 썬 조각 즉, '슬라이스'를 Scheiben이라고 표현한다.

---

die
0485 **Bibliothek**
-, -en

f. 도서관

Diese **Bibliothek** ist das ganze Jahr geöffnet.
이 **도서관**은 일 년 내내 문을 엽니다.

▸ **ganz** 전체의, 완전한 / n. **Jahr** 연도 / **öffnen** 열다

0486 **ärgern**

~을(를) 화나게 하다

Sie hat mich mit ihrem Verhalten sehr **geärgert**.
그녀는 그녀의 행동으로 인해 나를 매우 **화나게 했**다.

▸ n. **Verhalten** 행동, 태도

Tip 'sich ärgern 화나다' 구조도 알아 두자.

0487 **aktiv**

활동적인, 능동적인

Er ist ein **aktiver** Teilnehmer.
그는 한 **활동적인** 참가자이다.

▸ m. **Teilnehmer** 참가자

Tip 'aktiv 활동적인'의 반의어는 'passiv 수동적인'이다.

---

der
0488 **Berg**
-(e)s, -e

m. 산

Er klettert auf einen **Berg**.
그는 **산**에 올라간다.

▸ **klettern** (기어)오르다

0489 **deutsch**

독일의

Der neue Fahrplan der **deutschen** Bahn kommt Mitte Dezember.
독일 철도의 새로운 시간표는 12월 중순에 시작된다.

▸ **neu** 새로운 / m. **Fahrplan** (기차, 버스의) 시간표 / f. **Bahn** 철도, 기차 / **kommen** 오다 / f. **Mitte** 중앙, 중간

0490 **einig-**

몇몇의

Sie hat bereits **einige** Male angerufen.
그녀가 이미 **몇 번** 전화했다.

▸ **bereits** 이미, 벌써 / **anrufen** 부르다, 전화하다

B1

0491 das **Feld** -es, -er

들, 밭, 벌판

Dem Bauer gehören 2 **Felder** neben seinem Haus.
그의 집 옆에 2개의 **벌판**이 그 농부에게 속해 있다.

▸ m. **Bauer** 농부 / **gehören** ~의 것이다, 소유이다 / **neben** ~의 옆에 / n. **Haus** 집

0492 die **Galerie** -, -n

f. 갤러리, 화랑, 복도

Gehen wir am Mittwoch in die **Galerie**?
우리 수요일에 **미술관**에 갈까?

▸ **gehen** 가다 / m. **Mittwoch** 수요일

0493 der **Haupt-bahnhof** -(e)s, -höfe

m. 중앙역

Wir fahren vom **Hauptbahnhof** ab.
우리는 **중앙역**에서 출발한다.

▸ **ab|fahren** 출발하다

0494 **interessant**

흥미로운, 재미있는

Das Buch ist für mich total **interessant**.
이 책은 나에게 진짜 **흥미롭**다.

▸ n. **Buch** 책 / **total** 완전히

Tip 'interessant 흥미로운'의 비교급-최상급은 interessanter-interessantest이다.

der
0495 **Karneval**
-s, -s/-e

m. **카니발, 사육제**

Gehen wir zum **Karneval**?
우리 **카니발**에 갈까?

▸ **gehen** 가다

die
0496 **Landung**
-, -en

f. **착륙**

Trotz des starken Regens wurden alle **Landungen** von allen Flugzeugen in Berlin vorbereitet.
강한 비에도 불구하고 베를린에 있는 모든 비행기들의 모든 **착륙**이 준비되었다.

▸ **trotz** ~에도 불구하고 / m. **Regen** 비 / n. **Flugzeug** 비행기 / **vorbereiten** 준비하다

0497 **möbliert**

가구가 배치된

Ich suche eine Wohnung, die schon **möbliert** ist.
나는 이미 **가구가 배치되어 있는** 집을 찾고 있다.

▸ **suchen** 찾다 / **schon** 이미, 벌써 / f. **Wohnung** 집

die
0498 **Nationa-lität**
-, -en

f. **국적**

Sie sind koreanischer **Nationalität**.
그들은 한국 **국적**이다.

▸ **koreanisch** 한국의

0499 das
Original
-s, -e

n. 원본, 원형

Wir müssen das Dokument mit dem **Original** vergleichen.

우리는 그 문서를 **원본**과 비교해야만 한다.

▸ **müssen** ~해야 한다 / n. **Dokument** 문서 / **vergleichen** 비교하다

0500 der
Pilz
-es, -e

m. 버섯, 균류

Dieser **Pilz** ist giftig und du solltest ihn nicht essen.

이 **버섯**은 독이 있고 너는 그것을 먹어서는 안 된다.

▸ **giftig** 유독한 / **essen** 먹다

연습문제

1 보기에서 알맞은 단어를 어미 변화에 맞게 빈칸에 채워 문장을 완성하세요.

보기	erzählen pünktlich kommen fragen

1 Ich ______________ mich, ob ich das tun kann.

2 Der Vater ______________ den Kindern ein Märchen.

3 Woher ______________ Sie?

4 Der Zug kommt ______________ um 7 Uhr.

2 뜻이 맞는 단어끼리 연결하세요.

1 das Buch •	• a 믿다
2 einladen •	• b 책, 서적
3 versuchen •	• c 중앙역
4 der Hauptbahnhof •	• d 초대하다
5 glauben •	• e 시도하다

Tag 10

3 다음 형용사의 뜻과 비교급 - 최상급을 쓰세요.

1 frisch (뜻: ______________) - ______________ - ______________

2 dünn (뜻: ______________) - ______________ - ______________

3 aktiv (뜻: ______________) - ______________ - ______________

4 interessant (뜻: ______________) - ______________ - ______________

정답

1 ① frage ② erzählt ③ kommen ④ pünktlich

2 ① b ② d ③ e ④ c ⑤ a

3 1) 뜻: 신선한, 쾌적한 - frischer - frischest 2) 뜻: 얇은, 홀쭉한 - dünner - dünnst
3) 뜻: 활동적인, 능동적인 - aktiver - aktivst
4) 뜻: 흥미로운, 재미있는 - interessanter - interessantest

Woche
3

Tag 11

Er **steht** an der Ampel.

그가 신호등에 **서 있다**.

Tag 12

Wer ist das **hübsche** Mädchen?

저 **예쁜** 소녀는 누구야?

Tag 13

Darf ich **mich** jetzt **vorstellen**?

지금 **자기소개를 해**도 될까요?

Tag 14

Sie **müssen** hier aussteigen.

당신은 여기서 하차**해야만 합니다**.

Tag 15

Das war ein sehr **trauriger** Film.

그건 아주 **슬픈** 영화였어.

Tag 11

Er **steht** an der Ampel.
그가 신호등에 **서 있다**.

Tag-11

A1

0501 der **Regen** -s, -

m. **비**

Der **Regen** wird immer stärker.
비가 계속해서 점점 더 세차게 온다.

▸ **stark** 강한

Tip 'immer+형용사 비교급'은 '점점 더 ~한'을 의미한다.

0502 die **Schule** -, -en

f. **학교**

Ich gehe heute nicht zur **Schule**.
나는 오늘 **학교**에 가지 않는다.

▸ **gehen** 가다 / **heute** 오늘

0503 **treffen**

만나다

Wir **treffen** uns immer sonntags.
우리는 서로 항상 일요일마다 **만난다**.

▸ **immer** 늘, 항상 / **sonntags** 일요일에, 일요일마다

Tip 'sich treffen 서로 만나다, 함께 만나다'를 알아 두자.

0504 **stehen**

서 있다, 서다, 정지하다

Er **steht** an der Ampel.
그가 신호등에 **서 있다**.

▸ f. **Ampel** 신호등

0505 **tschüs**

안녕(헤어질 때)

Tschüs, bis morgen!
안녕, 내일 봐!

▸ **morgen** 내일

Tip tschüss도 동일한 표현이다.

0506 **um**

~주위에, 빙 둘러, 정각에

Die Kinder sitzen **um** den Weihnachtsbaum.
아이들이 크리스마스트리 **주위에** 앉아 있다.

▸ n. **Kind** 아이 / **sitzen** 앉다, 앉아 있다 / m. **Weihnachtsbaum** 크리스마스트리

Tip um은 4격 지배 전치사이다.

0507 der **Verkäufer** -s, -

m. 판매상, 상인

Der Auto**verkäufer** hat mir alles gut erklärt.
그 자동차 **판매원**이 내게 모두 잘 설명해 주었다.

▸ n. **Auto** 자동차 / **erklären** 설명하다

0508 das **Wasser** -s, Wässer

n. 물

Trink viel **Wasser**.
물을 많이 마셔라.

▸ **trinken** 마시다

0509 die **Zigarette** -, -n

f. 담배

Zigaretten sind schlecht für die Gesundheit.
담배는 건강에 해롭습니다.

▸ **schlecht** 나쁜 / f. **Gesundheit** 건강, 건강 상태

0510 **ab und zu**

가끔, 때때로

Er geht **ab und zu** mit seinen Eltern einkaufen.
그는 **때때로** 그의 부모님과 쇼핑하러 간다.

▸ **gehen** 가다 / pl. **Eltern** 부모 / **einkaufen** 구입하다, 쇼핑하다

Tip ab und zu의 동의어로는 manchmal이 있다.

0511 **aus | sehen**

~처럼 보이다

Sie **sieht** hübsch **aus**.
그녀는 귀여워 **보인다**.

▸ **hübsch** 예쁜, 귀여운

0512 das **Beispiel** -(e)s, -e

n. 보기, 예, 본보기

Der Lehrer erklärt mit einem **Beispiel**.
선생님이 **예**를 들어 설명하신다.

▸ m. **Lehrer** 선생님 / **erklären** 설명하다

0513 die **Durchsage** -, -n

f. 공고, 전달, 안내 방송

Der Direktor macht eine **Durchsage**.
그 관리자가 **안내 방송**을 한다.

▸ m. **Direktor** 책임자, 관리자 / **machen** ~하다

0514 **ein | kaufen**

장 보다, 쇼핑하다

Sie **kauft** ein paar Lebensmittel **ein**.
그녀는 몇몇의 식료품을 **구입한다**.

▸ **ein paar** 몇몇의 / n. **Lebensmittel** 식료품

Tip Lebensmittel은 주로 복수로 쓰는 명사이다.

0515 die **Farbe** -, -n

f. 색깔

Diese **Farben** passen gut zusammen.
이 **색들**은 서로 잘 어울린다.

▸ **passen** 알맞다, 어울리다 / **zusammen** 함께, 같이

0516 **gegen**

(시간) ~쯤, ~에 반대해서

In Afrika kämpfen viele Leute **gegen** den Hunger.
아프리카에서 많은 사람들이 기근**에 맞서** 싸우고 있다.

▸ **kämpfen** 싸우다 / pl. **Leute** 사람들 / m. **Hunger** 기근

Tip gegen은 4격 지배 전치사이다.

0517 der **Herr** -n, -en

m. 신사, (남자) ~씨

Ich erwarte den Besuch des **Herrn** Müller.
나는 Müller **씨**의 방문을 기다린다.

▸ **erwarten** 기대하다, 고대하다 / m. **Besuch** 방문

0518 **inter-national**

국제적인, 국가적인

Wir hoffen, unsere **internationalen** Beziehungen zu verbessern.
우리는 우리의 **국제** 관계가 더 나아지길 바란다.

▸ **hoffen** 바라다 / f. **Beziehung** 관계 / **verbessern** 개선하다, 좋아지다

0519 der **Juni** -(s), -s

m. 6월

Im **Juni** gibt es eine große Feier.
6월에는 큰 축제가 하나 있다.

▸ **groß** 큰 / f. **Feier** 휴일, 축제

0520 **kennen**

알다, 면식이 있다

Kennen Sie die Frau mit dem roten Hut?
당신은 빨간 모자를 쓴 여자를 **아십**니까?

▸ f. **Frau** 여성 / **rot** 빨간 / m. **Hut** 모자

0521 **krank**

병든, 아픈, 앓는

Weil ich **krank** war, konnte ich nicht zur Schule gehen.
아팠기 때문에 나는 학교에 갈 수 없었다.

▸ **können** ~할 수 있다 / f. **Schule** 학교 / **gehen** 가다

Tip Weil ich krank war는 'Wegen meiner Krankheit 나의 질병 때문에'와 같이 전치사를 활용한 표현으로도 대체 가능하다.

0522 **leise**

조용한

Das Baby schläft. Sei **leise**!
아기가 자고 있어. **조용히** 해!

▸ n. **Baby** 아기 / **schlafen** 자다

Tip 'leise 조용한'의 비교급-최상급은 leiser-leisest이다.

0523 **morgen**

내일

Morgen beginnt der Unterricht um acht Uhr.
내일 수업은 8시에 시작한다.

▸ **beginnen** 시작하다 / m. **Unterricht** 수업 / f. **Uhr** 시계, 시각

0524 **nur**

단지, 오로지

Es dauert **nur** eine Stunde, hin und zurück zu fahren.
왕복하는 데 한 시간**밖에** 걸리지 않는다.

▸ **dauern** 계속되다, 지속되다 / f. **Stunde** 시간 / **hin und zurück** 왕복 / **fahren** ~(으)로 가다

0525 das **Öl** -(e)s, -e

n. 기름

Ich male gern mit **Öl**farben.
나는 **유**화를 즐겨 그린다.

▸ **malen** 그리다 / **gern** 즐겨

0526 der **Pianist** -en, -en

m. 피아니스트

Das tolle Spiel des **Pianisten** lässt mich weinen.
그 **피아니스트**의 멋진 연주가 나를 울게 한다.

▸ **toll** 굉장한, 멋진 / n. **Spiel** 연주 / **lassen** 두다 / **weinen** 울다

0527 der **Russe** -n, -n

m. 러시아인

Tchaikovsky ist **Russe** und ist ein berühmter Musiker.
차이콥스키는 **러시아인**이며 유명한 음악가이다.

▸ **berühmt** 유명한 / m. **Musiker** 음악가

0528 **schenken**

선물하다, 주다

Zum Geburtstag will ich dir ein Buch **schenken**.
생일에 난 너에게 책을 **선물하**려고 해.

▸ m. **Geburtstag** 생일 / **wollen** 원하다, 예정이다 / n. **Buch** 책

Tip 'schenken+3격+4격: 3격에게 4격을 선물하다' 구조를 알아 두자.

0529 **streng**

엄격한, 엄한

Mein Vater ist sehr **streng**.
나의 아버지는 매우 **엄격하**시다.

▸ m. **Vater** 아버지

Tip 'streng 엄격한'의 반의어는 'mild 온화한, 자비로운'이다.

0530 der
Tanz
-es, Tänze

m. **춤, 댄스, 무용**

Der Junge hat ein Mädchen um einen **Tanz** gebeten.
그 소년이 한 소녀에게 **춤**을 청했다.

▸ m. **Junge** 소년 / n. **Mädchen** 소녀

Tip 'um 4격 bitten'은 'um 4격을 청하다, 부탁하다'를 의미한다.

0531 **unter-schreiben**

서명하다

Unterschreiben Sie bitte hier unten.
여기 아래에 **서명하여** 주십시오.

▸ **unten** 아래에

0532 **voll**

가득찬

Der Koffer ist **voll** mit Geschenken.
그 트렁크는 선물로 **가득 찼**다.

▸ m. **Koffer** 트렁크, 여행용 가방 / n. **Geschenk** 선물

Tip 'voll+mit 3격: mit 3격으로 가득 찬' 구조를 알아 두자.

0533 die
Wahrheit
-, -en

f. **진실, 진리, 사실**

Sag mir bitte die **Wahrheit**.
제발 **진실**을 말해 줘.

▸ **sagen** 말하다

0534 der
Zoo
-s, -s

m. **동물원**

Ich gehe morgen in den **Zoo**.
나는 내일 **동물원**에 간다.

▸ **gehen** 가다 / **morgen** 내일

0535 die
Adresse
-, -n

f. 주소

Kannst du mir deine **Adresse** geben?
네 **주소** 좀 알려 줄 수 있어?

▸ **geben** 주다

0536 **auf | räumen**

정리하다, 정돈하다, 치우다

Ich **räume** mein Zimmer **auf**.
나는 내 방을 **정리합니다**.

▸ n. **Zimmer** 방

0537 **bauen**

짓다, 세우다, 건설하다

Er hat für seine Eltern ein Haus **gebaut**.
그는 그의 부모님을 위해 집을 **지었다**.

▸ pl. **Eltern** 부모님 / n. **Haus** 집

0538 **dass ~**

~하는 것, ~인 것

Er hat vergessen, **dass** er heute einen Termin beim Arzt hat.
그는 오늘 의사에게 진료 예약이 있는 **것**을 잊어버렸다.

▸ **vergessen** 잊다 / **heute** 오늘 / m. **Termin** 일정, 예약 / m. **Arzt** 의사

Tip dass절은 부문장으로 쓰이는 대표적인 형태이다.

0539 **ein-verstanden**

동의된, 합의된

Wir sind mit seiner Meinung **einverstanden**.
우리는 그의 의견에 **동의한다**.

▸ f. **Meinung** 의견

Tip 'verstanden sein mit 3격'은 'mit 3격에 동의하다'를 나타낸다.

0540 **fleißig**

부지런한, 성실한, 열심인

Sie ist eine **fleißige** Schülerin.
그녀는 **성실한** 학생이다.

▸ f. **Schülerin** 여학생

Tip 'fleißig 부지런한'의 반의어는 'faul 게으른'이다.

0541 **gesund**

건강한, 몸에 좋은

Sein Gesicht hat eine **gesunde** Farbe.
그의 얼굴은 **건강한** 색을 띠고 있다.

▸ n. **Gesicht** 얼굴 / f. **Farbe** 색

Tip 'gesund 건강한'의 비교급-최상급은 gesünder-gesündest이다.

0542 das **Hemd** -(e)s, -en

n. 셔츠

Er steckt das **Hemd** in die Hose.
그는 **셔츠**를 바지에 넣는다.

▸ **stecken** 꽂다, 집어넣다 / f. **Hose** 바지

B1

0543 der **Ingenieur** -s, -e

m. 기사, 기술자

Ich will später ein berühmter **Ingenieur** werden.
나는 나중에 한 유명한 **기술자**가 되고 싶어.

▸ **später** 장래의, 나중에 / **berühmt** 유명한

0544 das **Kenn-zeichen** -s

n. 특징, 식별 기준, 표식

Das **Kennzeichen** dieser Reise ist 'Planlosigkeit'.
이번 여행의 **특징**은 '무계획'이다.

▸ f. **Reise** 여행 / f. **Planlosigkeit** 무계획성

0545 das **Lexikon** -s, Lexika

n. (백과)사전

Im **Lexikon** stehen alle wichtigen Informationen.
사전에는 모든 중요한 정보들이 있다.

▸ **stehen** 서다, (위치해) 있다 / **wichtig** 중요한 / f. **Information** 정보

Tip Lexiken으로도 쓴다.

0546 die **Marme-lade** -, -n

f. (과일) 잼

Ich mag Erdbeer**marmelade**.
나는 딸기 **잼**을 좋아한다.

▸ **mögen** 좋아하다 / f. **Erdbeere** 딸기

0547 **nirgendwo**

아무 데도, 어디에서도

Den Autoschlüssel kann ich **nirgendwo** finden.
나는 **어디에서도** 차 열쇠를 찾을 수 없다.

▸ m. **Autoschlüssel** 자동차 열쇠 / **finden** 찾다, 생각하다

Tip 'nirgendwo 아무 데도'의 반의어는 'irgendwo 어디선가'이다.

0548 die **Operation** -en

f. 수술, 작업

Meine **Operation** lief gut und es geht mir jetzt viel besser.
내 **수술**은 잘 이루어졌고, 나는 이제 훨씬 낫게 지낸다.

▸ **laufen** 달리다, 진행되다 / **jetzt** 지금 / **besser** 보다 좋은

0549 der **Plural** -s, -e

m. 복수

Das Wort gibt es nur im **Plural**.
그 단어는 **복수형**만 있다.

▸ n. **Wort** 낱말, 단어 / **nur** ~만, ~뿐

0550 die
Qualifi-kation
-, -en

f. **자격, 자격 증명**

Er hat eine **Qualifikation** als Deutschlehrer.
그는 독일어 교사 **자격**이 있다.

▸ m. **Deutschlehrer** 독일어 교사

연습문제

Tag 11

1 보기에서 알맞은 단어를 어미 변화에 맞게 빈칸에 채워 문장을 완성하세요.

보기	unterschreiben schenken treffen aussehen

1 Wir __________ uns immer sonntags.

2 Zum Geburtstag will ich dir ein Auto __________.

3 Sie __________ hübsch __________.

4 __________ Sie bitte hier unten.

2 뜻이 맞는 단어끼리 연결하세요.

1 stehen •		• a 공고, 전달, 안내 방송
2 die Durchsage •		• b 서 있다, 서다, 정지하다
3 einkaufen •		• c 알다, 면식이 있다
4 kennen •		• d 장 보다, 쇼핑하다

3 다음 형용사의 뜻과 비교급 – 최상급을 쓰세요.

1 krank (뜻: __________) - __________ - __________

2 leise (뜻: __________) - __________ - __________

3 streng (뜻: __________) - __________ - __________

4 voll (뜻: __________) - __________ - __________

5 fleißig (뜻: __________) - __________ - __________

6 gesund (뜻: __________) - __________ - __________

정답

1 ① treffen ② schenken ③ sieht ... aus ④ Unterschreiben

2 ① b ② a ③ d ④ c

3 1) 뜻: 병든, 아픈, 앓는 - kranker - krankst 2) 뜻: 조용한 - leiser - leisest
3) 뜻: 엄격한, 엄한 - strenger - strengst 4) 뜻: 가득찬 - voller - vollst
5) 뜻: 부지런한, 성실한, 열심인 - fleißiger - fleißigst 6) 뜻: 건강한, 몸에 좋은 - gesünder - gesündest

Tag 12

Wer ist das **hübsche** Mädchen?

저 **예쁜** 소녀는 누구야?

Tag-12

A1

0551 die **Anzeige** -, -n

f. **공고, 통보, 고발**

Bei der Polizei habe ich eine **Anzeige** gegen einen Dieb erstattet.

나는 한 도둑을 경찰에 **고발**했다.

▸ f. **Polizei** 경찰 / **gegen** ~에 대해 / m. **Dieb** 도둑 / **Anzeige erstatten** 고발하다, 고소하다

0552 der **Beruf** -(e)s, -e

m. **직업**

Sie fühlt sich in ihrem **Beruf** wohl.

그녀는 그녀의 **일**에 만족스러워한다.

▸ **fühlen** 느끼다 / **wohl** 편안하게, 만족스럽게

0553 der **Chinese** -n, -n

m. **중국인 (남)**

Der Mann, der dort steht, ist **Chinese**.

저기 서 있는 남자는 **중국인**이다.

▸ m. **Mann** 남성 / **dort** 거기에, 저기에 / **stehen** 서다

0554 der **Durst** -(e)s, -

m. **목마름, 갈증**

Jetzt haben die Kinder Hunger und **Durst**.

지금 아이들은 배고프고 **목마르**다.

▸ **jetzt** 지금 / n. **Kind** 아이 / m. **Hunger** 배고픔, 허기, 기근

0555 das **Ereignis** -ses, -se

n. 일어난 일, 사건

Weiße Weihnachten ist ein **Ereignis** für die Leute.
화이트 크리스마스는 사람들에게 특별한 **일**이다.

▸ **weiß** 흰, 하얀 / n. **Weihnachten** 크리스마스 / pl. **Leute** 사람들

0556 der **Familienstand** -(e)s, -

m. 가족 상황, 집안

Wie ist ihr **Familienstand**?
- Sie ist verheiratet.
그녀의 **가족 상황**(결혼 여부)은 어떻게 되지? - 그녀는 결혼했어.

▸ **verheiratet** 결혼한, 기혼의

0557 **gefallen**

~에게 마음에 들다

Das Mädchen hat ihm **gefallen**.
그 소녀는 그에게 **마음에 들었다**(그는 그 소녀를 마음에 들어한다).

▸ n. **Mädchen** 소녀

Tip 'gefallen+3격'은 '3격에게 마음에 들다'를 의미한다.

0558 **heute**

오늘, 지금, 오늘날

Ab **heute** ist das neue Kino geöffnet.
오늘부터 그 새 영화관이 (문을) 열었다.

▸ **neu** 새로운 / n. **Kino** 영화관, 극장 / **öffnen** 열다

0559 **klein**

작은, (나이가) 어린

Unsere Wohnung ist sehr **klein**. Wir sollen umziehen.
우리 집은 정말 **작아**. 우리는 이사해야 해.

▸ f. **Wohnung** 집 / **sollen** ~해야 한다 / **umziehen** 이사하다

0560 **ledig**

미혼인, 구애받지 않는

Ich bin **ledig** und möchte schnell heiraten.
나는 **미혼**이고 빨리 결혼하고 싶다.

▸ **möchten** 원하다 / **schnell** 빠른 / **heiraten** 결혼하다

Tip 'ledig 미혼인'의 반의어는 'verheiratet 기혼인'이다.

0561 **mit | nehmen**

가지고 가다, 데리고 가다

Am Wochenende gehen wir Skifahren. Ich muss meine Skibrille **mitnehmen**.
주말에 우리는 스키 타러 가. 나는 내 스키 고글을 **가지고 가**야만 해.

▸ n. **Wochenende** 주말 / **gehen** 가다 / n. **Skifahren** 스키 타기 / **müssen** ~해야 한다 / f. **Skibrille** 스키 고글

0562 die **Oper** -, -n

f. 오페라 극장, 오페라

Nach dem Essen gehen wir in die **Oper**.
우리는 식사 후에 **오페라 극장**에 간다.

▸ n. **Essen** 식사 / **gehen** 가다

0563 die **Praxis** -, Praxen

f. (개인) 병원, 실행, 실무, 응용

Die Arzt**praxis** ist immer voll.
그 **(개인) 병원**은 항상 꽉 차 있다.

▸ f. **Arztpraxis** 개인 병원 / **immer** 늘 / **voll** 가득 찬

0564 **gemütlich**

기분 좋은, 편안한, 안락한

Hier finde ich es recht **gemütlich**.
나는 이곳을 정말 **편안하다고** 생각한다.

▸ **finden** 찾다, 생각하다 / **recht** 정말, 매우, 제대로

0565 die
Stunde
-n

f. 시간, 때

Ich warte seit zwei **Stunden** auf ihn.
나는 두 **시간** 전부터 그를 기다리고 있다.

▸ **warten** 기다리다 / **seit** ~이래, 이후

0566 das
Telefon
-s, -e

n. 전화, 전화기

Ich habe kein **Telefon** zu Hause.
나는 집에 **전화기**가 없다.

▸ n. **Haus** 집

0567 **unter**

아래에, 아래로

Eine Katze liegt **unter** dem Stuhl.
고양이 한 마리가 의자 **아래** 누워 있다.

▸ f. **Katze** 고양이 / **liegen** 누워 있다, 위치하다 / m. **Stuhl** 의자

Tip unter는 3, 4격 동시 지배 전치사이다. 주로 장소 · 위치는 3격으로(~에), 이동 · 방향은 4격으로(~으로) 사용한다.

0568 die
Vorwahl
-, -en

f. 국번, 지역 번호, 예비 선거

Die **Vorwahl** von Deutschland ist +49.
독일의 **국가 번호**는 +49입니다.

Tip 한국의 국가 번호는 +82이다.

0569 **wichtig**

중요한

Der Ohrring ist mir sehr **wichtig**.
그 귀걸이는 나에게 정말 **중요해**.

▸ m. **Ohrring** 귀걸이

Tip 'wichtig 중요한'의 비교급-최상급은 wichtiger-wichtigst이다.

0570 der
Wind
-(e)s, -e

m. **바람**

Der **Wind** weht vom Meer.
바람이 바다로부터 불어온다.

▸ **wehen** (바람이) 불다 / n. **Meer** 바다

0571 **zurzeit**

지금은, 요즘은

Zurzeit bin ich sehr beschäftigt.
요즘 나는 매우 바쁘다.

A2

0572 **an | sehen**

(집중적으로) 바라보다, 관람하다, 간주하다

Er **sieht** das Tennisspiel **an**.
그는 테니스 시합을 **관람한다**.

▸ n. **Tennisspiel** 테니스 시합

0573 **berühmt**

유명한, 저명한

Sie wurde durch dieses Werk **berühmt**.
그녀는 이 작품을 통해 **유명해**졌다.

▸ **durch** ~통해 / n. **Werk** 활동, 작업, 작품

Tip 'berühmt 유명한'의 비교급-최상급은 berühmter-berühmtest이다.

0574 **direkt**

직접의, 똑바른

Diese Straße führt **direkt** ins Zentrum.
이 도로는 **바로** 중심지로 연결된다.

▸ f. **Straße** 도로, 길 / **führen** 이르게 하다 / n. **Zentrum** 중심, 중앙

0575 **erreichen**

도착하다, 도달하다

Wir haben das Reiseziel **erreicht.**
우리는 목적지에 **도착했**다.

▸ n. **Reiseziel** 여행 목적지

0576 **fühlen**

느끼다, 감정을 갖다

Ich **fühle** die Wärme der Sonne.
나는 햇살의 따뜻함을 **느낀다**.

▸ f. **Wärme** 따뜻함, 열 / f. **Sonne** 태양, 햇빛

0577 **gegenüber**

~맞은편에

Die Kirche liegt **gegenüber** dem Rathaus.
교회는 시청 **맞은편에** 있다.

▸ f. **Kirche** 교회 / **liegen** 서다, (위치해) 있다 / n. **Rathaus** 시청

Tip gegenüber는 3격 지배 전치사이다. 전치사이지만 예외적으로 문장 맨 뒤로 도치해서도 사용 가능하다.
예 Die Kirche liegt dem Rathaus gegenüber.

0578 **heiß**

뜨거운, 더운

Er macht die Suppe **heiß.**
그는 수프를 **뜨겁게** 만든다.

▸ **machen** ~하다 / f. **Suppe** 수프

Tip 'heiß(뜨거운)'의 비교급-최상급은 heißer-heißest이다.

0579 **(sich) informieren**

(정보를) 주다, 제공하다, 얻다

Wir **informieren** uns über die neuen Prüfungstermine.
우리는 새로운 시험 일정에 대한 **정보를 얻는다**.

▸ **über** ~에 대하여 / **neu** 새로운 / m. **Prüfungstermin** 시험 일정

Tip 'sich informieren+über 4격'은 'über 4격에 대한 정보를 얻다'의 의미이다.

0580 **Jura**

법학

Er will **Jura** studieren und Rechtsanwalt werden.
그는 **법학**을 공부하고 변호사가 되려고 한다.

▸ **wollen** 원하다, ~하고자 하다, ~할 계획이다 / **studieren** 대학에서 배우다, 전공하다, 연구하다 / m. **Rechtsanwalt** 변호사 / **werden** ~되다

0581 der **Käse** -s, -

m. **치즈**

Zum Frühstück esse ich Brot mit **Käse** und Orangensaft.
나는 아침 식사로 **치즈**를 곁들인 빵과 오렌지 주스를 먹는다.

▸ n. **Frühstück** 아침 / **essen** 먹다 / n. **Brot** 빵 / m. **Orangensaft** 오렌지 주스

0582 **leer**

빈, 텅 빈

Die Kanne ist schon **leer**.
주전자가 벌써 **비었**다.

▸ f. **Kanne** 주전자 / **schon** 이미, 벌써

Tip 'leer 빈'의 반의어는 'voll 가득 찬'이다.

0583 **männlich**

남성의, 남성적인

Ist deine Katze **männlich** oder weiblich?
너의 고양이는 **수컷**이니 암컷이니?

▸ f. **Katze** 고양이 / **weiblich** 여자의, 암컷의

0584 **nett**

친절한, 상냥한

Wir haben viele **nette** Kollegen.
우리는 **친절한** 동료가 많이 있다.

▸ **haben** 가지고 있다, 소유하다 / m. **Kollege** 동료

Tip 'nett 친절한'의 비교급-최상급은 netter-nettest이다.

0585 der **Ring** -es, -e

m. **반지**

Ich suche einen besonderen **Ring** für meine Frau.

저는 제 아내를 위해 특별한 **반지**를 찾고 있습니다.

▸ **suchen** 찾다 / **besonders** 특수한, 특별한 / f. **Frau** 여성, 아내

0586 **schädlich**

해로운

Salziges Essen ist **schädlich** für die Gesundheit.

짠 음식은 몸에 **해롭**다.

▸ **salzig** 짠 / n. **Essen** 식사, 음식 / f. **Gesundheit** 건강

Tip schädlich의 반의어는 'nützlich 유용한, 쓸모있는'이다.

0587 die **Telefon-nummer** -, -n

f. **전화번호**

Ich habe deine **Telefonnummer** vergessen. Bitte, sag sie mir noch mal!

내가 네 **전화번호**를 잊어버렸어. 부탁인데, 나에게 한 번 더 말해 줘!

▸ **vergessen** 잊어버리다 / **sagen** 말하다

0588 **unter-halten**

돌보다, 부양하다

Er wird vom Staat **unterhalten**.

그는 국가로부터 **부양을 받고 있다**.

0589 **faul**

게으른

Mein Bruder ist am **faulst**en unter uns.

나의 남자 형제가 우리 중에서 **가장 게으르**다.

Tip 'faul 게으른'의 비교급-최상급은 fauler-faulst이다.

0590 die **Verbindung** -, -en

f. 결합, 연결, 접속

Die Internet**verbindung** ist sehr schlecht.
인터넷 **연결**이 매우 안 좋다.

▸ n. **Internet** 인터넷 / **schlecht** 나쁜, 저급한

0591 die **Ware** -, -n

f. 상품, 물품

Unsere **Ware** hat eine gute Qualität.
우리의 **상품**은 좋은 품질을 가지고 있습니다.

▸ f. **Qualität** 품질

0592 **ziemlich**

상당히, 꽤

Der Junge schwimmt **ziemlich** gut für sein Alter.
그 소년은 그의 나이에 비해 수영을 **꽤** 잘한다.

▸ m. **Junge** 소년 / **schwimmen** 수영하다 / n. **Alter** 나이

0593 die **Abfahrt** -, -en

f. 출발

Ich nahm einen frühen Bus, aber die **Abfahrt** wurde verschoben.
나는 이른 버스를 잡았는데 **출발**이 늦어졌어.

▸ **nehmen** 이용하다 / **früh** 이른 / m. **Bus** 버스 / **verschieben** 미루다, 연기하다

0594 **auf | fordern**

요구하다, 부탁하다, 재촉하다

Der Lehrer **forderte** mich **auf**, lauter zu sprechen.
그 선생님께서 내게 더 크게 말하라 **요구하셨다**.

▸ m. **Lehrer** 선생님 / **laut** 소리가 큰, 시끄러운 / **sprechen** 말하다

Tag
12

0595 **beachten**

주의(집중)하다, 유념하다

Bitte **beachte** mich mehr, wenn ich etwas sage!
내가 뭘 말하면 더 **주의를 기울여** 줘!

▸ **etwas** 어떤 것, 무언가 / **sagen** 말하다

das
0596 **Diplom**
-s, -e

n. 학위, 졸업장, 면허장

Mein Vater will, dass ich das **Diplom** mache.
우리 아빠는 내가 **학위**를 따길 바라신다.

▸ m. **Vater** 아버지 / **machen** ~하다

die
0597 **Enttäu-schung**
-, -en

f. 실망, 낙담

Dieser Verlust ist eine große **Enttäuschung**.
이 손실은 큰 **실망**이었다.

▸ m. **Verlust** 손실, 분실 / **groß** 큰

0598 **faulenzen**

게으름 피우다, 빈둥대다

Am Sonntag will ich nur **faulenzen**.
일요일에 난 **빈둥대**고 싶어.

▸ m. **Sonntag** 일요일

die
0599 **Gymnastik**
-, -

f. 체조, 체육

Gymnastik macht Spaß!
체조는 재밌어!

▸ m. **Spaß** 재미 (Spaß machen 재미있다)

0600 **hübsch**

(외형적으로) 예쁜, 귀여운

Wer ist das **hübsche** Mädchen?
저 **예쁜** 소녀는 누구야?

▸ n. **Mädchen** 소녀

Tip 'schön 아름다운'과는 달리 hübsch는 오직 외형적인 면에서 예쁘거나 귀엽다는 뜻으로 쓰인다.

연습문제

1 보기에서 알맞은 단어를 빈칸에 채워 문장을 완성하세요.

보기	Ware Anzeige Vorwahl Abfahrt

1 Ich habe eine ______________ gegen einen Dieb gemacht.

2 Unsere ______________ hat eine gute Qualität.

3 Ich nahm einen frühen Bus, aber die ______________ wurde verschoben.

4 Die ______________ von Deutschland ist +49.

2 뜻이 맞는 단어끼리 연결하세요.

1 der Beruf •	• a 오늘, 지금, 오늘날
2 die Verbindung •	• b 직접의, 똑바른
3 direkt •	• c 결합, 연결, 접속
4 ziemlich •	• d 상당히, 꽤
5 heute •	• e 직업

3 다음 형용사의 뜻과 비교급 - 최상급을 쓰세요.

1 klein (뜻: ______________) - ______________ - ______________

2 wichtig (뜻: ______________) - ______________ - ______________

3 nett (뜻: ______________) - ______________ - ______________

4 faul (뜻: ______________) - ______________ - ______________

5 berühmt (뜻: ______________) - ______________ - ______________

6 heiß (뜻: ______________) - ______________ - ______________

정답

1 ① Anzeige ② Ware ③ Abfahrt ④ Vorwahl

2 ① e ② c ③ b ④ d ⑤ a

3 1) 뜻: 작은, (나이가) 어린 - kleiner - kleinst 2) 뜻: 중요한 - wichtiger - wichtigst
3) 뜻: 친절한, 상냥한 - netter - nettest 4) 뜻: 게으른 - fauler - faulst
5) 뜻: 유명한 - berühmter - berühmtest 6) 뜻: 뜨거운, 더운 - heißer - heißest

Tag 13

Darf ich **mich** jetzt **vorstellen**?

지금 **자기소개를 해**도 될까요?

Tag-13

A1

0601 die **Hilfe** -, -n

f. 도움

Das Wörterbuch war mir eine gute **Hilfe**.
사전은 나에게 좋은 **도움**이 되었다.

▸ n. **Wörterbuch** 사전

0602 der **Koffer** -s, -

m. 캐리어, 여행용 가방

Hast du den **Koffer** gepackt?
너 **캐리어** 쌌니?

▸ **packen** 싸다, 짐을 꾸리다

0603 **leben**

살다, 살아가다

Wie viele Menschen **leben** auf der Erde?
지구상에 얼마나 많은 사람들이 **살고 있**습니까?

▸ m. **Mensch** 사람 / f. **Erde** 지구

0604 die **Maschine** -, -n

f. 기계

Dein Vater kann sehr gut **Maschinen** bedienen.
너의 아빠는 **기계**를 아주 잘 다루신다.

▸ **bedienen** (기계를) 다루다, 조작하다

0605 **noch**

아직, 여전히, 더, 또

Muss ich **noch** darauf warten?
제가 그것을 **아직도** 기다려야 합니까?

▸ **müssen** ~해야 한다 / **warten** 기다리다

Tip 'warten+auf 4격: 4격을 기다리다' 구조를 알아 두자.

0606 **ohne**

~없이

Brauchst du meine Hilfe oder schaffst du das **ohne** mich?
너는 나의 도움이 필요하니 아니면 나 **없이**도 해결할 수 있니?

▸ **brauchen** 필요로 하다 / f. **Hilfe** 도움 / **schaffen** 일을 해내다, 처리하다

Tip ohne는 4격 지배 전치사이다.

0607 der **Prospekt** -es, -e

m. **설명서, 계획서, 안내서**

Im **Prospekt** stehen alle neuen Angebote von Edeka.
그 **안내서**에는 Edeka의 모든 새로운 할인이 나와 있다.

▸ **stehen** (위치해) 있다 / **neu** 새로운 / n. **Angebot** 제안, 할인

Tip 독일에서 대중적인 슈퍼마켓으로는 Edeka, REWE, Aldi, Lidl, Penny 등이 있다.

0608 die **Reparatur** -, -en

f. **수리, 수선**

Diese **Reparatur** am Auto wird sehr teuer.
그 자동차 **수리**는 비쌀 것이다.

▸ n. **Auto** 자동차 / **teuer** 비싼

0609 **spielen**

놀다, (악기) 연주하다, (스포츠, 게임)하다

Meine Kinder **spielen** am liebsten mit Lego.
나의 아이들은 레고를 가지고 **노**는 것을 가장 좋아한다.

▸ n. **Kind** 아이 / **am liebsten** 가장 좋아하다

0610 **teuer**

비싼

Mein Auto ist nicht so **teuer**.
내 자동차는 그렇게 **비싸**지 않다.

▸ n. **Auto** 자동차

0611 die **Unterschrift** -, -en

f. 서명

Ich brauche noch Ihre **Unterschrift**.
저는 당신의 **서명**이 필요합니다.

▸ **brauchen** 필요로 하다

0612 **(sich) vor | stellen**

자기소개하다

Darf ich **mich** jetzt **vorstellen**?
지금 **자기소개를 해**도 될까요?

▸ **dürfen** ~해도 된다 / **jetzt** 지금

0613 **weiblich**

여성의, 여성적인

Du musst in diesem Dokument '**weiblich**' oder 'männlich' ankreuzen.
너는 이 서류에 **'여성'** 또는 '남성'을 체크해야만 한다.

▸ **männlich** 남자의, 수컷의 / **ankreuzen** 체크하다

Tip 'weiblich 여성의'의 반의어는 'männlich 남성의'이다.

0614 **zahlen**

지불하다, 값을 치르다

Ich **zahle** heute das Essen.
내가 오늘 식사를 **계산할**게.

▸ **heute** 오늘 / n. **Essen** 식사

Tip 일상에서는 Das geht auf mich!라고 한다.
'짝수'는 gerade Zahl, '홀수'는 ungerade Zahl이다.

0615 der
Ausländer
-s, -

m. 외국인

Der **Ausländer** findet den Weg nicht.
그 **외국인**은 길을 찾지 못한다.

▸ **finden** 찾다, 생각하다 / m. **Weg** 길, 도로

0616 das
Bein
-(e)s, -e

n. 다리, 정강이

Mein **Bein** ist eingeschlafen!
다리에 쥐가 났어!

▸ **einschlafen** 잠들다, 마비되다

0617 **circa**

약, 대략

Der Baum ist **circa** 10m hoch.
저 나무는 **대략** 10미터 높이이다.

▸ m. **Baum** 나무 / **hoch** 높은

Tip circa를 약자인 'ca.'로도 많이 쓴다.

0618 **dürfen**

~해도 좋다

Du **darfst** schwimmen gehen.
너는 수영하러 가**도 된다**.

▸ **schwimmen** 수영하다

Tip dürfen은 화법조동사이며, 화법조동사들은 주로 '화법조동사+동사 원형'의 형태로 사용된다.

0619 die
Entschul-digung
-, -en

f. 용서, 사과, 변호

Ich bitte Sie um **Entschuldigung**.
용서해 주세요. (죄송합니다.)

0620 **falsch**

거짓의, 틀린

Die Antwort des Schülers war **falsch**.
학생의 대답은 **틀렸**다.

▸ f. **Antwort** 대답 / m. **Schüler** 학생

das
0621 **Geschäft**
-(e)s, -e

f. 기업, 영업, 사업

Die **Geschäfte** schließen um 20 Uhr.
가게들은 20시에 문을 닫는다.

▸ **schließen** 잠그다, 닫다 / f. **Uhr** 시각, 시계

0622 **hier**

여기에(서), 이곳에(서)

Der Laden ist **hier** gegenüber.
상점은 **여기**에서 맞은편에 있다.

▸ m. **Laden** 가게, 상점 / **gegenüber** 맞은편에

der / die
0623 **Jugend-liche**
-n, -/-n

m. / f. 청소년, 미성년자

Nach der Schule machen viele **Jugendliche** ein Studium.
고등학교 (졸업) 후에 많은 **청소년들**이 대학에 다닌다.

▸ f. **Schule** 학교 / **machen** ~하다 / n. **Studium** 대학 공부, 전공

der
0624 **Kindergar-ten**
-s, -gärten

m. 유치원

Morgens geht meine Tochter zum **Kindergarten**.
나의 딸은 아침마다 **유치원**으로 간다.

▸ **morgens** 아침마다 / **gehen** 가다 / f. **Tochter** 딸

0625 der **Lastkraftwagen** -s

m. **트럭**

Dieser **Lastkraftwagen** ist sehr groß.
바로 이 **트럭**은 매우 크다.

▸ **groß** 큰

Tip Lastkraftwagen의 약자인 Lkw도 많이 쓴다.

Tag 13

A2

0626 **meist**

대부분, 대개

Die **meisten** Bücher in diesem Regal hat er schon gelesen.
그는 이 책장에 있는 **대부분**의 책들을 벌써 다 읽었다.

▸ n. **Buch** 책 / n. **Regal** 책장 / **schon** 이미, 벌써 / **lesen** 읽다

Tip 'viel 많은'의 비교급-최상급은 mehr-meist이다.

0627 die **Natur** -, -en

f. **자연, 본성**

Wir müssen unsere **Natur** bewahren.
우리는 우리 **자연**을 보존해야 한다.

▸ **müssen** ~해야 한다 / **bewahren** 보존하다, 유지하다

0628 **organisieren**

계획하다, 조직하다, 형성하다

Ich **organisiere** eine Geburtstagsparty von meiner Freundin.
나는 나의 여자 친구의 생일 파티를 **계획한다**.

▸ f. **Geburtstagsparty** 생일 파티 / f. **Freundin** 여자 친구, 여자인 친구

0629 die
Person
-, -en

f. 사람

Diese **Person** ist mir bekannt.
나는 이 **사람**을 안다.

▸ **bekannt** 알려진, 유명한

0630 das
Rathaus
-es, Rathäuser

n. 시청

Die Bahn fährt zum **Rathaus**.
이 전철은 **시청**(방향)으로 간다.

▸ f. **Bahn** 전철, 지하철

0631 **sein**

~이다, ~이(가) 있다

Er **ist** Musiker.
그는 음악가**이다**.

▸ m. **Musiker** 음악가

Tip '~(이)다'라는 뜻의 sein 동사는 이름, 신분, 출신, 성격, 기분, 상태 등 다양한 표현에 쓰인다.

0632 das
Tier
-(e)s, -e

n. 동물

Der Vermieter erlaubt keine Haus**tiere**.
집주인이 애완**동물**을 허락하지 않는다.

▸ m. **Vermieter** 임대인, 집주인 / **erlauben** 허가하다 / n. **Haus** 집

0633 die
Unter-kunft
-, Unterkünfte

f. 숙소

Meine **Unterkunft** ist billig aber trotzdem sauber.
나의 **숙소**는 저렴한데 그래도 깨끗하다.

▸ **billig** 저렴한 / **trotzdem** 그래도 / **sauber** 깨끗한

Tag 13

0634 der **Vermieter** -s, -

m. **세놓는 사람, 임대인**

Mein **Vermieter** ist sehr nett.
나의 **임대인**은 정말 친절하다.

▸ **nett** 친절한

Tip 'nett 친절한'의 비교급-최상급은 netter-nettest이다.

0635 der **Weg** -(e)s, -e

m. **길, 도로**

Ich muss nach dem **Weg** fragen.
나는 **길**을 물어봐야만 한다.

▸ **müssen** ~해야 한다 / **fragen** 묻다, 질문하다

0636 das **Zeugnis** -ses, -se

n. **증서, 성적 증명서, 증언**

Ich habe mein **Zeugnis** in der Schule abgeholt.
나는 학교에서 내 **성적 증명서**를 가져왔다.

▸ f. **Schule** 학교 / **abholen** 수령하다, 가져오다

0637 **auch**

~도, 또한, 역시

Er ist nicht nur ein guter Sänger, sondern **auch** ein guter Schauspieler.
그는 훌륭한 가수일 뿐만 아니라 재능있는 배우**이기도** 하다.

▸ m. **Sänger** 가수 / m. **Schauspieler** 배우

Tip 'nicht nur A, sondern auch B'는 'A뿐만 아니라 B도'라는 의미이다.

0638 **bequem**

편안한

Dort können sich zehn Leute **bequem** setzen.
그곳은 열 사람이 **편하게** 앉을 수 있다.

▸ **dort** 거기에, 저기에 / pl. **Leute** 사람들

Tip 'bequem 편안한'의 반의어는 'unbequem 쾌적하지 않은, 불편한'이다.

0639 **drinnen**

안에, 내부에

Draußen ist es kalt, aber hier **drinnen** ist es warm.
바깥은 춥지만, 이곳 **안에**는 따뜻하다.

▸ **draußen** 밖에서 / **kalt** 추운 / **warm** 따뜻한

Tip 'drinnen 안의, 내부의'의 반의어는 'draußen 밖에, 외부에'이다.

das
0640 **Eis**
-es, -

n. 아이스크림, 얼음

Willst du ein **Eis** essen?
너 **아이스크림** 먹고 싶어?

▸ **essen** 먹다

0641 **früh-stücken**

아침 식사를 하다

Ich **frühstücke** in der Küche.
나는 부엌에서 **아침 식사를 한다**.

▸ f. **Küche** 부엌

0642 **groß**

큰

Die Wohnung ist nicht **groß**.
그 집은 **크**지 않다.

▸ f. **Wohnung** 집

Tip 'groß 큰'의 비교급-최상급은 größer-größt이다.

der
0643 **Honig**
-s, -e

m. 꿀

Die Bienen sammeln **Honig**.
꿀벌은 **꿀**을 모은다.

▸ f. **Biene** 꿀벌 / **sammeln** 모으다

0644 **individuell**

개별적인, 개인의, 개성의

Jeder muss **individuelle** Ansichten haben.
모든 이는 **개인의** 의견이 있어야 한다.

▸ **müssen** ~해야 한다 / f. **Ansicht** 의견

Tip 'individuell 개인의'의 비교급-최상급은 individueller-individuellst이다.

0645 **jemals**

언젠가

Hat er mich **jemals** zum Lachen gebracht?
그가 **언젠가** 내게 웃음을 가져다준 적이 있었나?

▸ n. **Lachen** 웃음, 웃음소리 / **bringen** 가져오다

0646 das **Knie** -s, -

n. 무릎, 굴곡부, 모퉁이

Mein **Knie** tut weh.
내 **무릎**이 아프다.

▸ **tun** 하다, 행하다 / **weh** 아픈, 통증을 느끼는

0647 die **Lüge** -, -n

f. 거짓말, 허위, 허구

Die **Lüge** wird von der Polizei erkannt.
그 **거짓말**은 경찰에 의해 판결될 것이다.

▸ f. **Polizei** 경찰 / **erkennen** 알다, (법) 판결을 내리다

0648 das **Modell** -s, -e

n. 모델, 견본, 모범

Das ist nur ein **Modell** von einem Auto.
이것은 그저 자동차의 **견본**이다.

▸ n. **Auto** 자동차

0649 der **Nebel**
-s, -

m. **안개**

Im **Nebel** kann man schlecht sehen.
안개 속에선 잘 볼 수 없다.

▸ **schlecht** 나쁜, 저급한 / **sehen** 보다

0650 der **Ozean**
-(e)s, -e

m. **대양, 해양**

Der **Ozean** ist schön.
대양이 아름답다.

▸ **schön** 아름다운

연습문제

Tag 13

1 보기에서 알맞은 단어를 어미 변화에 맞게 빈칸에 채워 문장을 완성하세요.

보기	zahlen leben spielen sein

1 Wie viele Menschen ______________ auf der Erde?

2 ______________ Sie ein Instrument?

3 Ich ______________ heute das Essen.

4 Er ______________ Musiker.

2 뜻이 맞는 단어끼리 연결하세요.

1 drinnen	•	•	a ~없이
2 ohne	•	•	b 안에, 내부에
3 circa	•	•	c 거짓말, 허위, 허구
4 das Rathaus	•	•	d 시청
5 die Lüge	•	•	e 약, 대략
6 das Zeugnis	•	•	f 숙소
7 die Unterkunft	•	•	g 증서, 성적 증명서, 증언

3 다음 형용사의 뜻과 비교급 - 최상급을 쓰세요.

1 groß (뜻: ______________) - ______________ - ______________

2 teuer (뜻: ______________) - ______________ - ______________

3 bequem (뜻: ______________) - ______________ - ______________

4 meist (뜻: ______________) - ______________ - ______________

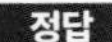

정답

1 ① leben ② Spielen ③ zahle ④ ist

2 ① b ② a ③ e ④ d ⑤ c ⑥ g ⑦ f

3 1) 뜻: 큰 - größer - größt 2) 뜻: 비싼 - teurer - teuerst
3) 뜻: 편안한 - bequemer - bequemst 4) 뜻: 대부분, 대개 - viel - mehr

Tag 14

Sie **müssen** hier aussteigen.
당신은 여기서 하차**해야만 합니다**.

Tag-14

A1

0651 der **Platz** -es, Plätze

m. **장소, 곳, 광장**

Ich sitze immer auf dem selben **Platz**.
나는 항상 같은 **자리**에 앉는다.

▸ **sitzen** 앉다 / **immer** 늘, 항상 / **selb** 같은, 동일한

0652 die **Rechnung** -, -en

f. **계산, 계산서**

Bezahlst du heute die **Rechnung**?
네가 오늘 이 **계산서를** 결제하니? (네가 오늘 계산하는 거야?)

▸ **bezahlen** 지불하다 / **heute** 오늘

0653 der **Sport** -(e)s, -e

m. **스포츠, 운동**

Ich mache viel **Sport**.
나는 **운동**을 많이 한다.

▸ **machen** ~하다

0654 die **Straße** -, -n

f. **도로, 거리**

Wir wohnen in dieser schönen **Straße**.
우리는 이 아름다운 **거리**에 살고 있다.

▸ **wohnen** 살다 / **schön** 아름다운

0655 das **Thema**
-s, Themen

n. 주제, 테마

Wir sprechen immer über das **Thema** 'Politik'.
우리는 항상 '정치'를 **주제**로 대화한다.

▸ **sprechen** 말하다 / **immer** 늘, 항상 / f. **Politik** 정치

0656 die **Vorsicht**

f. 조심, 주의

Sei **vorsichtig**!
조심해!

Tip 복수가 없다.

0657 die **Welt**
-, -en

f. 세계, 세상

Deutschland war 2014 **Welt**meister im Fußball.
독일은 2014년도에 축구 **세계** 챔피언이었다.

▸ m. **Meister** 주인, 지배자 / m. **Fußball** 축구

0658 **zu**

(사람, 건물)~(으)로, (목적) ~하러

Einmal pro Woche gehe ich **zu**m Kochkurs **zu**m Verbessern meiner Kochkünste.
나는 일주일에 한 번씩 나의 요리 실력 향상**을 위해** 요리 학원**에** 간다.

▸ **pro** ~마다 / **gehen** 가다 / n. **Kochen** 요리 / m. **Kochkurs** 요리 강습

Tip zu는 3격 지배 전치사이다.

0659 **aus | steigen**

내리다, 하차하다

Während des Aufenthalts des Zugs dürfen Sie **aussteigen**.
기차가 정차하는 동안에 당신은 **하차하셔**도 됩니다.

▸ **während** ~하는 동안에 / m. **Aufenthalt** 체류, 정차 / m. **Zug** 열차, 기차 / **dürfen** ~해도 된다

0660 **billig**

값이 싼, 저렴한

Das ist ein erstaunlich **billiger** Preis.
이것은 굉장히 **저렴한** 가격이다.

▸ **erstaunlich** 매우, 굉장히 / m. **Preis** 가격

Tip 'günstig 저렴한'도 billig와 동일한 의미로 사용된다.

0661 **duschen**

샤워하다

Ich **dusche** jeden Tag gegen 8 Uhr.
나는 매일 8시쯤에 **샤워한다**.

▸ m. **Tag** 날, 일 / **gegen** ~쯤에 / f. **Uhr** 시각, 시계

0662 **erklären**

설명하다

Der Lehrer **erklärt** den Studenten die chemische Formel.
선생님이 학생들에게 그 화학식을 **설명한다**.

▸ m. **Lehrer** 선생님 / m. **Student** 대학생 / **chemisch** 화학의 / f. **Formel** 공식, 형식

0663 der **Februar** -(s), -e

m. 2월

Im letzten **Februar** hat es heftig geschneit.
지난 **2월**에는 눈이 심하게 많이 왔다.

▸ **letzt** 최근의, 바로 전의 / **heftig** 격렬한, 몹시, 매우 / **schneien** 눈이 오다

0664 das **Gemüse** -s, -

n. 채소

Heute Abend essen wir das Fleisch mit **Gemüse**.
오늘 저녁에 우리는 **채소**를 곁들인 고기를 먹는다.

▸ **heute** 오늘 / m. **Abend** 저녁 / **essen** 먹다 / n. **Fleisch** 고기

0665 die **Halle** -, -n

f. 홀, 회관

Wir spielen Fußball in der Sport**halle**, weil es draußen regnet.
밖에 비가 오기 때문에, 우리는 (실내) 체육**관**에서 축구를 한다.

▸ **spielen** 놀다, 연주하다, 경기하다 / m. **Fußball** 축구 / **draußen** 밖에서 / **regnen** 비가 오다

Tag 14

0666 der **Frühling** -s, -e

m. 봄

Im **Frühling** beginnen die meisten Pflanzen zu wachsen.
대부분의 식물들은 **봄**에 자라기 시작한다.

▸ **beginnen** 시작하다 / **meist** 대개의, 최대의 / f. **Pflanze** 식물 / **wachsen** 자라다, 성장하다

0667 **liegen**

누워 있다, 놓여 있다, ~에 위치해 있다

Julia **liegt** den ganzen Tag am Strand.
율리아는 하루 종일 해변에 **누워 있다**.

▸ **ganz** 온전한, 전체의 / m. **Tag** 날, 일 / m. **Strand** 바닷가, 해변

0668 **müssen**

~해야만 한다

Sie **müssen** hier aussteigen.
당신은 여기서 하차**해야만 합니다**.

▸ **hier** 이곳에, 여기에 / **aussteigen** 내리다

Tip müssen은 화법조동사이며, 화법조동사들은 주로 '화법조동사+동사 원형'의 형태로 사용된다.

0669 **nehmen**

(교통수단) 타다, (약) 복용하다, 사다, 먹다

Nehmen Sie den Bus Nummer 7 vor der Post.
우체국 앞에서 7번 버스를 **타세요**.

▸ m. **Bus** 버스 / f. **Post** 우체국

0670 die
Ordnung
-, -en

f. 배열, 정리, 질서

In meiner Wohnung herrscht **Ordnung**.
나의 집에는 **질서**가 잘 잡혀 있다.

▸ f. **Wohnung** 집 / **herrschen** 지배하다, 관리하다

0671 der
Partner
-s, -

m. 파트너, 상대

Mein Geschäfts**partner** kommt morgen zu mir nach Hause.
나의 업무 **파트너**가 내일 우리 집으로 온다.

▸ n. **Geschäft** 일, 가게, 회사 / **kommen** 오다 / **morgen** 내일 / n. **Haus** 집

A2

0672 der
Rucksack
-(e)s, Rucksäcke

m. 배낭

In meinen **Rucksack** passen viele Dinge.
내 **배낭**에 많은 것들이 들어간다 (꼭 맞는다).

▸ **passen** 알맞다, 어울리다 / n. **Ding** 물건, 것

0673 **schmutzig**

더러운, 불결한

Wegen des Regens sind meine Schuhe **schmutzig** geworden.
비 때문에 나의 신발이 **더러워**졌다.

▸ **wegen** ~때문에 / m. **Regen** 비 / m. **Schuh** 신발 / **werden** ~되다

Tip 'schmutzig 더러운'의 비교급-최상급은 schmutziger-schmutzigst이다.

0674 das
Stück
-(e)s, -e

n. 부분, 조각

Möchtest du noch ein **Stück** Kuchen?
케이크 한 **조각** 더 원하세요?

▸ **möchten** 원하다 / m. **Kuchen** 케이크

0675 **tief**

깊은

Der See hier ist **tiefer** als der andere See.
여기 이 호수는 저 다른 호수보다 **더 깊다**.

▸ m. **See** 호수 / **hier** 여기에 / **ander** 다른

0676 die **Über-setzung** -, -en

f. 번역, 번역서

Die **Übersetzung** dieses Dokuments kostet 700€.
이 문서의 **번역**은 700유로입니다.

▸ n. **Dokument** 문서 / **kosten** 맛보다

0677 **vorsichtig**

조심스러운, 조심히

Bitte fahren Sie **vorsichtig**, die Straße ist glatt.
조심히 운전하세요, 도로가 미끄럽습니다.

▸ **fahren** 타고 가다, 운전하다 / f. **Straße** 거리, 길 / **glatt** 미끄러운

Tip '조심해!'는 'Sei vorsichtig!', 존칭으로는 'Seien Sie vorsichtig!'이라고 한다.

0678 **weich**

부드러운

Das Kissen ist super **weich**.
이 쿠션 엄청 **부드럽**다.

▸ n. **Kissen** 쿠션

Tip 'weich 부드러운'의 비교급-최상급은 weicher-weichest이다.

0679 der **Zirkus** -(ses), -se

m. 서커스(공연), 서커스단

Der **Zirkus** kommt nach Berlin!
그 **서커스단**이 베를린에 온대!

▸ **kommen** 오다

Tag 14

0680 **ändern**

~을(를) 바꾸다, 변경하다

Das Schiff **ändert** die Richtung.
배가 항로를 **변경한다**.

▸ n. **Schiff** 배 / f. **Richtung** 방향, 노선

0681 **beson-ders**

특히

Er ist **besonders** schwach in Mathematik.
그는 **특히** 수학에 약하다.

▸ **schwach** 약한 / f. **Mathematik** 수학

0682 **drüben**

저편에

Er kommt von **drüben**.
그가 **저쪽**에서부터 온다.

▸ **kommen** 오다

0683 **erst**

맨 먼저, 맨 처음에

Ich spreche **erst** mit dem Arzt.
나는 **우선** 의사와 이야기한다.

▸ **sprechen** 말하다 / m. **Arzt** 의사

0684 **falls**

~할 때에, 만약 ~(이)라면

Falls es regnet, bleiben wir zu Hause.
만약 비가 온**다면**, 우리는 집에 머무를 것이다.

▸ **regnen** 비가 오다 / **bleiben** 머무르다 / n. **Haus** 집

0685 das **Glück** -(e)s, -

n. 행운, 운, 행복

Wir wünschen ihm **Glück**.
우리는 그의 **행운**을 빈다.

▸ **wünschen** 원하다, 바라다

0686 **hängen**

걸다, 매달다, 걸려 있다, 매달려 있다

Er **hängt** den Anzug in den Schrank.
그는 양복을 옷장 안에 **건다**.

▸ **hängen** 걸다 / m. **Anzug** 양복, 신사복 / m. **Schrank** 장

0687 **intelligent**

총명한, 교양있는, 이해력이 있는

Katjas Bruder ist ein **intelligenter** Mensch.
카트야의 남동생은 **총명한** 사람이다.

▸ m. **Bruder** 남자 형제 / m. **Mensch** 사람

Tip 'intelligent 총명한, 똑똑한'의 비교급-최상급은 intelligenter-intelligentest이다.

0688 das **Konzert** -(e)s, -e

n. 콘서트

Bei Regen fällt das **Konzert** aus.
우천 시에는 **콘서트**가 취소된다.

▸ m. **Regen** 비 / **ausfallen** 탈락하다, 취소하다

Tip 'beim Regen 우천 시' 표현을 알아 두자.

0689 die **Lust** Lüste

f. 욕망, 욕구, 즐거움, 재미

Hast du **Lust** auf Schokolade?
너는 초콜릿을 먹고 싶은 **욕구(마음)**이 있니?

▸ f. **Schokolade** 초콜릿

Tip 'Lust haben auf+4격'은 '4격에 욕구가 있다'를 나타낸다.

0690 das **Messer** -s, -

n. 칼, 나이프

Mein neues **Messer** ist sehr scharf.
내 새로운 **칼**은 정말 날카롭다.

▸ **neu** 새로운 / **scharf** 날카로운, 뾰족한

0691 **niemand**

아무도

Im Moment ist **niemand** zu Hause.
잠시 (지금) 집에 **아무도** 없다.

▸ m. **Moment** 순간, 시점 / n. **Haus** 집

0692 das **Ohr** -(e)s, -en

n. 귀

Wegen des kalten Wetters wurden meine **Ohren** ganz rot.
추운 날씨 때문에 내 **귀**가 완전히 빨개졌다.

▸ **wegen** ~때문에 / **kalt** 추운 / n. **Wetter** 날씨 / **ganz** 완전한, 전체의 / **rot** 빨간

B1

0693 der **Patient** -en, -en

m. 환자

Der **Patient** braucht für seine Firma einen Entlassungsschein.
그 **환자**는 그의 회사를(회사에 제출하기) 위한 퇴원 증명서를 필요로 한다.

▸ **brauchen** 필요로 하다 / f. **Firma** 회사 / m. **Entlassungsschein** 퇴원 증명서

0694 **retten**

구조하다, 구하다

Der Polizist **rettet** die Frau.
경찰이 그 여인을 **구조했**다.

▸ m. **Polizist** 경찰 / f. **Frau** 여성

0695 die **Sorge** -, -n

f. 근심, 걱정, 배려

Mach dir nicht so viele **Sorgen**.
그렇게 많은 **걱정**을 하지 마.

▸ **machen** 하다

0696 die **Trennung** -, -en

f. 분리, 격리, 별거

Die **Trennung** fiel ihnen sehr schwer.
별거가 그들을 매우 힘들게 했다.

▸ **schwer** 무거운, 어려운

0697 die **Übung** -, -en

f. 연습, 훈련, 과제

Übung macht den Meister.
연습은 대가를 만든다.

▸ **machen** 하다, 만들다 / m. **Meister** 명인, 대가

0698 **verlangen**

요구하다, 바라다

Was **verlangst** du von mir?
네가 나에게 **요구하**는 게 뭐니?

0699 das **Wörter-buch** -(e)s, Wörterbücher

n. 사전

Ich habe ein neues Wort im **Wörterbuch** nachgeschlagen.
나는 새 단어 하나를 **사전**에서 찾아봤다.

▸ **neu** 새로운 / n. **Wort** 낱말, 단어 / **nachschlagen** 찾아보다

0700 die **Zukunft** -, Zukünfte

f. 미래

Meine **Zukunft** ist unbewusst.
내 **미래**는 알지 못한다.

▸ **unbewusst** 알려지지 않은

Tip 'unbewusst 알지 못하는'의 반의어는 'bewusst 알고 있는, 의식하는' 이다.

연습문제

1 보기에서 알맞은 단어를 어미 변화에 맞게 빈칸에 채워 문장을 완성하세요.

보기	aussteigen Sorge liegen vorsichtig

1 Julia ______________ den ganzen Tag am Strand.
2 Bitte fahren Sie ______________, die Straße ist glatt.
3 Mach dir nicht so viele ______________.
4 Bevor der Zug hält, müssen Sie nicht ______________.

2 뜻이 맞는 단어끼리 연결하세요.

1 das Glück •	• a 설명하다
2 die Lust •	• b 행운, 운, 행복
3 besonders •	• c ~할 때에, 만약 ~(이)라면
4 retten •	• d 특히
5 erklären •	• e 구조하다, 구하다
6 falls •	• f 욕망, 욕구, 즐거움, 재미

3 다음 형용사의 뜻과 비교급 – 최상급을 쓰세요.

1 weich (뜻: ______________) - ______________ - ______________
2 schmutzig (뜻: ______________) - ______________ - ______________
3 tief (뜻: ______________) - ______________ - ______________
4 intelligent (뜻: ______________) - ______________ - ______________
5 billig (뜻: ______________) - ______________ - ______________

정답

1 ① liegt ② vorsichtig ③ Sorgen ④ aussteigen
2 ① b ② f ③ d ④ e ⑤ a ⑥ c
3 1) 뜻: 부드러운 - weicher - weichest 2) 뜻: 더러운, 불결한 - schmutziger - schmutzigst
3) 뜻: 깊은 - tiefer - tiefst 4) 뜻: 총명한, 교양있는 - intelligenter - intelligentest
5) 뜻: 값이 싼, 저렴한 - billiger - billigst

Tag
15

Das war ein sehr **trauriger** Film.
그건 아주 **슬픈** 영화였어.

Tag-15

A1

0701 die
Aufgabe
-, -n

f. 과제

Die **Aufgabe** ist mir zu schwer.
이 **과제**는 나에게 너무 어렵다.

▸ **schwer** 무거운, 어려운

Tip 'schwer 어려운'의 반의어 'leicht 쉬운'까지 함께 알아 두자.

0702 das
Bier
-(e)s, -e

n. 맥주

Dunkles **Bier** schmeckt mir gut.
흑**맥주**는 나에게 좋은 맛이 난다(맛있다).

▸ **dunkel** 어두운 / **schmecken** ~한 맛이 나다

Tip 'gut 좋은'의 비교급-최상급은 besser-best이다.

0703 **durch**

~ 통과해서, ~을(를) 통해

Ich schickte dir ein Geschenk **durch** die Post.
나는 너에게 소포**로** 선물을 보냈다.

▸ **schicken** 보내다, 부치다 / n. **Geschenk** 선물 /
n. **Post** 택배

0704 **empfehlen**

추천하다, 권하다, 소개하다

Ich **empfehle** dir das Buch von Goethe.
나는 너에게 괴테의 책을 **추천한다**.

0705 der **Fisch** -(e)s, -e

m. **물고기, 생선, 생선 요리**

Fische atmen durch Kiemen.
물고기는 아가미로 숨을 쉰다.

▸ **atmen** 숨 쉬다, 호흡하다 / f. **Kieme** 아가미

0706 das **Glas** -es, Gläser

n. **유리잔**

Sie nippte an ihrem **Glas**.
그녀는 그녀의 **잔**을 홀짝홀짝 마셨다.

▸ **nippen** 홀짝홀짝 마시다

0707 **helfen**

돕다, 도움을 주다, 조력하다

Seine Eltern **helfen** ihm finanziell.
그의 부모님이 그를 경제적으로 **도와준다**.

▸ pl. **Eltern** 부모님 / **finanziell** 재정상의

Tip 'helfen+3격: 3격에게 도움을 주다' 구조를 숙지하자.

0708 die **Küche** -, -n

f. **부엌, 주방**

Die Oma kocht etwas für uns in der **Küche**.
할머니가 우리를 위해 **부엌**에서 무언가를 요리한다.

▸ f. **Oma** 할머니 / **kochen** 요리하다

0709 **lieben**

사랑하다

Sie **liebt** ihre Arbeit.
그녀는 그녀의 일을 **사랑한다**.

▸ f. **Arbeit** 일, 직업

0710 **schön**

아름다운, 예쁜

Die **schöne** Brille habe ich von meiner Mutter bekommen.
나는 어머니에게서 그 **예쁜** 안경을 받았다.

▸ f. **Brille** 안경 / f. **Mutter** 어머니 / **bekommen** 얻다, 받다

0711 der **Student** -s, en

m. **대학생 (남)**

Der **Student** gibt der Studentin ein Heft.
그 **남학생**이 그 여학생에게 노트 한 권을 준다.

▸ f. **Studentin** 여학생 / n. **Heft** 공책

Tag 15

0712 **vermieten**

세를 놓다, 빌려주다

Wenn ich im Urlaub bin, **vermiete** ich meine Wohnung.
내가 휴가일 때면, 나는 나의 집을 **세놓는다**.

▸ f. **Wohnung** 집 / m. **Urlaub** 휴가

Tip 임대인을 der Vermieter라고 한다.

0713 **will-kommen**

환영하는, 환영받는

Herzlich **willkommen**!
진심으로 **환영합니다**! (어서 오세요!)

▸ **herzlich** 진심으로

Tip 집에 손님을 초대했을 때나, 가게에 손님이 왔을 때 쓰는 표현이다.

0714 **auf | stehen**

일어나다, 기상하다

Er **steht** jeden Morgen zu spät **auf**.
그는 매일 아침에 늦게 **일어난다**.

▸ m. **Morgen** 아침, 오전 / **spät** 늦은, 지각한

0715 **singen**

노래하다

Ich **singe** sehr gern.
나는 **노래를** 매우 즐겨 **부른다**.

▸ **gern** 즐겨

---

der
0716 **Super-markt**
-(e)s, -märkte

m. **슈퍼마켓**

Am Wochenende gehe ich immer in den **Supermarkt**.
주말에 나는 항상 **슈퍼마켓**에 간다.

▸ n. **Wochenende** 주말 / **gehen** 가다 / **immer** 늘, 항상

Tip zum Supermarkt도 '슈퍼마켓에 간다'는 표현이다.

0717 **trainieren**

훈련하다

Er **trainiert** einmal pro Woche für den Marathon.
그는 일주일에 한 번 마라톤을 위해 **훈련한다**.

▸ **pro** ~마다 / f. **Woche** 주 / m. **Marathon** 마라톤

0718 **vorher**

이전에

Warum hast du das nicht **vorher** gesagt?
왜 그걸 **전에** 말하지 않았어?

▸ **sagen** 말하다

0719 **weinen**

울다

Sie **weint** vor Freude.
그녀가 기뻐서 **울고 있다**.

▸ f. **Freude** 기쁨, 환희

0720 der
Zahn
-es, Zähne

m. **치아, 이빨**

Normalerweise haben Erwachsene 28~32 **Zähne**.
일반적으로 성인은 28~32개의 **치아**를 가지고 있다.

▸ **normalerweise** 보통 / m. **Erwachsene** 성인

Tip 'A bis B'는 'A부터 B까지'의 의미이다.
치과 의사를 der Zahnarzt라고 한다.

0721 die
Arbeit
-, -en

f. **일, 노동**

Meine **Arbeit** ist sehr anstrengend.
내 **일**은 너무 고되다.

▸ **anstrengend** 힘든, 고된

0722 **bestehen**

통과하다, 합격하다, 존재하다

Sie hat die Abschlussprüfung mit Auszeichnung **bestanden**.
그녀는 그 졸업 시험에 우수한 성적으로 **통과했다**.

▸ f. **Abschlussprüfung** 졸업 시험 / f. **Auszeichnung** 탁월, 우수

0723 **dumm**

어리석은, 멍청한

Das war ganz **dumm**, was ich gemacht habe!
내가 했던 그 일은 완전히 **어리석**었어!

▸ **ganz** 완전히 / **machen** 하다

Tip 'dumm 어리석은'의 비교급-최상급은 dümmer-dümmst이다.

0724 der / pl
Erwachsene
-n, -/-n

어른, 성인

Alkohol ist nur etwas für **Erwachsene**.
알코올은 **성인**만을 위한 것이다.

▸ m. **Alkohol** 알코올, 술

0725 das
Ferienhaus
-es, -häuser

n. 별장, 휴가 중 머무는 집

In diesen Ferien mieten wir ein **Ferienhaus**.
이번 휴가 때 우리는 **별장** 하나를 빌린다.

▸ pl. **Ferien** 휴가, 방학 / **mieten** 임차하다, 빌리다

0726 die
Größe
-, -n

f. 크기, 신장, 부피

Die **Größe** des Mannes beträgt circa 190㎝.
그 남자의 **크기(키)는** 약 190㎝에 달한다.

▸ m. **Mann** 남성 / **betragen** 어떤 수치에 달하다 / **circa** 약, 대략

0727 **husten**

기침하다, 헛기침하다

Kannst du bitte aufhören(,) zu **husten**?
기침하는 것 좀 멈춰 줄 수 있니?

▸ **aufhören** 멈추다, 그만하다

Tip zu 부정사 앞에 목적어가 없으면 콤마는 생략할 수 있다.

0728 das
Kleid
-(e)s, -er

n. 원피스

Das rote **Kleid** gefällt mir.
그 빨간 **원피스**는 내 마음에 든다.

▸ **rot** 빨간 / **gefallen** ~의 마음에 들다

0729 **lassen**

(그냥) 두다, ~하게 하다, 시키다

Kannst du mich bitte in Ruhe **lassen**? Ich habe eine schlechte Laune.
너 나 좀 제발 조용히 **내버려 둘** 수 있니? 나 기분이 안 좋아.

▸ f. **Ruhe** 고요, 정적 / **schlecht** 나쁜 / f. **Laune** 기분

0730 das **Mittel** -s, -

n. 방법, 수단, 방식, 자본, 재산

Was ist das beste **Mittel** gegen Müdigkeit?
피곤함에 대항하는 가장 좋은 **방법**이 뭐지?

▸ **best** 최고의, 가장 좋은 / **gegen** ~에 대해, ~에 맞서 / f. **Müdigkeit** 피로

0731 die **Note** -, -n

f. 점수, 음표

Was für eine **Note** hast du im Test bekommen? - Ich habe eine 2.
너 시험에서 어떤 **점수**를 받았니? - 난 2등급이야.

▸ m. **Test** 시험 / **bekommen** 받다, 얻다

0732 das **Produkt** -(e)s, -e

n. 생산(품), 제품

Deutsche Messer sind Qualitäts**produkte**.
독일 칼들은 품질이 좋은 **상품**이다.

▸ n. **Messer** 칼 / f. **Qualität** 품질

0733 die **Reihe** -, -n

f. 열, 순서, 시리즈

Alle Menschen standen in einer **Reihe**.
모든 사람들이 **줄**에 서 있다.

▸ m. **Mensch** 사람 / **stehen** 서다

Tip 'der Reihe nach'는 '순서대로, 차례대로'라는 숙어적인 표현이다

0734 **sogar**

더욱이, 게다가, 심지어

Er kannte mich **sogar** noch, obwohl wir uns lange nicht gesehen haben.
우리가 오랫동안 보지 않았음에도 불구하고, 그는 **심지어** 아직도 나를 알고 있었다.

▸ **kennen** 알다, 기억을 가지고 있다 / **obwohl** ~일지라도, ~에도 불구하고

0735 **traurig**

슬픈

Das war ein sehr **trauriger** Film.
그건 아주 **슬픈** 영화였어.

▸ m. **Film** 영화

B1

0736 die **Umfrage** -, -n

f. 설문 조사

Wollen wir an der **Umfrage** teilnehmen?
우리 저 **설문 조사**에 참여할까?

▸ **wollen** 원하다 / **teilnehmen** 함께하다, 참가하다

0737 **völlig**

완전히

Wegen des Unfalls sind die Kinder **völlig** verschreckt.
그 사고 때문에 아이들이 **완전히** 겁먹었다.

▸ **wegen** ~때문에 / m. **Unfall** 재해, 사고 / n. **Kind** 아이 / **verschreckt** 겁먹은

0738 **weltweit**

세계적인, 지구상의

Dieser Onlineshop versendet seine Waren **weltweit**.
이 온라인 샵은 상품들을 **전 세계적으로** 보낸다(발송한다).

▸ m. **Onlineshop** 온라인 상점 / **versenden** 발송하다 / f. **Ware** 물건, 상품

0739 **zusammen | fassen**

통합하다, 요약하다

Ich will das **zusammenfassen**.
나 이걸 **요약하**고 싶어.

▸ **wollen** 원하다

0740 das **Abonnement** -s, -s/-e

n. 정기 회원권, 정기 구독

Wir bieten Ihnen ein **Abonnement** an.
저희가 당신께 **정기 회원권**을 제공해 드리겠습니다.

▸ **anbieten** 제공하다, 제안하다

Tip Abonnement의 축약형으로 Abo라고 많이 쓴다.

0741 **bedienen**

섬기다, 시중들다, 이용하다

Bitte **bedienen** Sie **sich** am Buffet.
뷔페에서 **마음껏 드십시오**.

▸ n. **Buffet** 뷔페

0742 der **Dreck** -(e)s, -

m. 오물, 찌꺼기

Der Staubsauger macht den ganzen **Dreck** weg.
진공청소기가 **더러운 것**을 모조리 제거한다.

▸ m. **Staubsauger** 진공청소기 / **wegmachen** 제거하다 / **ganz** 전체의, 완전히

0743 der **Einfluss** -es, Einflüsse

m. 유입, 영향력

Medien haben einen großen **Einfluss** auf unser Benehmen.
미디어는 우리의 행동에 커다란 **영향력**을 가지고 있다.

▸ n. **Medium** 미디어, 매체 / **groß** 큰 / n. **Benehmen** 행동, 처신

0744 **fest | halten**

붙들고 놓지 않다, 꽉 쥐다

Im Bus muss man sich **festhalten**, damit man nicht umfällt.
사람들은 넘어지지 않기 위해, 버스에서 손잡이를 **꽉 잡아야**만 한다.

▸ m. **Bus** 버스 / **damit** ~하기 위하여 / **umfallen** 넘어지다

0745 die **Gegend** -, -en

f. 지방, 지역, 부근, 근처

Ich lebe in dieser **Gegend**.
난 이 **근방**에 산다.

▸ **leben** 살다

0746 die **Höhe** -, -en

f. 높이, 높음, 높은 곳

Das Flugzeug fliegt in großer **Höhe**.
비행기가 **높은 곳**에서 난다.

▸ n. **Flugzeug** 비행기 / **fliegen** 날다 / **groß** 큰

0747 **intensiv**

집중적인, 효과적인

Wenn du schnell Deutsch lernen willst, musst du **intensiv** Deutsch lernen!
너가 빨리 독일어를 배우려면, 너는 **집중적으로** 독일어를 공부해야만 해!

▸ **schnell** 빠른, 빨리 / **lernen** 배우다 / **wollen** 원하다, ~하고 싶다

Tip 독일 현지 어학원에서 집중반을 'Intensivkurs'라고 표현한다. 어학원에 등록할 때 참고하면 유용하다.

0748 **klicken**

(마우스로) 클릭하다, 찰칵하고 소리가 나다

Ich kann das nicht **klicken**!
나는 이걸 **클릭할** 수가 없어!

0749 die **Leistung** -, -en

f. 실행, 성취, 업적, 성적

Meine **Leistung** war heute sehr gut.
나의 **성과**는 오늘 매우 좋았다.

▸ **heute** 오늘

0750 die

Mauer

-, -n

f. 벽, 담

Die Berliner **Mauer** fiel am 9. November 1989.

베를린 장**벽**은 1989년 11월 9일에 무너졌다.

▸ f. **Mauer** 벽, 장벽 / **fallen** 떨어지다, 무너지다

Tag 15

연습문제

1 보기에서 알맞은 단어를 어미 변화에 맞게 빈칸에 채워 문장을 완성하세요.

보기	aufstehen helfen durch trainieren vorher

1 Seine Eltern ______________ ihm finanziell.

2 Er ______________ jeden Morgen zu spät ______________.

3 Er ______________ einmal pro Woche für den Marathon.

4 Ich schickte dir ein Geschenk ______________ die Post.

5 Warum hast du das nicht ______________ gesagt?

2 뜻이 맞는 단어끼리 연결하세요.

1 lieben •	• a 울다
2 die Leistung •	• b 사랑하다
3 die Reihe •	• c 실행, 성취, 업적, 성적
4 völlig •	• d 세계적인, 지구상의
5 weinen •	• e 열, 순서, 시리즈
6 weltweit •	• f 완전히

3 다음 형용사의 뜻과 비교급 – 최상급을 쓰세요.

1 schön (뜻: ______________) - ______________ - ______________

2 intensiv (뜻: ______________) - ______________ - ______________

3 traurig (뜻: ______________) - ______________ - ______________

4 dumm (뜻: ______________) - ______________ - ______________

정답

1 ① helfen ② steht ... auf ③ trainiert ④ durch ⑤ vorher

2 ① b ② c ③ e ④ f ⑤ a ⑥ d

3 1) 뜻: 아름다운, 예쁜 - schöner - schönst
2) 뜻: 집중적인, 효과적인 - intensiver - intensivst
3) 뜻: 슬픈 - trauriger - traurigst
4) 뜻: 어리석은, 멍청한 - dümmer - dümmst

독일의 유명한 축제들

독일인이라고 하면 다소 딱딱하고 고지식한 이미지를 떠올리시나요? 알고 보면 사교와 축제를 즐기는 독일인들입니다. 독일의 유명한 축제들을 살펴볼까요?

▲ 옥토버페스트

Oktoberfest 옥토버페스트

'10월 축제'라는 의미를 갖고 있는 Oktoberfest는 세계적으로 유명한 독일의 맥주 축제이다. 독일인들은 이 축제를 'Die Wies'n 비즌'이라고 부르기도 한다. Oktoberfest는 1810부터 1년에 한 번, 보통 9월 말부터 10월 초까지 독일의 'Bayern 바이에른주'에 위치한 대도시 'München 뮌헨'에서 개최된다. 많은 여행객들이 Oktoberfest를 방문하는데, 독일인들은 Oktoberfest에서 상당히 많은 양의 맥주를 마시며 축제를 즐긴다. 축제에서 남자들은 주로 'Lederhose 레더호제'를, 여자들은 주로 'Dirnl 디언들'이라는 전통 의상을 입는다.

Köln Karneval 쾰른 카니발

Köln Karneval은 일명 '제5의 계절'이라 불리는 독일의 축제이다. 또 하나의 새로운 계절이라는 의미를 나타내며, 유럽의 사육제 전통 속에서 겨울철 추위와 굶주림을 이겨 내기 위해 벌인 축제에서 비롯되었다고 한다. 수많은 카니발 단체가 참여해 약 3개월 간 다채로운 행사를 연다. 마스크와 분장을 함으로써 여러 신들을 불러내 부정적인 악령들을 몰아내고, 삶의 풍요를 지켜 주는 좋은 신들을 기리는 의미의 축제이다.

Das Summerjam Festival 서머잼 페스티발

Summerjam Festival은 유럽에서 가장 큰 레게 음악 축제 중 하나이다. 1986년 최초로 개최되었으며 지금까지 이어져 오고 있다. 매년 여름마다 쾰른 Fühlinger See에서 일주일 간 개최되고 레게 음악을 좋아하는 많은 사람들이 이 축제를 즐기기 위해 독일로 찾아오기도 한다. 레게 음악과 파티를 좋아한다면 추천한다.

Woche 4

Tag 16

Nächste Woche beginnen wir unsere **Reise.**

다음 주에 우리는 우리의 **여행**을 시작한다.

Tag 17

Mein Chef wurde **entlassen.**

나의 상사가 **떠나게** 되었다.
(해고되었다.)

Tag 18

Erholung ist sehr wichtig, wenn man krank ist.

아플 때 **휴식**은 정말 중요하다.

Tag 19

Ich bin gleich **wieder** da.

나는 곧 **다시** 올 거야.

Tag 20

Das hat wirklich keinen **Zweck**!

이건 정말 아무 **의미**가 없어!

Tag 16

Nächste Woche beginnen wir unsere **Reise.**

다음 주에 우리는 우리의 **여행**을 시작한다.

Tag-16

A1

0751 **nie**

전혀, 결코 ~않은

Mein Sohn isst **nie** Gemüse.
내 아들은 채소를 **전혀** 먹지 않는다.

▸ m. **Sohn** 아들 / **essen** 먹다 / n. **Gemüse** 채소

0752 **Pommes frites**

pl. 감자튀김

Pommes frites sind mein Lieblingsessen.
감자튀김은 내가 좋아하는 음식이다.

▸ n. **Lieblingsessen** 좋아하는 음식

Tip 프랑스어에서 온 단어이며, 항상 복수로 쓰인다.

0753 die **Reise** -, -n

f. 여행

Nächste Woche beginnen wir unsere **Reise**.
다음 주에 우리는 **여행**을 시작한다.

▸ **nächst** 바로 다음의 / f. **Woche** 주 / **beginnen** 시작하다

0754 **schlecht**

나쁜, 좋지 않은

Herr Brunner hatte gestern eine **schlechte** Laune.
Brunner씨는 어제 기분이 **나빴다**.

▸ **gestern** 어제 / f. **Laune** 기분

Tip 'schlecht 나쁜'의 비교급-최상급은 schlechter-schlechtest이다.

0755 **sehen**

보다

Ich möchte gern den Sonnenuntergang **sehen**.
나는 기꺼이 일몰을 **보고** 싶어.

▸ **möchten** 원하다 / **gern** 즐겨, 기꺼이 / m. **Sonnenuntergang** 일몰

---

das
0756 **Ticket**
-s, -s

n. 티켓, 표

An der Abendkasse kann man **Tickets** kaufen.
매표소에서 **티켓**을 살 수 있다.

▸ f. **Abendkasse** 매표소 / **können** ~할 수 있다 / **kaufen** 사다

0757 **viel**

많은

Auf der Bühne singen **viele** Sänger.
무대 위에서 **많은** 가수들이 노래한다.

▸ f. **Bühne** 무대 / **singen** 노래하다 / m. **Sänger** 가수

0758 **wo**

어디, 어디에

Wo bist du jetzt?
너 지금 **어디**야?

▸ **jetzt** 지금

0759 **an | melden**

신청하다

Wir möchten uns für einen Deutschkurs **anmelden**.
우리는 독일어 코스(강좌)를 **등록하**고 싶다.

▸ **möchten** 원하다 / m. **Deutschkurs** 독일어 강좌

Tag 16

0760 das **Ausland** -(e)s, -

n. 외국

Sein Bruder lebt im **Ausland**.
그의 형은 **외국**에 산다.

▸ m. **Bruder** 남자 형제 / **leben** 살다

0761 die **Bank** -, Bänke

f. 긴 의자 (벤치)

Lass uns hier auf der **Bank** eine Pause machen.
우리 여기 **벤치**에서 잠깐만 쉬자.

▸ **lassen** 허용하다, 놓다 / f. **Pause** 휴식 / **machen** ~하다, 행하다 / **hier** 여기

0762 **all-**

모든

Er hat **all**es Geld verloren.
그는 **모든** 돈을 잃어버렸다.

▸ n. **Geld** 돈, 금전 / **verlieren** 잃다, 분실하다

0763 **bitten**

부탁하다

Ich **bitte** Sie um Hilfe.
나는 당신에게 도움을 **요청합니다**.

Tip 'bitten um+4격'은 '~을(를) 부탁하다'라는 의미이다.

0764 das **Dorf** -(e)s, -Dörfer

n. 마을, 시골

Meine Oma lebt in einem **Dorf**.
우리 할머니는 **시골**에 사신다.

▸ f. **Oma** 할머니 / **leben** 살다

0765 **enden**

끝내다, 끝나다

Wann wird meine Arbeit endlich **enden**?
내 일은 언제가 되어야 드디어 **끝나**게 될까?

▸ f. **Arbeit** 일, 직업 / **endlich** 마침내, 드디어

0766 **feiern**

축하하다, 기념 축제를 벌이다, 일을 쉬다

Wollen wir deine Beförderung **feiern**?
우리 네 승진을 **축하할**까?

▸ **wollen** 원하다, 예정하다, 하고자 하다 / f. **Beförderung** 승진, 진급

Tip '결혼식을 올리다, 축하하다'라는 의미로 많이 쓰이는 표현 'Hochzeitsfeiern'까지 알아 두자.

Tag 16

A2

0767 der **Führerschein** -(e)s, -e

m. **운전 면허증**

Machst du noch deinen **Führerschein**?
너 아직 **운전 면허증** 따는 중이니?

▸ **machen** 하다, 행하다

0768 der **Gruß** -es, Grüße

m. **인사, 안부**

Schönen **Gruß** an deine Eltern!
너의 부모님께 **안부**를 (전해 줘)!

▸ **schön** 아름다운 / pl. **Eltern** 부모님

Tip Viele Grüße도 Schönen Gruß와 동의어이다.

0769 die **Hauptstadt** -, Hauptstädte

f. **수도, 중심 도시**

Berlin ist die **Hauptstadt** von Deutschland.
베를린은 독일의 **수도**이다.

0770 der **Kontakt** -(e)s, -e

m. **접촉, 관계, 연락**

Ich habe schon lange keinen **Kontakt** mehr mit ihm.
나는 그와 더는 **연락**을 하지 않은 지 이미 오래다.

▸ **schon** 이미, 벌써 / **lange** 오래

0771 **liefern**

배달하다, 납품하다, 교부하다

Können Sie mir das morgen nach Hause **liefern**?
제게 이것을 내일 집으로 **배달해 주**실 수 있나요?

▸ **morgen** 내일 / n. **Haus** 집

0772 das **Museum** -s, Museen

n. **박물관**

Im **Museum** gibt es eine interessante Ausstellung.
박물관에 흥미로운 전시가 있다.

▸ **interessant** 흥미로운 / f. **Ausstellung** 전시

0773 **nebenan**

나란히, 인접해서

Nebenan wohnt mein Nachbar.
내 이웃이 **나란히** 산다.

▸ **wohnen** 살다 / m. **Nachbar** 이웃

0774 das **Parfüm** -s, -s

n. **향수**

Dein **Parfüm** riecht gut.
네 **향수** 좋은 냄새가 나.

▸ **riechen** 냄새를 풍기다

0775 **reden**

말하다, 이야기하다, 연설하다

Ich habe schon lange nicht mehr mit ihm **geredet**.

나는 이미 오랫동안 그와 **이야기하**지 않았다.

▸ **schon** 이미, 벌써 / **lange** 오래

0776 **sonst**

그 밖에, 그렇지 않으면

Haben Sie **sonst** noch einen Wunsch?
- Nein, danke. Das ist alles.

그 밖에 더 원하는 것이 있으신가요?
- 아니요, 괜찮습니다. 이것이 전부입니다.

▸ m. **Wunsch** 소원, 요구, 희망 / **noch** 또, 더 / **all** 모든, 모두, 전부

0777 **sympa-thisch**

호감 가는, 공감의

Wir finden den Mann, der ab heute bei uns arbeitet, sehr **sympathisch**.

우리는 오늘부터 우리 회사에서 일하는 그 남자가 **호감이 간**다고 생각해요.

▸ **finden** 생각하다 / **ab** ~부터

Tip 'arbeiten bei+3격'은 '3격에서 일하다'를 나타낸다.

die
0778 **Torte**
-, -n

f. 케이크

Können wir zu meinem Geburtstag eine **Torte** backen?

우리 내 생일에 **케이크**를 구울 수 있을까?

▸ m. **Geburtstag** 생일 / **backen** 굽다

der
0779 **Unfall**
-(e)s, Unfälle

m. 재난, 사고

Ich hatte zum Glück noch nie einen Auto**unfall**.

나는 다행히 아직 한 번도 자동차 **사고**가 없었다.

▸ n. **Glück** 행운 (zum Glück 다행히) / **noch** 아직 / **nie** ~한 적이 없다

0780 die
Verspätung
-, -en

f. 지체, 연착

Mein Bus hat leider **Verspätung**.
내 버스가 유감스럽게도 **연착**한다.

▸ m. **Bus** 버스 / **leider** 유감스럽게도, 아쉽게도

0781 **weg**

가 버린, 사라진

Wegen des Fehlers ist meine gute Laune **weg**.
그 실수 때문에 나의 좋은 기분이 **사라졌**다.

▸ **wegen** ~때문에 / m. **Fehler** 오류, 실수 / f. **Laune** 기분

0782 das
Zelt
-(e)s, -e

n. 천막, 텐트

Wir schlafen heute in einem **Zelt**.
우리는 오늘 **텐트**에서 잔다.

▸ **schlafen** 자다 / **heute** 오늘

0783 **aus | geben**

(돈을) 지출하다, 내다, 나누다

Er hat sein ganzes Geld **ausgegeben**!
그는 그의 돈을 다 **써 버렸다**!

▸ **ganz** 전체의, 완전히 / n. **Geld** 돈, 금전

0784 der
Bescheid
-(e)s, -e

m. 고지, 통지, 판결, 확답

Ich habe einen **Bescheid** vom Doktor, der beweist, dass ich krank bin.
나는 내가 아프다는 것을 증명하는 의사의 **진단서**가 있다.

▸ m. **Doktor** 박사, 의사 / **beweisen** 증명하다 / **krank** 아픈

0785 das
Ding
-(e)s, -e

n. 것, 물건, 일, 사건

Was ist das für ein Ding?
이게 대체 뭐니?

0786 **ein | packen**

포장하다

Ich habe das Geschenk für meine kleine Schwester schön **eingepackt**.
나는 나의 여동생을 위한 선물을 예쁘게 **포장했다**.

▸ n. **Geschenk** 선물 / **klein** 적은, 작은, 어린 / f. **Schwester** 여자 형제 / **schön** 아름다운, 예쁜

0787 der **Fernseher** -s, -

m. **텔레비전**

Neue **Fernseher** können sogar ins Internet.
새로운 **TV**는 게다가 인터넷도 된다.

▸ **neu** 새로운 / **sogar** 게다가, 뿐만 아니라 / n. **Internet** 인터넷

Tag 16

0788 das **Gewitter** -s, -

n. **뇌우, 악천후**

Gestern gab es ein **Gewitter** in Seoul.
어제 서울은 **악천후**였다.

▸ **gestern** 어제 / **geben** 주다, (비인칭) 있다

B1

0789 der **Hammer** -s, Hämmer

m. **망치**

Kannst du mir bitte den **Hammer** geben?
너 나한테 그 **망치** 좀 줄래?

▸ **geben** 주다

0790 **inklusive**

~를 포함하여

Das Essen kostet 24€, **inklusive** Trinkgeld.
그 음식은 팁을 **포함해서** 24유로이다.

▸ n. **Essen** 식사, 음식 / **kosten** (비용이) 들다 / n. **Trinkgeld** 팁

Tip 약자는 inkl.이라고 쓰며, 반의어는 'exklusive (exkl.) ~을(를) 제외하고'이다.

0791 der **Journalist** -en, -en

m. 저널리스트, 신문 기자

Der **Journalist** hat viele Fragen gestellt.
그 **기자**는 많은 질문을 했다.

Tip eine Frage stellen은 '질문을 하다'라는 의미의 숙어이다.

0792 die **Kanne** -, -n

f. (차) 주전자, 양철통

Wo ist die Tee**kanne**?
그 찻**주전자** 어디에 있어?

▸ m. **Tee** 차

0793 die **Linie** -, -n

f. 선, 차선, 라인, 노선

Die **Linie**, die wir nehmen müssen, ist gelb.
우리가 타야 하는 그 **노선**은 노란색이다.

▸ **nehmen** 이용하다 / **müssen** ~해야 한다 / **gelb** 노란색의

0794 das **Mitglied** -(e)s, -er

n. 회원, 구성원

Ich bin ein **Mitglied** in einem Tennisverein.
나는 테니스 클럽의 **회원**이다.

▸ m. **Tennisverein** 테니스 클럽 (m. Verein 단체, 클럽, 동호회)

0795 der **Notausgang** -(e)s, -gänge

m. 비상구

Der **Notausgang** muss immer sichtbar sein.
비상구는 항상 볼 수 있어야 한다.

▸ **immer** 늘, 항상 / **sichtbar** 볼 수 있는, 보이는

0796 der **Ordner** -s, -

m. 분류함, 서류철, 파일

Ich habe meine Dateien in einem **Ordner**.
나는 내 자료들을 **서류철**에 가지고 있다.

▸ f. **Datei** 자료

Tag 16

0797 **praktisch**

실용적인

Mein neues Handy ist **praktisch**.
나의 새로운 핸드폰이 **실용적**이다.

▸ **neu** 새로운 / n. **Handy** 핸드폰

Tip 'praktisch 실용적인'의 반의어 'unpraktisch 비실용적인'도 알아 두자.

0798 die **Rücksicht** -, -en

f. 고려, 배려

Ich nehme immer **Rücksicht** auf meine Freundin.
나는 항상 나의 여자 친구를 **배려**한다.

▸ **nehmen** 이용하다, 가지다 / f. **Freundin** 여자 친구

0799 die **Serie** -, -n

f. 시리즈, 연속

Am Wochenende schauen ich und meine Tochter gern im Fernsehen **Serien**.
주말에 나와 나의 딸은 TV방송 **시리즈**를 즐겨 본다.

▸ **schauen** 보다 / f. **Tochter** 딸 / n. **Fernsehen** TV 방송

Tip 'am Wochenende 주말에' 표현을 알아 두자.

0800 die

Teilnahme

-, -n

f. **참여, 관여**

Die **Teilnahme** am Oktoberfest ist kostenlos.

옥토버페스트 **참여**는 무료이다.

▸ n. **Oktoberfest** 옥토버페스트 / **kostenlos** 무료의

연습문제

1 보기에서 알맞은 단어를 어미 변화에 맞게 빈칸에 채워 문장을 완성하세요.

보기	anmelden bitten Gruß Kontakt

1 Ich habe schon lange keinen ____________ mehr mit ihm.

2 Wir möchten uns für einen Deutschkurs ____________.

3 Schönen ____________ an deine Eltern!

4 Ich ____________ Sie um Hilfe.

Tag 16

2 뜻이 맞는 단어끼리 연결하세요.

1 die Kanne •	• a 케이크
2 die Torte •	• b 배달하다, 납품하다, 교부하다
3 ausgeben •	• c (돈을)지출하다, 내다, 나누다
4 weg •	• d 그 밖에, 그렇지 않으면
5 liefern •	• e (차) 주전자, 양철통
6 sonst •	• f 가 버린, 사라진

3 다음 형용사의 뜻과 비교급 – 최상급을 쓰세요.

1 schlecht (뜻: ____________) - ____________ - ____________

2 praktisch (뜻: ____________) - ____________ - ____________

3 sympathisch (뜻: ____________) - ____________ - ____________

4 viel (뜻: ____________) - ____________ - ____________

정답

1 ① Kontakt ② anmelden ③ Gruß ④ bitte

2 ① e ② a ③ c ④ f ⑤ b ⑥ d

3 1) 뜻: 나쁜, 좋지 않은 - schlechter - schlechtest 2) 뜻: 실용적인 - praktischer - praktischst
3) 뜻: 호감이 가는, 공감의 - sympathischer - sympathischst 4) 뜻: 많은 - mehr - meist

Tag 17

Mein Chef wurde **entlassen.**

나의 상사가 **떠나게** 되었다. (해고되었다.)

Tag-17

A1

0801 der **Verein** -(e)s, -e

m. **단체, 클럽, 동호회, 팀**

Ich spiele im Handball**verein** SG Hermsdorf Waidmannslust.

나는 핸드볼 **팀** SG Hermsdorf Waidmannslust에서 경기한다.

▸ **spielen** 놀다, 연주하다, 경기하다 / m. **Handball** 핸드볼

0802 **woher**

어디로부터

Woher wissen Sie das?

당신은 **어디로부터** (어떻게) 그것을 아시나요?

▸ **wissen** 알다, 알고 있다

Tip '당신 그걸 어떻게 알아요?'와 동일한 의미이다.

0803 **an | rufen**

부르다, 전화를 걸다, 통화하다

Er hat schon dreimal **angerufen**.

그는 이미 3번 **전화했**다.

▸ **schon** 이미, 벌써 / **dreimal** 3번

0804 **bekommen**

얻다, 받다, 입수하다

Er hat endlich einen Brief von ihr **bekommen**.

그는 마침내 그녀로부터 편지 한 통을 **받았다**.

▸ **endlich** 마침내, 드디어 / m. **Brief** 편지

0805 der **Eingang** -(e)s, Eingänge

m. 입구, 입장

Die Security steht am **Eingang**.
경비원이 **입구**에 서 있다.

▸ f. **Security** 경비 / **stehen** 서다, 서 있다

0806 die **Frage** -, -n

f. 질문, 문제

Ich habe eine **Frage**.
저 **질문**이 있어요.

0807 **günstig**

값이 싼, 유리한

Ich habe mein Handy sehr **günstig** gekauft.
나는 내 핸드폰을 매우 **유리하게 (싼값에)** 샀다.

▸ n. **Handy** 핸드폰 / **kaufen** 사다

0808 **hallo**

여보세요, 이봐, 안녕

Hallo, Matthias! Hier ist Tomas.
(통화 중) **안녕**, 마티아스! 나 토마스야.

0809 **können**

~할 수 있다

Kann ich Ihnen helfen?
제가 당신을 도와드**릴 수 있**을까요?

Tip können은 화법조동사이며, 화법조동사들은 주로 '화법조동사 +동사 원형'의 형태로 사용된다.

0810 **lesen**

읽다, 독해하다

Abends **lesen** wir ein Märchen für unsere Kinder.
우리는 저녁마다 우리 아이들을 위해 동화를 **읽는다**.

▸ **abends** 저녁마다 / n. **Märchen** 동화 / n. **Kind** 아이

0811 die **Miete** -, -n

f. 집세, 임대료

Wie viel **Miete** bezahlen Sie für Ihre Wohnung?
당신은 **집세**를 얼마나 지불합니까?

▸ **bezahlen** 지불하다 / f. **Wohnung** 집

0812 die **Postleitzahl** -, -en

f. 우편번호

Meine **Postleitzahl** ist 12345.
내 **우편번호**는 12345이다.

0813 das **Reisebüro** -s, -s

n. 여행사, 여행 안내소

Ich will morgen mal ins **Reisebüro** gehen.
나는 내일 **여행사**에 좀 가 보고 싶다.

▸ **morgen** 내일 / **mal** ~번, 좀 / **gehen** 가다

0814 **schwimmen**

수영하다

Gehen wir vor dem Essen **schwimmen**!
우리 밥 먹기 전에 **수영하**러 가자!

▸ **gehen** 가다 / n. **Essen** 음식, 식사

Tip baden은 '목욕시키다'이지만 '수영하다'라는 의미로도 사용된다.

0815 die **Stelle** -, -n

f. 자리, 장소, 입장, 채용

An deiner **Stelle** würde ich das nicht essen.
너의 **입장**이라면 난 그것을 먹지 않을 거야.

▸ **essen** 먹다

0816 die **Toilette** -, -n

f. 화장실

Die **Toiletten** sind links hinter dem Haus.
화장실은 집(건물) 뒤에 왼쪽에 있어요.

▸ **links** 왼쪽 / **hinter** 뒤에 / n. **Haus** 집

0817 der **Unterschied** -(e)s, -e

m. **차이, 구별**

Was ist der **Unterschied**?
차이가 뭐니?

0818 **verhaften**

체포하다

Der Dieb wurde **verhaftet**.
그 도둑은 **체포**되었다.

▸ m. **Dieb** 도둑

0819 **warm**

더운, 따뜻한, 온난화

Heute ist es sehr **warm**.
오늘은 아주 **따뜻하**다.

▸ **heute** 오늘

Tip 'warm 따뜻한'의 비교급-최상급은 wärmer-wärmst이다.

0820 **ziehen**

끌다, 당기다

Ich bin beim Arzt, um meine Fäden **ziehen** zu lassen.
나는 내 실밥을 **풀기** 위해 병원에 있다.

▸ m. **Arzt** 의사 / m. **Faden** 실 / **lassen** 허용하다, 내버려 두다, ~하도록 만들다

0821 **als**

~(으)로서, ~했을 때, ~ 보다

Er steht dort **als** Zeuge.
그는 증인**으로서** 저기에 서 있다.

▸ **stehen** 서다, 서 있다 / m. **Zeuge** 목격자 / **dort** 거기에, 저기에

0822 der **Artikel** -s, -

m. **관사, 항목**

Ergänzen Sie den fehlenden **Artikel**.
빈 **관사**를 채워 넣으시오.

▸ **ergänzen** 보충하다, 채우다 / **fehlend** 부족한, 빈

0823 die **Bluse** -, -n

f. **블라우스**

Frauen tragen im Sommer schöne **Blusen**.
여성들은 여름에 예쁜 **블라우스**를 입는다.

▸ f. **Frau** 여성 / **tragen** 입다 / m. **Sommer** 여름 / **schön** 아름다운, 예쁜

0824 **deutlich**

확실히, 뚜렷하게, 분명한

Bitte sprich etwas **deutlicher**.
좀 **더 분명하게** 말해 보렴.

▸ **sprechen** 말하다, 이야기하다 / **etwas** 조금, 약간

0825 **ein | treten**

들어가다, 입장하다

Sie **tritt** leise ins Zimmer **ein**.
그녀는 조용히 방으로 **들어간다**.

▸ **leise** 조용히 / n. **Zimmer** 방

0826 der **Flohmarkt** -(e)s, Flohmärkte

m. **벼룩시장**

Auf dem **Flohmarkt** verkaufe ich meine alten Klamotten.
난 **벼룩시장**에서 나의 낡은 옷을 판다.

▸ **verkaufen** 팔다 / **alt** 늙은, 오래된 / f. **Klamotte** 고물, 옷

0827 **gefährlich**

위험한

Motorradfahren ist **gefährlich**.
오토바이를 타는 것은 **위험하**다.

▸ n. **Motorradfahren** 오토바이 타기

Tip 'gefährlich 위험한'의 비교급-최상급은 gefährlicher-gefährlichst이다.

0828 **hinter**

~뒤에, ~뒤로

Hinter unserem Haus gibt es einen kleinen Garten.
우리 집 **뒤에** 작은 정원이 있다.

▸ n. **Haus** 집 / **klein** 작은, 적은 / m. **Garten** 정원

Tip hinter는 3, 4격 동시 지배 전치사이다. 주로 장소 · 위치는 3격으로(~에), 이동 · 방향은 4격으로(~으로) 사용한다.

Tag 17

die
0829 **Kultur**
-, -en

f. 문화

Sie hat Interesse an den neuen **Kulturen**.
그녀는 새로운 **문화**에 대한 관심이 있다.

▸ n. **Interesse** 흥미, 관심 / **neu** 새로운

Tip 'Interesse+an 3격 haben: 3격에 흥미가 있다' 구조를 숙지하자.

der
0830 **Magen**
-s, Mägen

m. 위(胃)

Mein **Magen** tut weh, weil ich alte Milch getrunken habe.
내 **위**가 아프다, 왜냐하면 오래된 우유를 마셨기 때문이다.

▸ **weh** 아픈, 통증을 느끼는 / **alt** 오래된, 늙은 / f. **Milch** 우유 / **trinken** 마시다

0831 **nennen**

~(이)라고 부르다

Unsere Familie **nennt** ihn immer Rudi.
우리 가족은 항상 그를 루디**라고 부른다**.

▸ f. **Familie** 가족 / **immer** 늘, 항상

die
0832 **Portion**
-, -en

f. 몫, 할당

Ich esse meistens große **Portionen**.
내가 대부분 큰 **부분**을 먹는다.

▸ **essen** 먹다 / **meistens** 보통은, 대개는 / **groß** 큰

das
0833 **Rind**
-(e)s, -er

n. 소

In Südkorea ist **Rind**fleisch teurer als Schweinefleisch.
한국에서는 **소**고기가 돼지고기보다 더 비싸다.

▸ n. **Fleisch** 고기 / **teuer** 비싼 / n. **Schweinefleisch** 돼지고기

der
0834 **Spazier-gang**
-(e)s, Spaziergänge

m. 산책

Wollen wir zusammen einen **Spaziergang** machen?
우리 같이 **산책**할까?

▸ **zusammen** 함께, 같이 / **machen** 하다, 행하다

Tip einen Spaziergang machen은 spazieren gehen의 동의어이다.

0835 **super**

최고의, 끝내주는

Das finde ich ganz **super**!
그것을 나는 아주 **끝내준**다고 생각해!

▸ **finden** 찾다, 생각하다 / **ganz** 전체의, 완전히, 아주

0836 der **Titel** -s, -

m. **제목, 표제, 타이틀**

Der **Titel** von dem Buch ist 'Demian'.
그 책의 **제목**은 '데미안'이다.

▸ n. **Buch** 책

0837 der **Umzug** -(e)s, Umzüge

m. **이사**

Der **Umzug** in die neue Wohnung wird bestimmt teuer.
새집으로의 **이사**는 분명히 비쌀 것이다.

▸ **neu** 새로운 / f. **Wohnung** 집 / **bestimmt** 확실히 / **teuer** 비싼

0838 **vorwärts**

앞에, 앞으로

Lauf **vorwärts** bitte.
앞쪽으로 걸어 줘.

▸ **laufen** 달리다

Tip 'vorwärts 앞쪽으로'의 반의어는 'rückwärts 뒤쪽으로'이다.

Tag 17

B1

0839 der **Wissen-schaftler** -s, -

m. **학자**

Ich wollte immer ein **Wissenschaftler** sein und jetzt bin ich ein **Wissenschaftler**.
나는 항상 **학자**가 되려고 했고 지금 나는 **학자**다.

▸ **wollen** 원하다, ~하고 싶다 / **jetzt** 지금

Tip 나는 학자가 되고 싶어했으며 현재는 학자가 된 상태로, 꿈을 이루었다는 의미를 내포한다.

0840 der **Zustand** -(e)s, Zustände

m. **상태, 상황**

Obwohl es schon alt ist, ist der **Zustand** des Autos noch sehr gut.
벌써 오래되었음에도 불구하고 그 차의 **상태**는 아직 매우 좋다.

▸ **obwohl** ~에도 불구하고 / **schon** 이미, 벌써 / **alt** 늙은, 오래된 / n. **Auto** 자동차 / **noch** 아직

0841 die **Absicht** -, -en

f. **의도, 목적**

Ich hatte nicht die **Absicht**, dich zu verletzen.
널 다치게 하려는 **의도**는 없었어.

▸ **verletzen** 해치다

0842 der **Anspruch** -(e)s, Ansprüche

m. **권리, 기대, 요구**

Mein **Anspruch** ist sehr hoch.
내 **기대**가 매우 높습니다.

▸ **hoch** 높은

0843 **befriedigend**

만족한, 충족된

Ihr Ergebnis im Test ist **befriedigend**.
당신의 시험 결과는 **만족스럽**습니다.

▸ n. **Ergebnis** 결과 / m. **Test** 시험

0844 die **Gebühr** -, -en

f. **수수료, 사용료, 의무, 책임**

Wie hoch ist die **Gebühr** bei der Bank?
그 은행의 **수수료**가 얼마나 되니?

▸ **hoch** 높은 / f. **Bank** 은행

0845 der
Handwerker
-s, -

m. **수공업자, 세공업자**

Ich lasse für die Reparatur der Badewanne einen **Handwerker** kommen.
나는 욕조의 수리를 위해 **수공업자**를 오게 한다.

▸ **lassen** 허락하다, ~하게 하다 / f. **Reparatur** 수선, 수리 / f. **Badewanne** 욕조

Tip 'lassen+동사 원형'이 오면 '~에게 ~하게 하다, 시키다'의 의미이다.

0846 der
Erfolg
-(e)s, -e

m. **성공, 성과, 효과**

Ich wünsche dir viel **Erfolg** bei der Prüfung!
그 시험에서 좋은 **성과**가 있기를 바랄게!

▸ **wünschen** 원하다 / f. **Prüfung** 시험

0847 **fördern**

진흥하다, 후원하다, 촉진시키다

Der Staat **fördert** viele junge Künstler.
국가가 많은 젊은 예술가들을 **후원합니다**.

▸ m. **Staat** 나라, 국가 / **jung** 젊은, 어린 / m. **Künstler** 예술가

0848 die
Biologie
-

f. **생물학**

In der Schule lernt man **Biologie**.
학교에서 **생물학**을 배웁니다.

▸ f. **Schule** 학교 / **lernen** 배우다

0849 **entlassen**

떠나게 하다

Mein Chef wurde **entlassen**.
나의 상사가 **떠나게** 되었다. (해고되었다.)

▸ m. **Chef** 상사, 사장

0850 der

Inhalt

-(e)s, -e

m. **(안에 든) 내용, 내용물, 목차, 취지**

Die **Inhalte** im Buch sind für Leute ab 18 Jahren geeignet.

그 책의 **내용**은 18세 이상의 사람들에게 적합하다.

▸ n. **Buch** 책 / pl. **Leute** 사람들 / **ab** ~부터 / **eignen** 적합하다, 적당하다

연습문제

1 보기에서 알맞은 단어를 어미 변화에 맞게 빈칸에 채워 문장을 완성하세요.

보기	als nennen eintreten Hinter vorwärts

1 Unsere Familie ________________ ihn immer Rudi.
2 Er steht dort ________________ Zeuge.
3 ________________ unserem Haus gibt es einen kleinen Garten.
4 Sie ________________ leise in das Zimmer ________________.
5 Lauf ________________ bitte.

2 뜻이 맞는 단어끼리 연결하세요.

1 die Absicht •	• a 집세, 임대료
2 der Anspruch •	• b 의도, 목적
3 der Magen •	• c 소
4 der Zustand •	• d 권리, 기대, 요구
5 die Miete •	• e 위
6 das Rind •	• f 상태, 상황

3 다음 형용사의 비교급 – 최상급을 쓰세요.

1 deutlich (뜻: ________________) - ________________ - ________________
2 gefährlich (뜻: ________________) - ________________ - ________________
3 günstig (뜻: ________________) - ________________ - ________________
4 warm (뜻: ________________) - ________________ - ________________

정답

1 ① nennt ② als ③ Hinter ④ tritt ...ein ⑤ vorwärts
2 ① b ② d ③ e ④ f ⑤ a ⑥ c
3 1) 뜻: 확실히, 뚜렷하게, 분명한 - deutlicher - deutlichst 2) 뜻: 위험한 - gefährlicher - gefährlichst
3) 뜻: 값이 싼, 유리한 - günstiger - günstigst 4) 뜻: 더운, 따뜻한 - wärmer - wärmst

Tag 18

Erholung ist sehr wichtig, wenn man krank ist.
아플 때 **휴식**은 정말 중요하다.

Tag-18

A1

0851 der **Kollege** -n, -n

m. **동료**

Wie ist der neue **Kollege**?
새로운 **동료**는 어떠니?

▸ **neu** 새로운

0852 **leicht**

쉬운, 가벼운

Die Hausaufgabe war nicht **leicht**.
그 숙제가 **쉽지** 않았어.

▸ f. **Hausaufgabe** 숙제

0853 **mieten**

빌리다, 임차하다

Können wir ein Auto **mieten**?
우리 자동차 **빌릴** 수 있어?

▸ n. **Auto** 자동차

0854 das **Praktikum** -s, Praktika

n. **인턴, 실습**

Ich mache ein **Praktikum** bei Benz.
나는 벤츠에서 **인턴**을 한다.

▸ **können** ~할 수 있다 / **machen** 하다, 행하다

0855 **riechen**

냄새가 나다, 냄새를 맡다

Die Schokolade **riecht** sehr süß.
이 초콜릿은 매우 달콤한 **냄새가 난다**.

▸ f. **Schokolade** 초콜릿 / **süß** 단, 달콤한

0856 **schlafen**

자다

Du kannst heute bei mir **schlafen**.
너는 오늘 우리 집에서 **잘** 수 있다.

▸ **können** 할 수 있다 / **heute** 오늘

das / der
0857 **Teil**
-(e)s, -e

m. / n. 부분, 파트

Ich habe den ersten **Teil** des Romans nicht ganz verstanden.
나는 그 소설의 첫 **부분**을 완전히 이해하지 못했어.

▸ **erst** 최초의, 첫 번째의 / m. **Roman** 소설 / **ganz** 전체의, 완전히 / **verstehen** 이해하다

die
0858 **USA**

pl. 미국

Lebt eure Tante in den **USA**?
너희 이모가 **미국**에 사시니?

▸ **leben** 살다 / f. **Tante** 이모, 고모, 숙모

Tip 항상 복수로 쓰이는 명사이다.

0859 **von**

~에서, ~부터, ~의 (소유)

Ich komme gerade **von** zu Hause.
나는 지금 막 집**에서부터** 오는 길이야.

▸ **kommen** 오다 / **gerade** 정확히, 바로, 방금 / n. **Haus** 집

Tip von은 3격 지배 전치사이다.

Tag 18

0860 **wichtig**

중요한

Das ist mir sehr **wichtig**.
이건 나에게 정말 **중요**해.

der
0861 **Zucker**
-s, -

m. **설탕**

Ich trinke Kaffee immer ohne **Zucker**.
나는 항상 **설탕** 없이 커피를 마신다.

▸ **trinken** 마시다 / m. **Kaffee** 커피 / **immer** 늘, 항상 / **ohne** ~없이

Tip 무언가를 첨가하고 싶으면 전치사 mit을 사용하면 된다.
예 mit Zucker 설탕을 넣어서

die
0862 **Antwort**
-, -en

f. **대답**

Ihre **Antwort** ist leider falsch.
당신의 **대답**은 유감스럽지만 틀렸습니다.

▸ **leider** 유감스럽게도 / **falsch** 가짜의, 틀린

der
0863 **Baum**
-(e)s, Bäume

m. **나무**

Ein Vogel sitzt auf dem **Baum**.
나무 위에 새가 앉아 있다.

▸ m. **Vogel** 새 / **sitzen** 앉다, 앉아 있다

0864 **draußen**

밖에서, 외부에, 바깥에서

Die Kinder spielen **draußen** im Garten.
아이들은 **밖에** 정원에서 논다.

▸ n. **Kind** 아이 / **spielen** 놀다, 연주하다, 경기하다 / m. **Garten** 정원

0865 das **Experiment** -(e)s, -e

n. 실험

Die Schüler können im Unterricht selbst ein **Experiment** durchführen.
학생들은 수업 시간에 스스로 **실험**을 할 수 있다.

▸ m. **Schüler** 학생 / m. **Unterricht** 수업 / **selbst** 스스로 / **durchführen** 실행하다

0866 der **Flug** -(e)s, Flüge

m. 비행, 비상

Mein **Flug** ist um 13:30 Uhr.
내 **비행**은 13시 30분이다.

0867 die **Heizung** -, -en

f. 가열, 난방, 난방 장치

Unsere **Heizung** war letztes Jahr immer aus.
우리 **난방**이 지난해에 항상 꺼져 있었다.

▸ **letzt** 최근의, 바로 전의 / n. **Jahr** 연도 / **immer** 늘, 항상 / **aus** 꺼진

0868 das / der **Gehalt** -(e)s,Gehälter/ Gehalte

m. / n. 임금, 봉급, 내용, 성분

Mein **Gehalt** ist relativ niedrig.
내 **임금**은 비교적 낮다.

▸ **relativ** 상대적인, 비교적인 / **niedrig** 낮은

Tip '임금, 봉급'은 das Gehalt이며 복수형은 die Gehälter이다. '내용, 성분'은 der Gehalt이며 복수형은 die Gehalte이다.

0869 **komisch**

우스운, 이상한, 익살스러운

Du bist heute irgendwie **komisch**.
너 오늘 어쩐지 **이상하다**.

▸ **heute** 오늘 / **irgendwie** 어쩐지, 여하튼

0870 das **Mineral-wasser** -s, -

n. 광천수, 물

Für deutsche Menschen ist, **„Mineralwasser"** immer Wasser, mit Kohlensäure.
독일 사람들에게 미네랄 워터는 항상 탄산이 들어있는 **물**이다.

▸ m. **Mensch** 사람 / **immer** 늘, 항상 / n. **Wasser** 물 / f. **Kohlensäure** 탄산

0871 **neben**

(비접촉) ~옆에, 나란히

Der Kindergarten liegt **neben** der Bäckerei.
유치원은 빵집 **옆에** 위치해 있다.

▸ m. **Kindergarten** 유치원 / **liegen** 누워 있다, 위치하다 / f. **Bäckerei** 빵집

Tip neben은 3, 4격 동시 지배 전치사이다. 주로 장소 · 위치는 3격으로(~에), 이동 · 방향은 4격으로(~으로) 사용한다.

0872 **offen**

열린, 트인

Ist unsere Tür **offen**?
우리 문이 **열려 있**니?

▸ f. **Tür** 문

0873 **preiswert**

값어치가 있는, 적당한 값의

Das Fleisch bei Edeka ist **preiswert**.
Edeka의 그 고기는 **값어치가 있**다.

▸ n. **Fleisch** 고기

0874 das **Rätsel** -s, -

n. 수수께끼

Das ist immer noch ein **Rätsel** für mich.
그것은 내게 아직도 여전히 **수수께끼**다.

▸ **immer** 늘, 항상 / **noch** 아직

0875 der **Sänger** -s, -

m. 가수, 성악가

Sein Traumberuf war **Sänger**.
그의 장래 희망은 **가수**였다.

▸ m. **Traumberuf** 장래 희망

0876 die **Sprechstunde** -, -n

f. 상담 시간, 면회 시간, 진료 시간

Herr Dr. Müller hat von 8 bis 12 Uhr **Sprechstunde**.
Müller 박사님은 8시부터 12시까지 **진료 시간**이다.

Tip 병원의 진료 시간, 학교의 면담 시간 등 다양하게 사용된다.

0877 der **Traum** -es, Träume

m. 꿈

In meinem **Traum** konnte ich fliegen.
나는 **꿈**에서 날 수 있었다.

▸ **konnten** ~할 수 있었다 / **fliegen** 날다

0878 **unternehmen**

(재밌는) 일을 벌이다, 꾀하다

Was wollen wir am Wochenende **unternehmen**?
우리 주말에 **재밌는 일을 할**까?

▸ **wollen** 원하다, ~하고자 한다 / n. **Wochenende** 주말

0879 **(sich) verlieben**

사랑에 빠지다

Ich **verliebe mich** jeden Tag neu in dich.
나는 매일 네게 새롭게 **사랑에 빠진다**.

▸ m. **Tag** 날, 일 / **neu** 새로운

0880 **weiß**

하얀, 하얀색의

Heute heiratet sie ihren Freund, deswegen hat sie heute ein **weiß**es Brautkleid an.
오늘 그녀는 그녀의 남자 친구와 결혼한다, 그 때문에 그녀는 오늘 **하얀** 웨딩드레스를 입고 있다.

▸ **heute** 오늘 / **heiraten** 결혼하다 / m. **Freund** 친구, 남자 친구 / **deswegen** 그 때문에 / n. **Brautkleid** 웨딩드레스

die
0881 **Zitrone**
-, -n

f. 레몬

Warum schmeckt die **Zitrone** sauer?
왜 **레몬**은 신맛이 날까?

▸ **schmecken** 맛이 나다 / **sauer** 신맛 나는

0882 **auf | passen**

주의하다, 보살피다

Pass auf deine Gesundheit **auf**.
건강에 **유의하렴**.

▸ f. **Gesundheit** 건강

0883 **blond**

금발의

Meine Haare sind **blond**.
내 머리카락은 **금발이**다.

▸ n. **Haar** 털, 머리카락

der
0884 **Besuch**
-(e)s, -e

m. 방문, 문안

Morgen kommen meine Eltern zu **Besuch**.
내일 부모님이 **방문**하신다.

▸ **morgen** 내일 / **kommen** 오다 / pl. **Eltern** 부모님

Tip 'zu Besuch kommen 방문 오다'를 알아두자.

0885 **doch**

그래도, 하지만

Wir sind zwar arm, **doch** leben wir glücklich.
우리는 가난하지만, **그래도** 행복하게 산다.

▸ **zwar** 사실 ~(이)긴 하지만 / **arm** 가난한 / **leben** 살다 / **glücklich** 행복한, 성공한

B1

0886 der **Einwohner** -s, -

m. **주민, 거주자**

Wie viele **Einwohner** hat Berlin?
베를린에 **거주자**가 얼마나 되지?

0887 die **Erholung** -, -n

f. **회복, 휴식, 휴양, 기분 전환**

Erholung ist sehr wichtig, wenn man krank ist.
아플 때 **휴식**은 정말 중요하다.

▸ **wichtig** 중요한 / **krank** 아픈

Tip 복수형이 없다.

0888 die **Figur** -, -en

f. **체형, 외모, 인물, 상**

Der Künstler macht eine **Figur** einer Frau aus Marmor.
그 예술가가 한 여인의 대리석**상**을 만든다.

▸ m. **Künstler** 예술가 / **machen** 하다, 만들다, 행하다 / f. **Frau** 여성 / m. **Marmor** 대리석

0889 die **Grafik** -, -en

f. **그래픽, 도안**

Diese **Grafiken** sind sehr schön.
이 **그래픽**들이 너무 아름답다.

▸ **schön** 아름다운

0890 das
Holz
-es, Hölzer

n. 나무, 목재, 장작

Mein Schreibtisch ist aus **Holz**.
내 책상은 **나무**로 만들어졌다.

▸ m. **Schreibtisch** 책상

Tip 원료나 재료를 나타날 땐 Baum을 사용하지 않고 '목재, 원목'이라는 뉘앙스를 살려서 주로 Holz라는 단어를 사용한다.

0891 das
Interesse
-s, -n

n. 흥미, 관심, 이익, 이자

Ich zeige großes **Interesse** an der deutschen Sprache.
나는 독일의 언어에 커다란 **흥미**가 있다.

▸ **zeigen** 보여 주다, 표현하다 / **groß** 큰 / f. **Sprache** 언어

0892 **jeweils**

각각, 각기

Meine Frau und ich hatten **jeweils** 2 Katzen. Also haben wir jetzt zusammen 4 Katzen.
나의 부인과 나는 **각각** 2마리의 고양이가 있었다. 그래서 우리는 지금 총 4마리의 고양이를 가지고 있다.

▸ f. **Frau** 여성, 아내 / f. **Katze** 고양이 / **jetzt** 지금, 현재 / **zusammen** 함께, 통틀어

0893 die
Kopie
-, -n

f. 복제, 사본, 등본

Kannst du mir bitte eine **Kopie** von diesem Dokument machen?
너 내게 이 서류의 **복사본**을 만들어 줄 수 있니? (이 서류 복사해 줄 수 있니?)

▸ n. **Dokument** 서류 / **machen** 하다, 만들다

0894 das
Leder
-s, -

n. 가죽

Die **Leder**hose ist ein traditionelles süddeutsches Beinkleid.
가죽바지는 전통적인 남부 독일의 하의이다.

▸ f. **Hose** 바지 / **traditionell** 전통적인 / **süddeutsch** 남부 독일의 / n. **Beinkleid** 바지, 하의

Tip 독일 전통 의상으로 남자는 Lederhose를 입고, 여자는 Dirndl을 입는다.

0895 das
Material
-s, Materialien

n. 물질, 원료, 재료, 소재

Haben wir genug **Material**?
우리 충분한 **재료**가 있니?

▸ **genug** 넉넉히, 충분히

0896 die
Nachhilfe
-, -n

f. 보좌, 보충 수업

Die Lehrerin gibt **Nachhilfe** in Mathe für Grundschüler.
그 여선생님이 초등학생들에게 수학 **보충 수업**을 해 준다.

▸ f. **Lehrerin** 선생님(여) / f. **Mathe** 수학 / m. **Grundschüler** 초등학생

Tag 18

0897 **offiziell**

공적인, 정식의, 직무의

Das ist ein **offiziell**es Dokument.
이것은 **공적인** 서류이다.

▸ n. **Dokument** 서류

0898 das
Plastik
-, -

n. 플라스틱 / f. Plastik 조각품

Unsere Ozeane werden durch **Plastik**müll verschmutzt.
우리의 바다(대양)들이 **플라스틱** 쓰레기로 오염된다.

▸ m. **Ozean** 대양 / **werden** ~되다 / **durch** 통과하여, ~(으)로 / m. **Müll** 쓰레기 / **verschmutzen** 더러워지다

0899 **relativ**

상대적으로, 비교적, 관계가 있는

Das Haus ist **relativ** groß, aber sehr alt und schmutzig.

그 집은 **비교적** 크지만, 아주 낡고 지저분하다.

▸ n. **Haus** 집 / **groß** 큰 / **alt** 오래된, 늙은 / **schmutzig** 더러운

Tip 'relativ 상대적으로'의 반의어는 'absolut 절대적인, 절대적으로'이다.

die

0900 **Scheibe**

-, -n

f. (자른) 조각, 원반, 평평한

Ich habe den Apfel geschnitten und packe ein paar **Scheiben** fürs Mittagsessen ein.

나는 사과를 잘라 몇 **조각**을 점심 식사를 위해 포장한다.

▸ m. **Apfel** 사과 / **schneiden** 자르다 / **einpacken** 포장하다, 싸다 / **ein paar** 몇 / n. **Mittagsessen** 점심

연습문제

1 보기에서 알맞은 단어를 어미 변화에 맞게 빈칸에 채워 문장을 완성하세요.

> **보기** Zitrone Baum Traum aufpassen Zucker unternehmen Nachhilfe

1 Ein Vogel sitzt auf dem ______________ .

2 Warum schmeckt die ______________ sauer?

3 ______________ auf deine Gesundheit ______________ .

4 Was wollen wir am Wochenende ______________ ?

5 In meinem ______________ konnte ich fliegen.

6 Ich trinke Kaffee immer ohne ______________ .

2 뜻이 맞는 단어끼리 연결하세요.

1 relativ •	• a 그래도, 하지만
2 von •	• b 하얀, 하얀색의
3 doch •	• c ~에서, ~부터, ~의(소유)
4 die Erholung •	• d 방문, 문안
5 der Besuch •	• e 회복, 휴식, 휴양, 기분 전환
6 weiß •	• f 상대적으로, 비교적, 관계가 있는

3 다음 형용사의 뜻과 비교급 - 최상급을 쓰세요.

1 komisch (뜻: ______________) - ______________ - ______________

2 leicht (뜻: ______________) - ______________ - ______________

정답

1 ① Baum ② Zitrone ③ Pass... auf ④ unternehmen ⑤ Traum ⑥ Zucker

2 ① f ② c ③ a ④ e ⑤ d ⑥ b

3 1) 뜻: 우스운, 이상한, 익살스러운 - komischer - komischst

2) 뜻: 쉬운, 가벼운 - leichter - leichtest

Tag 18

Tag 19

Ich bin gleich **wieder** da.

나는 곧 **다시** 올 거야.

Tag-19

A1

0901 der **Tisch** -(e)s, -e

m. 테이블, 탁자, 책상

Viele Bücher stehen auf dem **Tisch**.
많은 책들이 **테이블** 위에 있다.

▸ n. **Buch** 책 / **stehen** 서다, 위치하다, 있다

0902 das **Vitamin** -s, -e

n. 비타민

Mir fehlt **Vitamin** D.
나에겐 **비타민** D가 부족하다.

▸ **fehlen** 부족하다

Tip 'fehlen+3격'은 '3격에게 부족하다'를 의미한다.

0903 **wohnen**

살다, 거주하다

Wohnst du noch in Berlin?
너 아직 베를린에 **살아**?

▸ **noch** 아직

Tip 'leben'이 보다 고정적으로 긴 기간 동안 '살다, 살아 있다'라면, 'wohnen'은 leben에 비해 짧은 기간 동안 '살다, 거주하다'라는 의미이다.

0904 der **Alkohol** -s, -e

m. 알코올, 술

Ich trinke gern ein Bier ohne **Alkohol**.
나는 **알코올**이 들어 있지 않은 맥주를 즐겨 마신다.

▸ **trinken** 마시다 / **gern** 즐겨, 기꺼이 / n. **Bier** 맥주 / **ohne** ~없이

0905 **besuchen**

방문하다, 찾아가다

Ich wollte dich am Wochenende **besuchen**.
나는 주말에 너를 **방문하려고** 했어.

▸ **wollen** 원하다, ~하고 싶다 / n. **Wochenende** 주말

die
0906 **Dusche**
-, -n

f. 샤워, 샤워 시설

Ich gehe gleich in die **Dusche**.
나 곧 **샤워**하러 갈 거야.

▸ **gehen** 가다 / **gleich** 같은, 곧

0907 **einfach**

간단한, 단순한, 단일의

Die letzte Aufgabe war zu **einfach**.
그 마지막 과제는 너무 **간단**했다.

▸ f. **Aufgabe** 과제

Tip 'einfach 간단한'의 동의어로 leicht도 사용 가능하다.

der
0908 **Freund**
-(e)s, -e

m. 친구

Mein **Freund** ist super nett.
내 **(남자) 친구**는 매우 친절하다.

▸ **nett** 친절한

0909 **gestern**

어제

Er ist seit **gestern** krank.
그는 **어제**부터 아프다.

▸ **seit** ~이래, 이후 / **krank** 아픈

das
0910 **Hotel**
-s, -s

n. 호텔

Das **Hotel** liegt am Meer.
그 **호텔**은 바닷가에 위치해 있다.

▸ **liegen** 누워 있다, 위치하다 / n. **Meer** 바다

0911 das **Konto** -s, Konten

n. 계좌

Kannst du das Geld auf mein **Konto** überweisen?
너 그 돈 내 **계좌**에 송금해 줄 수 있니?

▸ n. **Geld** 돈, 금전 / **überweisen** 이체하다

0912 **lang**

긴, 길이가 ~인

Der Tag war sehr **lang**.
그 날은 너무 **길었다**.

▸ m. **Tag** 날, 일

Tip 'lang 긴'의 비교급-최상급은 länger-längst이다.

0913 **mögen**

좋아하다

Meine Frau **mag** keine Süßigkeiten.
나의 아내는 단것을 **좋아하**지 않는다.

▸ f. **Frau** 여성, 아내 / f. **Süßigkeit** 단것

A2

0914 die **Pizza** -, -s, Pizzen

f. 피자

Wollen wir eine **Pizza** teilen?
우리 **피자** 나눠 먹을까?

▸ **wollen** 원하다, ~하고 싶다 / **teilen** 나누다

0915 **reservieren**

예약하다

Er hat einen Tisch im Restaurant **reserviert**.
그가 레스토랑에 테이블 하나를 **예약했다**.

▸ m. **Tisch** 테이블, 탁자 / n. **Restaurant** 레스토랑, 식당

0916 das **Schloss** -es, Schlösser

n. 성, 궁전

Letztes Wochenende haben wir das **Schloss** Neuschwanstein besichtigt.
우리는 저번 주말에 노이슈반스타인**성**을 구경했다.

▸ **letzt** 최근의, 바로 이전의 / n. **Wochenende** 주말 / **besichtigen** 관람하다, 구경하다

0917 **statt | finden**

개최하다, 거행되다

Das Fußballspiel **findet** auch bei Regen **statt**.
그 축구 경기는 비가 오는 중에도 **개최한다**.

▸ n. **Fußballspiel** 축구 경기 / m. **Regen** 비

0918 **typisch**

전형적인, 특징적인

'Mettbrötchen' ist ein **typisches** deutsches Essen.
'Mettbrötchen'은 **전형적인** 독일 음식이다.

▸ n. **Essen** 음식, 식사

Tip Mettbrötchen은 익히지 않은 돼지고기, 양파, 소금, 후추 등을 섞어 빵에 올려 먹는 독일 음식이다.

Tag 19

0919 **unbedingt**

무조건, 반드시

Wir sollten **unbedingt** einen neuen Stuhl kaufen.
우리는 **반드시** 새로운 의자를 사야 한다.

▸ **neu** 새로운 / m. **Stuhl** 의자 / **kaufen** 사다

0920 das **Verkehrsmittel** -s, -

n. 교통수단

Was sind die öffentlichen **Verkehrsmittel** in Berlin?
베를린의 공공 **교통수단**은 무엇인가요?

▸ **öffentlich** 공공의, 공공연한

0921 der
Wald
-(e)s, Wälder

m. **숲, 수풀, 삼림**

Ich gehe immer durch den **Wald** zur Schule.
나는 항상 **숲**을 통과하여 학교로 간다.

▸ **gehen** 가다 / **immer** 늘, 항상 / **durch** 통과하여, ~(으)로 / f. **Schule** 학교

0922 **zu | nehmen**

늘다, 증가하다

Die Zahl der Einwohner **nimmt** jährlich **zu**.
주민들의 숫자가 매년 **증가한다**.

▸ f. **Zahl** 숫자 / m. **Einwohner** 주민 / **jährlich** 매년

0923 der
Anzug
-(e)s, Anzüge

m. **양복**

Die Männer tragen einen **Anzug** im Büro.
남자들은 사무실에서 **양복**을 입는다.

▸ m. **Mann** 남성, 남편 / **tragen** 입고 있다 / n. **Büro** 사무실

0924 das
Blatt
-(e)s, Blätter

n. **꽃잎, 종이**

Die **Blätter** werden bunt im Herbst.
잎들은 가을에 알록달록해질 것이다.

▸ **werden** ~되다, ~할 것이다 / **bunt** 다채로운 / m. **Herbst** 가을

0925 **dringend**

시급한, 간절한

Dieser Brief muss **dringend** nach Deutschland!
이 편지가 **급히** 독일에 가야 한다!

▸ m. **Brief** 편지

0926 die
Erfahrung
-, -en

f. **경험, 숙련**

Das war eine gute **Erfahrung**.
그건 좋은 **경험**이었어요.

▸ **gut** 좋은

0927 die
Ferien

pl. 휴가, 방학

Im Sommer haben alle Schüler **Ferien**.
여름엔 모든 학생이 **방학**을 갖는다.

▸ m. **Sommer** 여름 / **all** 모든, 전부 / m. **Schüler** 학생

Tip 항상 복수로 쓰이는 명사이다.

0928 die
Gitarre
-, -n

f. 기타

Ich kann **Gitarre** spielen.
나는 **기타**를 칠 수 있다.

▸ **spielen** 놀다, 연주하다, 경기하다

0929 der
Haushalt
-(e)s, -e

m. 가계, 가사, 살림

In unserem **Haushalt** gibt es 2 Kinder.
우리 **가족 구성원**엔 2명의 아이가 있다.

▸ n. **Kind** 아이

Tip 'Ich habe 2 Kinder. 나는 아이가 2명 있다.'와 유사한 표현이다.

0930
kontrol-lieren

통제하다, 검사하다

Die Polizisten haben uns **kontrolliert**.
그 경찰들이 우리를 **통제했**다.

▸ m. **Polizist** 경찰

0931 der
Müll
-(e)s

m. 쓰레기

Bringst du bitte den **Müll** raus?
그 **쓰레기** 좀 밖으로 가져가 줄래?

▸ **rausbringen** 밖으로 가져가다

Tip 복수가 없다.

0932 das
Plakat
-(e)s, -e

n. 벽보, 포스터, 플래카드

Ich finde dieses Werbe**plakat** echt gut.
나는 이 광고 **플래카드**가 정말 좋다고 생각한다.

▸ **finden** 찾다, 생각하다 / f. **Werbung** 광고 / **echt** 진정한, 정말로

0933 der
Rentner
-s, -

m. 연금 생활자, 연금 수령자

Mein Vater ist **Rentner**.
나의 아버지는 **연금 수령자**이다.

▸ m. **Vater** 아버지

0934 die
Sendung
-, -en

f. 방송 (프로그램), 발송품, 소포

Diese **Sendung** gefällt mir.
이 **방송 프로그램**이 마음에 든다.

▸ **gefallen** ~의 마음에 들다

0935 **tauchen**

잠수하다

Ich kann nicht tief **tauchen**.
나는 깊게 **잠수할** 수 없다.

▸ **tief** 깊은

0936 **vor | bereiten**

준비하다

Ich **bereite** das Frühstück **vor**.
나는 아침 식사를 **준비한다**.

▸ n. **Frühstück** 아침 식사

0937 **wieder**

다시

Ich bin gleich **wieder** da.

나는 곧 **다시** 올 거야.

▸ **gleich** 곧, 같은 / **da** 저기, 여기

Tip 인사말 'Auf Wiedersehen. 안녕히 가세요. / 안녕히 계세요.'와 함께 많이 쓴다.

B1

0938 **zu | ordnen**

분류하다

Bitte **ordnen** Sie die Bücher ins Regal **zu**.

이 책들을 책장에 **분류해** 주세요.

▸ n. **Buch** 책 / n. **Regal** 책장

0939 die **Ausgabe** -, -n

f. 지출, 비용

Unsere **Ausgaben** in diesem Monat sind zu hoch.

우리의 **지출**이 이번 달에 너무 많았다.

▸ **hoch** 높은 / m. **Monat** 월, 달

0940 die **Bedingung** -, -en

f. 조건, 전제 조건

Eine Aufnahme**bedingung** an einer deutschen Universität, ist ein Deutschzertifikat.

독일 대학의 입학 **전제 조건**은 독일어 자격 증명서이다.

▸ f. **Aufnahme** 입학 / f. **Universität** 대학 / n. **Deutschzertifikat** 독일어 증명서

0941 das **Denkmal** -s, -mäler/-male

n. 기념(물)

Das **Denkmal** ist sehr alt.

이 **기념물**은 매우 오래되었다.

▸ **alt** 오래된, 늙은

0942 **elektrisch**

전기의

Meine Zahnbürste ist **elektrisch**.
내 칫솔은 **전기**로 작동한다.

▸ f. **Zahnbürste** 칫솔

0943 **fangen**

붙잡다, 체포하다

Du musst den Ball **fangen**!
너 그 공 **잡아**야 돼!

▸ m. **Ball** 공

die
0944 **Gratulation**
-, -en

f. 축하

Gratulation! Du hast die theoretische Prüfung bestanden!
축하해! 너 그 이론 시험에 합격했어!

▸ **theoretisch** 이론의 / f. **Prüfung** 시험 / **bestehen** 합격하다

der
0945 **Hörer**
-s, -

m. 청취자, 청중, 수화기

Kannst du mir den **Hörer** geben?
수화기 좀 건네줄래?

▸ **geben** 주다

das
0946 **Institut**
-(e)s, -e

n. 회, 협회, 학회, 재단

Ich lerne Deutsch an einem Deutsch**institut**.
나는 독일어 **학원**에서 독일어를 배운다.

▸ **lernen** 배우다

die
0947 **Kraft**
-, Kräfte

f. 힘, 에너지, 능력, 세력

Meine **Kraft** ist am Ende.
나의 **에너지**는 끝이야. (**힘**을 다 썼어.)

▸ n. **Ende** 끝

0948 der **Lebenslauf**
-(e)s, -läufe

m. **살아온 삶, 경력, 이력(서)**

Ich muss meinen **Lebenslauf** per Post schicken.
나는 내 **이력서**를 우편으로 보내야 한다.

▸ **per** ~(으)로 / **schicken** 보내다, 부치다

Tip 일반적으로 독일 대학교에 원서를 접수할 때 'Lebenslauf 이력서'를 함께 제출한다.

0949 der **Muskel**
-s, -n

m. **근육**

Ich treibe viel Sport, um **Muskeln** zu bekommen.
나는 **근육**을 키우기 위해 운동을 많이 한다.

▸ **treiben** 행하다

0950 **niedrig**

낮은, 적은

Der Lohn war viel **niedriger**, als ich gedacht habe.
급여는 내가 생각했던 것보다 훨씬 더 **적었다**.

▸ m. **Lohn** 보수, 급여 / **denken** 생각하다

Tip 'niedrig 낮은, 적은'의 반의어는 'hoch 높은'이다.

Tag 19

연습문제

1 보기에서 알맞은 단어를 어미 변화에 맞게 빈칸에 채워 문장을 완성하세요.

보기	gestern mögen wohnen zunehmen besuchen wieder

1 ______ du noch in Berlin?

2 Ich wollte dich am Wochenende ______ .

3 Meine Frau ______ keine Süßigkeiten.

4 Die Zahl der Einwohner ______ jährlich ______ .

5 Er ist seit ______ krank.

6 Ich bin gleich ______ da.

2 뜻이 맞는 단어끼리 연결하세요.

1 die Erfahrung •	• a 살아온 삶, 경력, 이력(서)
2 dringend •	• b 무조건, 반드시
3 der Haushalt •	• c 경험, 숙련
4 der Lebenslauf •	• d 가계, 가사, 살림
5 unbedingt •	• e 성, 궁전
6 das Schloss •	• f 시급한, 간절한

3 다음 형용사의 뜻과 비교급 – 최상급을 쓰세요.

1 lang (뜻: ______) - ______ - ______

2 niedrig (뜻: ______) - ______ - ______

3 typisch (뜻: ______) - ______ - ______

정답

1 ① Wohnst ② besuchen ③ mag ④ nimmt ... zu ⑤ gestern ⑥ wieder

2 ① c ② f ③ d ④ a ⑤ b ⑥ e

3 1) 뜻: 긴, 길이가 ~인 - länger - längst 2) 뜻: 낮은, 적은 - niedriger - niedrigst
3) 뜻: 전형적인, 특징적인 - typischer - typischst

Tag
20

Das hat wirklich keinen **Zweck!**

이건 정말 아무 **의미**가 없어!

Tag-20

A1

0951 der **Pass** -es, Pässe

m. **통행증, 여권, 고갯길**

Du musst deinen **Pass** bei der Flughafenkontrolle zeigen.
너 공항 출입국 심사할 때 네 **여권** 보여 줘야 돼.

▸ f. **Flughafenkontrolle** 출입국 심사 / **zeigen** 보여 주다, 표현하다

0952 die **Sonne** -, -n

f. **해, 태양**

Das Wetter ist schön. Die **Sonne** scheint.
날씨가 좋다, **해**가 비친다.

▸ n. **Wetter** 날씨 / **schön** 아름다운, 좋은 / **scheinen** 빛나다, 비치다

0953 die **Tomate** -, -n

f. **토마토**

Die **Tomaten**suppe ist wirklich lecker!
이 **토마토** 수프 정말 맛있다!

▸ f. **Suppe** 수프 / **wirklich** 실제로, 정말로 / **lecker** 맛있는

0954 der **Urlaub** -(e)s, -e

m. **휴가**

Ich habe noch zwei Tage **Urlaub**.
나는 아직 **휴가**가 이틀 남았다.

▸ **noch** 아직 / m. **Tag** 날, 일

0955 **wohin**

어디로, 어디를 향해

Wohin fährt dieser Bus?
이 버스는 **어디로** 가나요?

▸ **fahren** 타고 가다, ~(으)로 가다 / m. **Bus** 버스

die
0956 **Autobahn**
-, -en

f. 고속 도로 (아우토반)

Auf diesem **Autobahn**abschnitt gibt es keine Geschwindigkeitsbegrenzung.
이 **아우토반**에서는 속도 제한이 없다.

▸ m. **Abschnitt** 부분, 조각 / f. **Geschwindigkeitsbegrenzung** 속도 제한

Tip Autobahn은 독일의 고속 도로이다.

das
0957 **Brot**
-(e)s, -e

n. 빵

Er schmiert Butter auf das **Brot**.
그는 **빵** 위에 버터를 바른다.

▸ **schmieren** 바르다 / f. **Butter** 버터

die
0958 **Dose**
-, -n

f. 캔, 깡통

Er schüttet Zucker aus der Tüte in die **Dose**.
그는 설탕을 종이 봉투에서 **캔**에 붓는다.

▸ **schütten** 붓다 / m. **Zucker** 설탕 / f. **Tüte** 봉지

0959 **sich entschuldigen**

용서하다, 용서를 구하다

Ich muss **mich** bei dir **entschuldigen**.
난 네게 **용서를 구해**야만 한다.

0960 die
Frau
-, -en

f. **여성, 여인, 부인**

Frau Wagner ist sehr schön.
바그너 **부인**은 매우 아름답다.

▸ **schön** 아름다운

0961 der
Glückwunsch
-(e)s, Glückwünsche

m. **축하**

Glückwunsch zu deinem neuen Auto.
새 차 (산 것) **축하해**.

▸ **neu** 새로운 / n. **Auto** 자동차

0962 **hoch**

높은, 고등의

Der Everest ist der **höchst**e Berg der Welt.
에베레스트산은 세계에서 **가장 높은** 산이다.

▸ m. **Berg** 산 / f. **Welt** 세계, 세상

Tip 'hoch 높은'의 비교급-최상급은 höher-höchst이다.

A2

0963 die
Krankheit
-, -en

f. **병, 질병**

Meine **Krankheit** wird immer schlimmer.
내 **병**은 계속 더 악화되어 간다.

▸ **immer** 늘, 항상 / **schlimm** 좋지 않은, 나쁜

0964 die
Liebe
-, -n

f. **사랑**

Gibt es **Liebe** auf den ersten Blick?
첫눈에 반하는 **사랑**이 있습니까?

▸ **erst** 최초의, 첫 번째의 / m. **Blick** 눈길, 시선

Tag 20

0965 der
Mond
-(e)s, -e

m. **달**

Der **Mond** ist voll.
달이 찼다. (보름달이다.)

▸ **voll** 가득 찬

0966 **nervös**

신경질적인, 긴장된

Wenn ich **nervös** bin, trinke ich einen Entspannungstee.
나는 **긴장**될 때마다 긴장 완화 차를 마신다.

▸ **trinken** 마시다 / m. **Entspannungstee** 긴장 완화 차

Tip 'nervös 긴장된'의 비교급-최상급은 nervöser-nervösest이다.

0967 das
Ostern
-, -

n. **부활절**

Unsere Familie isst jedes Jahr zu **Ostern** die Eier.
우리 가족은 매년 **부활절**마다 계란을 먹는다.

▸ f. **Familie** 가족 / **essen** 먹다 / n. **Jahr** 연도, 해 / n. **Ei** 달걀

0968 der
Pullover
-s, -

m. **스웨터**

Der **Pullover** ist ein Geschenk.
그 **스웨터**는 선물이다.

▸ n. **Geschenk** 선물

0969 der
Rest
-es, -e

m. **나머지, 남은 것**

Kann ich den **Rest** von deinem Essen haben?
내가 네 음식 **남은 것** 먹어도 돼?

▸ n. **Essen** 음식, 식사 / **essen** 먹다

0970 **schriftlich**

서면의, 글자의

Die **schriftliche** Prüfung war sehr schwer.
그 **필기** 시험은 너무 어려웠다.

▸ f. **Prüfung** 시험 / **schwer** 어려운

das
0971 **Taschen-geld**
-(e)s, -er

n. 용돈

Ich bekomme jeden Monat **Taschengeld**.
나는 매달 **용돈**을 받는다.

▸ **bekommen** 얻다, 받다 / m. **Monat** 달, 월

0972 **ungefähr**

대략, 약

Er ist **ungefähr** 40 Jahre alt.
그는 **대략** 40살쯤이다.

▸ n. **Jahr** 연도, 해 / **alt** (나이가)~살인

Tip 'circa 약, 대략'과 유사하다.

der
0973 **Zweck**
-(e)s, -e

m. 목적, 의미

Das hat wirklich keinen **Zweck**!
이건 정말 아무 **의미**가 없어!

▸ **wirklich** 실제로

der
0974 **Apparat**
-(e)s, -e

m. 장치, 기계

Mein Bruder hat mir seinen Foto**apparat** geliehen.
나의 남자 형제가 나에게 그의 사진**기**를 빌려주었다.

▸ m. **Bruder** 남자 형제 / **leihen** 빌려주다

0975 das **Büro** -s, -s

n. 사무실, 사무소, 지점

Ich arbeite im **Büro**.
나는 **사무실**에서 일한다.

▸ **arbeiten** 일하다, 노동하다 / **chemisch** 화학의, 화학적인

0976 der **Champagner** -s, -

m. 샴페인

Er sammelt **Champagner**flaschen.
그는 **샴페인**병을 모은다.

▸ **sammeln** 모으다 / f. **Flasche** 병

0977 das **Dokument** -(e)s, -e

n. 문서, 서류

Das ist ein geheimes **Dokument**.
이것은 극비 **문서**이다.

▸ **geheim** 비밀의

0978 **wach**

(안 자고) 깨어 있는

Bist du noch **wach**?
너 아직 안 자고 **깨어 있**니?

▸ **noch** 아직

0979 **sonnig**

햇볕이 비치는

Der Tag heute ist sehr **sonnig**.
오늘 낮에 **햇볕이** 많이 **비친**다.

▸ m. **Tag** 날, 일 / **heute** 오늘

Tip 'Die Sonne scheint.'도 해가 비친다는 뜻이다.

0980 **ein | tragen**

한데 모으다, 기입하다, 등록하다

Tragen Sie sich bitte in die Liste **ein**.
목록에 **기입하**여 주십시오.

▸ f. **Liste** 리스트, 목록

0981 **fotografieren**

사진을 찍다

Kannst du mich mal **fotografieren**?
너 나 **사진** 좀 **찍어** 줄 수 있니?

▸ **mal** ~번, 좀

das
0982 **Gesicht**
-(e)s, -er

n. 얼굴, 외모, 안색, 인상

Mein **Gesicht** wird rot, wenn ich mich anstrenge.
나는 전력을 다하면 **얼굴**이 붉어진다.

▸ **rot** 빨간 / **sich anstrengen** 전력을 다하다

der
0983 **Hut**
-(e)s, Hüte

m. 모자

Der **Hut** passt mir nicht.
그 **모자**는 나에게 맞지 않는다.

▸ **passen** 알맞다, 어울리다

Tip 'der Hut 챙이 달린 모자', 'die Mütze 비니 형태의 모자', 'die Kappe 캡이 달린 모자'를 구분하여 알아 두자.

der
0984 **Krimi**
-s, -s

m. 추리 소설, 범죄 수사물

Ich gucke am Samstag einen **Krimi**.
나는 토요일에 **범죄 수사물**을 본다.

▸ **gucken** 보다 / m. **Samstag** 토요일

die
0985 **Lektion**
-, -en

f. (교과서, 교재의) 장, 강의, 교훈

Heute fangen wir die **Lektion** 10 an.
우리는 오늘 10**과**를 시작합니다.

▸ **heute** 오늘 / **anfangen** 시작하다

0986 die **Münze** -, -n

f. 주화, 동전, 화폐

Die **Münze** ist sehr wertvoll.
그 **화폐**는 매우 가치가 있다.

▸ **wertvoll** 가치가 큰, 귀중한

0987 die **Nadel** -, -n

f. 바늘

Ich brauche eine **Nadel**, um einen Knopf anzunähen.
나는 단추 하나를 달기 위해 **바늘**이 필요하다.

▸ **brauchen** 필요로 하다 / m. **Knopf** 단추 / **annähen** 꿰매 붙이다

0988 **öfters**

비교적 자주

Meine Mitschülerin ist **öfters** abwesend vom Unterricht.
나의 동급생(여)은 **비교적 자주** 수업에 결석한다.

▸ f. **Mitschülerin** (여자) 동급생 / **abwesend** 부재중의, 결석의 / m. **Unterricht** 수업

0989 **pflegen**

돌보다, 간호하다

Ich **pflege** meine alte Tante.
나는 나의 나이 드신 이모를 **간호한다**.

▸ **alt** 늙은, 오래된 / f. **Tante** 이모, 고모, 숙모

Tip 남자 간호사를 'der Krankenpfleger'라고 한다.

0990 der **Rabatt** -(e)s, -e

m. 할인, 리베이트

Von 14 Uhr bis 16 Uhr bekommen alle Kunden 50% **Rabatt**.
14시부터 16시까지 모든 손님들은 50% **할인**을 받는다.

▸ m. **Kunde** 손님 / **bekommen** 얻다, 받다

Tip 'von A bis B: A에서(부터) B까지'를 알아 두자.

0991 **ständig**

고정된, 영구적인, 끊임없이

Wieso habe ich **ständig** Hunger?
왜 나는 **끊임없이** 배고픈 걸까?

▸ **wieso** 어째서, 왜 / m. **Hunger** 배고픔, 허기

0992 die **Übernachtung** -, -en

f. 숙박

Ich bezahle 10€ pro **Übernachtung** in der Unterkunft.
나는 숙소에서 하루 **숙박**에 10유로를 낸다.

▸ **bezahlen** 지불하다 / **pro** ~당, ~마다 / f. **Unterkunft** 숙소

0993 der **Taifun** -s, -e

m. 태풍

Wir müssen uns vor dem **Taifun** schützen.
우리는 **태풍**에 대비해야 한다.

▸ **schützen** 보호하다, 지키다

0994 **vermuten**

추측하다, 추정하다

Ich **vermute**, dass es für uns kein Problem sein wird.
나는 그것이 우리에게 아무 문제도 아닐 거라고 **추측해**.

▸ n. **Problem** 문제

0995 die **Wolle** -, -n

f. 양털, 털실

Meine Tante kauft **Wolle**, um eine Mütze zu stricken.
나의 이모가 모자를 뜨기 위해 **털실**을 산다.

▸ f. **Tante** 이모, 고모, 숙모 / **kaufen** 사다 / f. **Mütze** 모자 / **stricken** 뜨다, 짜다

Tip 품종을 나타낼 때만 복수형을 쓴다.

Tag 20

0996 **zu | stimmen**

동의하다

Er **stimmte** mir nicht **zu**.
그는 내게 **동의하**지 않는**다**.

Tip 'zustimmen+3격'은 '3격에 동의하다'이다.

---

der
0997 **Arbeiter**
-s, -

m. **노동자, 근로자**

Die **Arbeiter** verdienen viel Geld.
그 **노동자**는 많은 돈을 번다.

▸ **verdienen** 벌다, 얻다 / n. **Geld** 돈, 금전

---

die
0998 **Beschrei-bung**
-, -en

f. **서술, 묘사**

Seine **Beschreibung** war sehr genau.
그의 **서술**은 매우 정확했다.

▸ **genau** 정확한

0999 **blind**

눈이 먼, 맹목적인

Ein Freund von mir ist **blind**.
나의 한 친구는 **눈이 멀었**다.

▸ m. **Freund** 친구, 남자 친구

---

die
1000 **Droge**
-, -n

f. **약품, 마약**

Der **Droge**ndealer wurde gestern verhaftet.
마약상이 어제 체포되었다.

▸ m. **Dealer** 마약 거래자 / **gestern** 어제 / **verhaften** 체포하다

연습문제

1 보기에서 알맞은 단어를 어미의 변화에 맞게 빈칸에 채워 문장을 완성하세요.

보기	eintragen pflegen Pass Ostern vermuten

1 Mein deutscher ____________ ist wichtig für mich, wenn ich ins Ausland reise.

2 ____________ Sie sich bitte in die Liste ____________ .

3 Unsere Familie isst jedes Jahr zu ____________ die Eier.

4 Ich ____________ meine alte Tante.

5 Ich ____________, dass es für uns kein Problem sein wird.

2 뜻이 맞는 단어끼리 연결하세요.

1 ungefähr •	• a 주화, 동전, 화폐
2 schriftlich •	• b 대략, 약
3 die Münze •	• c 캔, 깡통
4 das Büro •	• d (안 자고) 깨어 있는
5 die Dose •	• e 사무실, 사무소, 지점
6 wach •	• f 서면의, 글자의
7 ständig •	• g 고정된, 영구적인, 끊임없이

3 다음 형용사의 뜻과 비교급 - 최상급을 쓰세요.

1 hoch (뜻: ____________) - ____________ - ____________

2 nervös (뜻: ____________) - ____________ - ____________

정답

1 ① Pass ② Tragen ... ein ③ Ostern ④ pflege ⑤ vermute
2 ① b ② f ③ a ④ e ⑤ c ⑥ d ⑦ g
3 1) 뜻: 높은, 고등의 - höher - höchst
2) 뜻: 신경질적인, 긴장된 - nervöser - nervösest

Tag 20

Woche
5

Tag 21

Ruhen wir uns ein bisschen im **Schatten** aus?

우리 저 **그늘**에서 조금 쉴래?

Tag 22

Mein **Kopf** tut sehr weh.

머리가 몹시 아파.

Tag 23

Ich meine, dass du **recht** hast.

나는 네가 **옳다**고 생각해.

Tag 24

Übers **Wochenende** habe ich zu Hause geschlafen.

주말 내내 나는 집에서 잠만 잤다.

Tag 25

Ich will dich nicht **leiden** sehen.

난 네가 **고생하**는 걸 보고 싶지 않아.

Tag 21

Ruhen wir uns ein bisschen im **Schatten** aus?

우리 저 **그늘**에서 조금 쉴래?

Tag-21

A1

1001 der **Elefant** -en, -en

m. **코끼리**

Elefanten sind die größten Landtiere der Welt.

코끼리는 세상에서 가장 큰 육지 동물이다.

▸ **groß** 큰 / n. **Landtier** 육지 동물 / f. **Welt** 세계, 세상

1002 **frei**

빈, 자유로운

Wir haben noch zwei Zimmer **frei**.

아직 방 두 개가 **비어** 있습니다.

▸ **noch** 아직 / n. **Zimmer** 방

Tip 'frei 빈, 자유로운'의 비교급-최상급은 freier-frei(e)st이다.

1003 **gerade**

바로 지금, 때마침, (바로) 막

Meine Tochter backt **gerade** ein Brot.

내 딸이 **(바로) 막** 빵 하나를 굽고 있다.

▸ f. **Tochter** 딸 / **backen** 빵을 굽다 / n. **Brot** 빵

1004 **hören**

듣다, 들리다

Max! **Hör** auf deine Mutter!

Max! 엄마 말 **들어**!

▸ f. **Mutter** 어머니, 엄마

1005 der **Kiosk** -(e)s, -e

m. **매점, 노점, 가판점**

Ich kaufe eine Zeitung im **Kiosk**.
나는 **매점**에서 신문 하나를 산다.

▸ **kaufen** 사다 / f. **Zeitung** 신문

1006 **leider**

유감스럽게도, 안타깝게도

Leider kann ich nicht auf die Party gehen.
안타깝게도 나는 파티에 갈 수 없어.

▸ **können** 할 수 있다 / f. **Party** 파티 / **gehen** 가다

Tip leider는 독일어 자격 시험에 자주 등장하는 필수 단어이므로 꼭 알아 두자.

1007 der **Moment** -(e)s, -e

m. **순간, 잠깐**

Warten Sie bitte einen **Moment**.
잠깐만 기다려 주십시오.

▸ **warten** 기다리다

1008 der **Schalter** -s, -

m. **(역) 창구, 개폐기, 스위치**

Gehen Sie zum **Schalter** A, bitte!
A **창구**로 가시기 바랍니다!

▸ **gehen** 가다

1009 die **Treppe** -, -n

f. **계단**

Die **Treppe** hat 446 Stufen.
그 **계단**은 446개이다.

▸ f. **Stufe** 계단, 단계

1010 **wie**

어떻게, 얼마나, 어떤 방법으로, ~와(과) 같이, ~처럼

Wie heißen Sie?
당신은 (이름이) **어떻게** 불리시나요?

▸ **heißen** ~(이)라고 부르다

Tip 'Wie ist Ihr Name?'와 동일한 의미이다.

1011 die **Ampel** -, -n

f. 신호등

Wenn die **Ampel** rot ist, musst du warten.
신호등이 빨간불이면 기다려야 해.

▸ **rot** 빨간 / **müssen** ~해야 한다 / **warten** 기다리다

1012 **braten**

굽다, 구워지다

Du musst das Fleisch erst **braten**, damit du es essen kannst.
고기를 일단 **구워**야 돼, 먹기 위해선.

▸ n. **Fleisch** 고기 / **erst** 최초의, 먼저 / **damit** ~와(과) 함께, ~하기 위하여 / **essen** 먹다

1013 der **Donner** -s, -

m. 천둥

Der **Donner** rollt.
천둥이 친다.

▸ **rollen** 구르다, (천둥이) 치다

1014 die **Ermäßigung** -, -en

f. 절약, 경감, 할인

Bekommen Studenten hier eine **Ermäßigung**?
학생들은 여기서 **할인**을 받나요 ?

▸ **bekommen** 얻다, 받다 / m. **Student** 대학생 / **hier** 여기에

1015 der **Fotoapparat** -(e)s, -e

m. 사진기

Alte **Fotoapparte** machen trotzdem gute Bilder.
오래된 **사진기**임에도 좋은 사진을 만들어 낸다.

▸ **alt** 오래된, 늙은 / **machen** 하다, 만들다 / **trotzdem** 그럼에도 불구하고 / **gut** 좋은 / n. **Bild** 사진, 그림

1016 der
Grund
-(e)s, Gründe

m. **이유, 원인**

Aus welchem **Grund** hast du das getan?
너는 어떤 **이유**로 그렇게 했니?

▸ **welch** 어느, 어떤 / **tun** 하다, 행하다

1017 **herein**

이 안으로

Durch den starken Regen drang das Wasser immer weiter in den Keller **herein**.
거센 비로 (인하여) 물이 계속해서 지하실 **안으로** 들어왔다.

▸ **durch** ~통과하여, ~(으)로 인하여 / **stark** 강한, 거센 / m. **Regen** 비 / **hereindringen** 침입하다 / **immer** 늘, 항상 / **weiter** 계속하여 / m. **Keller** 지하실

1018 **notwendig**

부득이한, 불가피한, 필수의

Zucker ist **notwendig**, um den Kuchen zu backen.
설탕은 케이크를 굽기 위해 **꼭 필요하다 (필수적이다)**.

▸ m. **Zucker** 설탕 / **um A zu B** A를 B하기 위해 / m. **Kuchen** 케이크 / **backen** 빵을 굽다

1019 das
Parlament
-(e)s, -e

n. **국회, 의회**

Das **Parlament** hat ein neues Gesetz beschlossen.
의회가 새로운 법안을 결의했다.

▸ **neu** 새로운 / n. **Gesetz** 법 / **beschließen** 결정하다, 결의하다

1020 der
Rock
-(e)s, Röcke

m. **치마, 스커트**

Dein **Rock** ist viel zu kurz.
너의 **치마**가 너무 짧다.

▸ **viel** 크게, 많이, 아주 / **kurz** 짧은

1021 die
Suppe
-, -n

f. 수프, 국

Ich mag besonders **Suppe**.
나는 특히 **수프**를 좋아한다.

▸ **mögen** 좋아하다 / **besonders** 특히

1022 der
Spaß
-es, Späße

m. 재미, 즐거움, 장난

Ich habe viel **Spaß**, wenn ich mit dir zusammen bin.
나는 너와 함께하면 **즐겁**다.

▸ **wenn** ~할 때에 / **zusammen** 함께, 같이

Tip 명사 Spaß는 주로 machen 동사나 haben 동사와 함께 쓰여 '재밌다'라는 뜻을 나타낸다.

1023 **tot**

죽은

Ich kann nicht glauben, dass er **tot** ist.
나는 그가 **죽었**다는 걸 믿을 수가 없다.

▸ **glauben** 믿다

1024 die
U-Bahn
-, -en

f. 지하철

Ich fahre mit der **U-Bahn** zur Arbeit.
나는 **우반(지하철)**을 타고 일하러 간다.

▸ **fahren** 타고 가다, ~(으)로 가다 / f. **Arbeit** 일

Tip U-Bahn은 Untergrundbahn의 약자로 지하철을 뜻한다.

1025 die
Veranstaltung
-, -en

f. 행사, 개최

Die **Veranstaltung** wurde aufgrund des starken Regens abgesagt.
그 **행사**는 거센 비 때문에 취소되었다.

▸ **aufgrund** ~(으)로 인하여 / **stark** 강한, 거센 / m. **Regen** 비 / **absagen** 취소하다

1026 der **Wille** -ns, -n

m. **의지, 뜻**

Wo ein **Wille** ist, da ist auch ein Weg.
뜻이 있는 곳에, 길이 있다.

▸ **auch** ~도, ~또한 / m. **Weg** 길

1027 die **Zwiebel** -, -n

f. **양파**

Wir brauchen noch **Zwiebeln** für das Rezept.
우리는 그 레시피를 위해서 **양파**가 더 필요하다.

▸ **brauchen** 필요로 하다 / **noch** 아직, 더 / n. **Rezept** 요리법

1028 die **Ausbildung** -, -en

f. **(직업) 교육, 양성, 수련**

Meine **Ausbildung** dauert 3 Jahre.
내 **직업 교육**은 3년이 걸린다.

▸ **dauern** 계속되다, (시간이) 걸리다 / n. **Jahr** 연도, 해

1029 die **Bar** -, -s

f. **선술집, 바(의 스탠드)**

Ich habe ihn das erste Mal in einer **Bar** gesehen und mich sofort in ihn verliebt.
나는 그를 처음에 한 **바**에서 보았고, 그 즉시 그에게 반해 버렸다.

▸ **erst** 최초의, 첫 번째의 / **mal** ~번 / **sehen** 보다 / **sofort** 즉각 / **sich verlieben** 사랑에 빠지다

1030 der **Dienstag** -(e)s, -e

m. **화요일**

Von **Dienstag** bis Samstag ist er im Urlaub.
화요일부터 토요일까지 그는 휴가이다.

▸ m. **Samstag** 토요일 / m. **Urlaub** 휴가

1031 **an | zeigen**

(경찰에) 신고하다, 알리다, (신문에) 광고하다

Heute habe ich einen Dieb **angezeigt**.
오늘 나는 한 도둑을 (경찰에) **신고했다**.

▸ **heute** 오늘 / m. **Dieb** 도둑

1032 **bespre-chen**

의논하다, 논평하다

Das müssen wir nochmal **besprechen**.
그거 우리 다시 한번 **의논해** 봐야 해.

▸ **nochmal** 또 한 번, 다시

1033 der **Fortschritt** -(e)s, -e

m. **진보, 발전, 향상**

In den letzten Jahren haben wir ganz große technologische **Fortschritte** gemacht.
지난 몇 년 동안 우리는 아주 커다란 기술적 **진보**를 만들어 냈습니다.

▸ **letzt** 최근의, 바로 이전의 / n. **Jahr** 연도, 해 / **groß** 큰 / **technologisch** 기술상의 / **machen** 하다, 만들다

1034 der **Schrift-steller** -s, -

m. **작가**

Ich respektiere den **Schriftsteller**.
나는 그 **작가**를 존경한다.

▸ **respektieren**: 존경하다

1035 die **Sekunde** -, -n

f. **(시간) 초**

Es ist 10 Uhr 5 Minuten und 30 **Sekunden**.
지금은 10시 5분 30**초**입니다.

▸ f. **Uhr** 시계, 시각

1036 die
Einfahrt
-, -en

f. **입구, 진입로**

Fahren Sie bitte das Auto von der **Einfahrt** weg!
차를 제발 **진입로**에서 빼 주세요!

▸ **wegfahren** 타고 떠나다, (차를) 다른 곳으로 몰고 가다 / n. **Auto** 자동차 /

1037 der
Fasching
(-s), -s/-e

m. **사육제, 카니발**

In Bayern feiern die Leute **Fasching**.
바이에른에서 사람들이 **사육제**를 기념한다.

▸ **feiern** 축하하다, 축제를 벌이다 / pl. **Leute** 사람들

Tip 'Fasching 사육제'는 독일 바이에른주와 오스트리아 작센주에서 기념하는 축제로, 많은 사람들이 재미있는 차림과 분장을 하고 즐긴다.

1038 die
Heraus-forderung
-, -en

f. **도전, 도발**

Das ist eine **Herausforderung** für mich, aber ich schaffe das!
이건 나에게 **도전**이야 하지만 난 해낼 거야!

▸ **schaffen** 일을 해내다

1039 **gründen**

근거를 두다, 기초를 세우다

Wir **gründen** ein Unternehmen zusammen.
우리는 한 회사를 함께 **설립한다**.

▸ n. **Unternehmen** 기업 / **zusammen** 함께, 같이

1040 **interkulturell**

다문화, 문화 간

In einer **interkulturell**en Gesellschaft leben viele verschiedene Kulturen friedlich zusammen und profitieren voneinander.
다문화 사회에서는 다양한 문화들이 평화롭게 공존하며 서로를 이롭게 한다 (서로에게 이득을 준다).

▸ f. **Gesellschaft** 사회 / **zusammenleben** 함께 살다, 공존하다 / **verschieden** 서로 다른, 다양한 / f. **Kultur** 문화 / **friedlich** 평화적인 / **profitieren** 이익을 얻다 / **voneinander** 서로에게서

1041 der **Kreis** -es, -e

m. **원, 고리, 범위, 영역**

Wir stehen in einem **Kreis** ums Lagerfeuer und singen Kinderlieder.
우리는 캠프파이어를 둘러싸고 **원**을 그리며 서서 동요를 부른다.

▸ **stehen** 서다, 서 있다 / n. **Lagerfeuer** 캠프파이어 / **singen** 노래하다 / n. **Kinderlied** 동요

1042 die **Lieferung** -, -en

f. **공급(품), 배송 물(품)**

Meine **Lieferung** kommt am Freitag.
나의 **(소포)** 배달은 금요일에 온다.

▸ **kommen** 오다 / m. **Freitag** 금요일

Tip Lieferung은 주문한 상품의 도착, 배달을 뜻하며, 배달 서비스는 'Lieferservice'라고 한다.

1043 der **Mechaniker** -s, -

m. **기계공**

Der **Mechaniker** hat mein Auto repariert.
그 **기계공**이 내 자동차를 수리해 주었다.

▸ n. **Auto** 자동차 / **reparieren** 수리하다

1044 die **Neuigkeit** -, -en

f. 새로운 사건, 뉴스

Die **Neuigkeiten** verbreiteten sich schnell.
그 **새로운 사건**이 빠르게 퍼져 나갔다.

▸ **verbreiten** 퍼뜨리다 / **schnell** 빠른, 빠르게

1045 das **Opfer** -s, -

n. 제물, 희생(자)

Sie war ein **Opfer** des Verbrechens.
그녀는 그 범죄의 **희생자**였다.

▸ n. **Verbrechen** 범죄

1046 **prima**

최상의, 훌륭한, 아주 좋은

Mein Sohn kann gut schwimmen.
Das ist doch toll! **Prima**!
내 아들은 수영을 잘할 수 있어!
그거 정말 멋진데! **아주 훌륭해**!

▸ m. **Sohn** 아들 / **schwimmen** 수영하다

Tip '훌륭하다, 좋다'라는 의미의 감탄사로 'Prima!', 'Super!', 'Toll!', 'Spitze!' 등의 다양한 표현을 두루 알아 두자.

1047 das **Regal** -(e)s, -e

n. 선반

Ich baue mein **Regal** auf, das ich bei Ikea gekauft habe.
나는 이케아에서 산 **선반**을 조립한다.

▸ **aufbauen** 설치하다, 조립하다 / **kaufen** 사다

1048 der **Schatten** -s, -

m. 그늘, 그림자

Ruhen wir uns ein bisschen im **Schatten** aus?
우리 저 **그늘**에서 조금 쉴래?

▸ **sich ausruhen** 쉬다 / **bisschen** 소량의

1049 die
Tatsache
-, -n

f. **사실**

Es ist eine simple **Tatsache**!
그건 당연한 **사실**이야!

▸ **simpel** 단순한, 당연한

1050 **überholen**

추월하다

Man darf nur links **überholen**.
왼쪽에서만 **추월해**도 된다.

▸ **dürfen** ~해도 된다 / **nur** ~만 / **links** 왼쪽에

연습문제

1 보기에서 알맞은 단어를 어미 변화에 맞게 빈칸에 채워 문장을 완성하세요.

보기	Parlament braten notwendig Einfahrt Grund gründen

1 Zucker ist ______________ , um den Kuchen zu backen.

2 Du musst das Fleisch erst ______________ , damit du es essen kannst.

3 Aus welchem ______________ hast du das getan?

4 Wir ______________ ein Unternehmen zusammen.

5 Bitte park dein Auto nicht vor meiner ______________ .

6 Das ______________ hat ein neues Gesetz beschlossen.

2 뜻이 맞는 단어끼리 연결하세요.

1 prima •	• a 유감스럽게도, 안타깝게도
2 interkulturell •	• b 행사, 개최
3 die Veranstaltung •	• c 이 안으로
4 leider •	• d 곧은, 바로, 때마침
5 herein •	• e 최상의, 최우수, 훌륭한
6 gerade •	• f 다문화

3 다음 형용사의 뜻과 비교급 – 최상급을 쓰세요.

1 frei (뜻: ______________) - ______________ - ______________

정답

1 ① notwendig ② braten ③ Grund ④ gründen ⑤ Einfahrt ⑥ Parlament
2 ① e ② f ③ b ④ a ⑤ c ⑥ d
3 1) 뜻: 빈, 자유로운 - freier - frei(e)st

Tag 22

Mein **Kopf** tut sehr weh.

머리가 몹시 아파.

Tag-22

A1

1051 **vorn(e)**

앞에, 전방에

Da **vorne** gibt es einen Geldautomat.
저기 **앞쪽에** 현금 자동 인출기가 있어요.

▸ m. **Geldautomat** 현금 자동 인출기

1052 **weiter**

계속해서, 더 넓게

Können wir nach der Pause mit dem Unterricht **weiter** machen?
우리 쉬는 시간 지나고 수업 **계속** 할 수 있어요?

▸ f. **Pause** 휴식 / m. **Unterricht** 수업

1053 **ab | holen**

데리러 가다, 마중 나가 데려오다

Meine Mutter **holt** mich am Bahnhof **ab**.
나의 엄마가 나를 기차역으로 **마중 온다**.

▸ f. **Mutter** 어머니 / m. **Bahnhof** 기차역

1054 der **Aufzug** -(e)s, Aufzüge

m. 엘리베이터

Der **Aufzug** in meinem Appartement ist kaputt.
우리 아파트 **엘리베이터**가 고장났다.

▸ n. **Appartement** 아파트 / **kaputt** 고장난, 훼손된

1055 die
Banane
-, -n

f. **바나나**

Affen essen gerne **Bananen**.
원숭이들은 **바나나**를 즐겨 먹는다.

▸ m. **Affe** 원숭이 / **essen** 먹다 / **gern** 즐겨, 기꺼이

1056 der
Empfang
-(e)s, Empfänge

m. **수취, 수령, 접견**

Du arbeitest am **Empfang**.
너 **리셉션**에서 일하는구나.

▸ **arbeiten** 일하다, 노동하다

1057 die
Flasche
-, -n

f. **병**

Der Vater gibt seinem Kind die Milch**flasche**.
아버지가 자신의 아이에게 우유**병**을 준다.

▸ m. **Vater** 아버지 / n. **Kind** 아이 / f. **Milch** 우유

1058 **geboren**

태어난, 출산된

Ich bin am 29. 08. **geboren**.
난 8월 29일에 **태어났**다.

1059 **halten**

(장소에) 정지하다, 멈추다, 서다

Der Bus **hält** nur ein Mal bis Heidelberg.
이 버스는 하이델베르크까지 가는 데 단 한 번만 **정차한다**.

▸ m. **Bus** 버스 / n. **Mal** 번, 때 / **bis** ~까지

1060 der
Kopf
-(e)s, Köpfe

m. **머리**

Mein **Kopf** tut sehr weh.
머리가 몹시 아파.

▸ **wehtun** ~이(가) 아프다

1061 das
Licht
-(e)s, -er

n. **빛, 밝기, 밝음**

Mach mal das **Licht** in der Küche an.
주방에 **불** 좀 켜 봐.

▸ **anmachen** (전원을) 켜다 / f. **Küche** 부엌

1062 **möchten**

~하고 싶다, 원하다

Möchten Sie noch etwas trinken?
당신은 무언가 더 마시길 **원하십니까**?

▸ **noch** 또, 더 / **etwas** 어떤 것 / **trinken** 마시다

Tip möchten은 화법조동사로, 화법조동사들은 주로 '화법조동사+동사 원형'의 형태로 사용된다.

A2

1063 der
Neffe
-n, -n

m. **(남자) 조카**

Sein **Neffe** hat eine gute Stelle bekommen.
그의 **조카**는 좋은 직장을 얻었다.

▸ f. **Stelle** 장소, 일자리 / **bekommen** 얻다, 받다

Tip 여자 조카는 die Nichte이다.

1064 das
Programm
-(e)s, -e

n. **프로그램, 일정**

Das **Programm** lässt sich nicht öffnen.
그 **프로그램**이 안 열려요.

▸ **lassen** 허용하다, 하게 하다 / **öffnen** 열다

1065 der
Osten
-s

m. **동쪽, 동방**

Die Sonne geht im **Osten** auf.
태양은 **동쪽**에서 뜬다.

▸ f. **Sonne** 태양 / **aufgehen** 올라가다, 떠오르다

Tip 복수가 없다.

1066 das
Rezept
-(e)s, -e

n. **처방, 레시피, 비법**

Ich kenne ein gutes **Rezept** für einen Kuchen.
나는 쿠키의 좋은 **레시피** 하나를 안다.

▸ **kennen** 알다, 인지하다 / m. **Kuchen** 케이크

1067 das
Spiel
-(e)s, -e

n. **놀이, 게임, 경기**

Beim Karten**spiel** darf man nicht mogeln.
카드 **게임**을 할 때 속임수를 쓰면 안 된다.

▸ f. **Karte** 카드 / **dürfen** 해도 된다 / **mogeln** 속이다

1068 der
Teller
-s, -

m. **접시**

Wenn du noch mehr essen willst, gib mir deinen **Teller**.
네가 더 먹고 싶으면, 나에게 네 **접시**를 줘.

▸ **noch** 또, 더 / **essen** 먹다 / **wollen** 원하다 / **geben** 주다

Tip 넓은 접시를 의미한다.

1069 die
Überraschung
-, -en

f. **놀라게 함, 서프라이즈**

Überraschung! Alles Gute zum Geburtstag!
서프라이즈! 생일 축하해!

▸ m. **Geburtstag** 생일

1070 **wählen**

고르다, 선택하다, 투표하다

Ich gehe am Sonntag **wählen**.
나는 일요일에 **투표하**러 간다.

▸ **gehen** 가다 / m. **Sonntag** 일요일

1071 das
Zertifikat
-(e)s, -e

n. **증명서, 자격증**

Er hat ein Deutsch**zertifikat**.
그는 독일어 **자격증**이 있다.

1072 **aktuell**

현재(실제)의

Aktuell sind es 24 Grad in Seoul.
서울은 **현재** 24도입니다.

▸ m. **Grad** (온도) 도

1073 **außerdem**

그 밖에, 이외에, 게다가

Es ist zu spät zum Abendessen und **außerdem** regnet es draußen.
저녁을 먹기엔 너무 늦었고 **게다가** 밖에는 비도 오잖아.

▸ **spät** 늦은, 지각한 / n. **Abendessen** 저녁 식사 / **regnen** 비가 온다 / **draußen** 밖에서

1074 die
Bohne
-, -n

f. **콩**

Bohnen enthalten viel Eiweißstoff und sind gut für den Körper.
콩들은 많은 단백질을 함유하고 있으며 몸에 좋다.

▸ **enthalten** 포함하다, 함유하다 / m. **Eiweißstoff** 단백질 / m. **Körper** 몸

1075 der
Dieb
-(e)s, -e

m. **도둑 (남)**

Der **Dieb** war durch das Fenster eingestiegen.
도둑은 창문을 통해 숨어들어 왔다.

▸ **durch** ~을(를) 통과하여, ~(으)로 인하여 / n. **Fenster** 창문 / **einsteigen** 올라타다, 몰래 들어가다

1076 der **Export** -(e)s, -e

m. **수출**

2017 waren die **Exporte** Deutschlands auf einem Allzeithoch.
2017년도 독일의 **수출**이 가장 높았다.

▸ n. **Allzeithoch** 가장 높은 값

1077 der **Feiertag** -(e)s, -e

m. **휴일, 경축일**

Morgen ist endlich **Feiertag**.
내일은 드디어 **휴일**이다.

▸ **morgen** 내일 / **endlich** 드디어, 마침내

1078 **gültig**

유효한, 가치있는

Diese alte Münze ist nicht mehr **gültig**.
이 오래된 동전은 더 이상 **유효하**지 않습니다 (사용이 안 됩니다).

▸ **alt** 오래된, 늙은 / f. **Münze** 화폐, 동전

1079 **hoffentlich**

바라건대, 부디

Hoffentlich regnet es morgen nicht!
부디(제발) 내일은 비가 오지 않길!

▸ **regnen** 비가 오다 / **morgen** 내일

1080 die **Industrie** -, -n

f. **산업, 공업**

Die Abgase aus der **Industrie** verschmutzen die Luft.
산업 배기가스 (**산업 활동**에서 발생하는 배기가스)가 대기를 오염시킨다.

▸ n. **Abgas** 배기가스 / **verschmutzen** 더럽히다, 오염시키다 / f. **Luft** 공기

1081 das **Kranken-haus** -es, -häuser

n. 병원

Vor dem **Krankenhaus** gibt es viele Apotheken.
병원 앞에 많은 약국이 있다.

▸ f. **Apotheke** 약국

Tip 병원에 진료를 받으러 갈 때 Krankenhaus보다는 주로 'zum Arzt gehen' 이라고 말한다.

1082 der **Leiter** -s, -

m. 관리자, 지도자

Wie heißt der **Leiter** der Firma?
그 회사 **관리자** 이름이 뭔가요?

▸ **heißen** ~(이)라고 부르다 / f. **Firma** 회사

1083 der **Markt** -(e)s, Märkte

m. 시장, 장터, 장사

Seine Frau geht am Sonntag auf den **Markt**.
그의 부인은 일요일에 **시장**에 간다.

▸ f. **Frau** 여성, 아내 / **gehen** 가다 / m. **Sonntag** 일요일

B1

1084 die **Aushilfe** -, -n

f. (임시) 보조원, 구조, 조력

Ich habe als **Aushilfe** an der Kasse bei REWE gearbeitet.
나는 REWE 슈퍼 카운터에서 **아르바이트생**으로 일했다.

▸ f. **Kasse** 지불하는 곳, 카운터 / **arbeiten** 일하다, 노동하다

Tip Aushilfe는 시간제 보조원 즉, 아르바이트생, 어시스트 등을 의미한다. REWE는 독일 슈퍼마켓 이름이다.

1085 das
Stadion
-s, Stadien

n. 경기장, 스타디움

Die Fußballmannschaft spielt am Wochenende im **Stadion**.
그 축구팀이 주말에 **스타디움**에서 경기한다.

▸ f. **Fußballmanschaft** 축구팀 / **spielen** 놀다, 연주하다, 경기하다 / n. **Wochenende** 주말

1086 der
Roman
-s, -e

m. 소설

Ich lese gerne **Romane** und Gedichte.
나는 **소설**과 시를 즐겨 읽는다.

▸ **lesen** 읽다 / **gern** 즐겨, 기꺼이 / n. **Gedicht** 시

1087 der
Sand
-(e)s, -e

m. 모래, 모래밭

Der **Sand** ist weich und warm.
모래가 부드럽고 따뜻하다.

▸ **weich** 부드러운 / **warm** 따뜻한

1088 die
Schwangerschaft
-, -en

f. 임신

Viele Menschen haben mir zu meiner **Schwangerschaft** gratuliert.
많은 사람들이 내게 나의 **임신**을 축하해 주었다.

▸ m. **Mensch** 사람 / **gratulieren** 축하하다

1089 die
Taste
-, -n

f. 키, 버튼, 건반

Bitte drücken Sie diese **Taste**.
이 **버튼**을 눌러 주세요.

▸ **drücken** 누르다, 밀다

1090 **überraschen**

놀라게 하다

Das **überrascht** mich nicht.
그것은 나를 **놀라게 하**지 못한다.

1091 das **Verhältnis** -ses, -se

n. 관계, 관련, 상태, 상황

Ich stehe in einem guten **Verhältnis** zu meiner Familie.
나는 나의 가족과 **관계**가 좋다.

▸ **stehen** 서다, 서 있다 / f. **Familie** 가족

1092 der **Wirt** -(e)s, -e

m. 주인

Er ist der Gast**wirt** in diesem Restaurant.
그는 이 식당의 **주인**이다.

▸ n. **Restaurant** 식당

1093 der **Zuschauer** -s, -

m. 시청자, 관객

Ihr habt 300 **Zuschauer**.
너희는 300명의 **관객**이 있다.

1094 **analysieren**

분석하다

Wir können für Sie das Problem perfekt **analysieren**.
저희가 당신을 위해 그 문제를 완벽하게 **분석해** 드릴 수 있습니다.

▸ n. **Problem** 문제 / **perfekt** 완전한, 완벽한

1095 die **Begründung** -, -en

f. 설립, 창시, 논증

Ihre **Begründung** habe ich nicht verstanden.
당신의 **논증**을 이해하지 못했습니다.

▸ **verstehen** 이해하다, 파악하다

1096 die
Decke
-, -n

f. 덮개, 이불

Meine **Decke** ist sehr warm und weich.
내 **이불**은 아주 따뜻하고 부드럽다.

▸ **warm** 따뜻한 / **weich** 부드러운

1097 **einschließlich**

~을(를) 포함하여

Alle waren super beim Fußballspielen, **einschließlich** Max.
그 축구 경기에서 Max**를 포함하여** 모두가 최고였다.

▸ n. **Fußballspiel** 축구 경기

1098 **fließen**

흘러가다, 흐르다

Das Wasser **fließt** den Fluss entlang.
물이 강을 따라 **흐른다**.

▸ n. **Wasser** 물 / m. **Fluss** 강 / **entlang** ~을(를) 따라

1099 **gemeinsam**

공동의, 서로의

Wir können dort **gemeinsam** hinlaufen.
우린 **함께** 거기로 걸어갈 수 있어.

▸ **dort** 거기에, 저기에 / **hinlaufen** (그쪽으로) 달려가다, 걸어가다

1100 die
Haut
-, Häute

f. 피부, 살갗, 가죽

Deine **Haut** ist ganz rot wegen der Sonne.
너의 **피부**는 햇빛 때문에 매우 빨갛다.

▸ **ganz** 전체의, 완전히 / **rot** 빨간 / **wegen** ~때문에 / f. **Sonne** 태양

연습문제

1 보기에서 알맞은 단어를 어미 변화에 맞게 빈칸에 채워 문장을 완성하세요.

보기	fließen außerdem gültig Dieb geboren Leiter Export abholen

1 Meine Mutter ________ mich am Bahnhof ________.

2 Ich bin am 29. 08. ________.

3 Diese Münze ist nicht mehr ________.

4 Es ist zu spät zum Abendessen und ________ regnet es draußen.

5 Wie heißt der ________ der Firma?

6 Das Wasser ________ den Fluss entlang.

7 Der ________ war durch das Fenster eingestiegen.

8 2017 waren die ________ Deutschlands auf einem Allzeithoch.

2 뜻이 맞는 단어끼리 연결하세요.

1 das Verhältnis •	• a 설립, 창시, 논증
2 die Begründung •	• b 공동의, 서로의
3 die Schwangerschaft •	• c 관계, 관련, 상태, 상황
4 gemeinsam •	• d 계속해서, 더 넓게
5 hoffentlich •	• e 임신
6 weiter •	• f 바라건대, 부디
7 aktuell •	• g 현재(실제)의

정답

1 ① holt ... ab ② geboren ③ gültig ④ außerdem ⑤ Leiter ⑥ fließt ⑦ Dieb ⑧ Exporte
2 ① c ② a ③ e ④ b ⑤ f ⑥ d ⑦ g

Tag 23

Ich meine, dass du **recht** hast.

나는 네가 **옳다**고 생각해.

Tag-23

A1

1101 der **Kuchen** -s, -

m. 쿠키, 과자, 케이크

Boah! Der **Kuchen** sieht sehr lecker aus!
우아! 그 **케이크** 정말 맛있어 보인다!

▸ **lecker** 맛있는

Tip 분리동사 'aus | sehen ~처럼 보이다'를 알아 두자.

1102 **letzt**

최후의, 최종의

Wir haben den **letzten** Zug genommen.
우리는 **마지막** 기차를 탔다.

▸ m. **Zug** 기차 / **nehmen** 이용하다

1103 das **Möbel** -s, -

n. 가구

Am Sonntag haben wir die **Möbel** im Wohnzimmer umgestellt.
우리는 일요일에 거실에 있는 **가구**를 재배치했다.

▸ m. **Sonntag** 일요일 / n. **Wohnzimmer** 거실 / **umstellen** (위치를) 바꾸다

1104 **negativ**

부정적인

Er sieht die Welt **negativ**.
그는 세상을 **부정적으로** 바라본다.

▸ **sehen** 보다 / f. **Welt** 세상, 세계

Tip 'negativ 부정적인'의 반의어는 'positiv 긍정적인'이다.

1105 der **Prinz** -en, -en

m. **왕자**

Ein **Prinz** ist der Sohn eines Königs und einer Königin.
왕자는 왕과 왕비의 아들이다.

▸ m. **Sohn** 아들 / m. **König** 왕 / f. **Königin** 왕비

1106 **schreiben**

쓰다

Mein Lehrer empfiehlt mir, ein Tagebuch zu **schreiben**.
내 선생님께서 나에게 일기를 **쓰라고** 권하신다.

▸ m. **Lehrer** 선생님 / **empfehlen** 추천하다, 권하다 / n. **Tagebuch** 일기

1107 der **Termin** -(e)s, -e

m. **기한, 일정, 예정일, (법정) 소환**

Ich habe noch keinen **Termin** beim Arzt.
나는 아직 의사 (병원에) **예약**이 없다.

▸ **noch** 아직 / m. **Arzt** 의사

Tip '일정을 잡다'라는 표현은 einen Termin+'machen 동사 / vereinbaren 동사'와 같은 형태로 쓰인다.

1108 das **Wort** -(e)s, Wörter

n. **단어**

Ich lerne viele deutsche **Wörter** auswendig.
나는 많은 독일어 **단어들**을 외우며 공부한다.

▸ **lernen** 배우다 / **auswendig** 암기하여

1109 das **Alter** -s, -

n. **나이, 노인**

Das **Alter** ist nur eine Zahl!
나이는 그저 숫자에 불과해!

▸ f. **Zahl** 숫자

1110 die
Bekannte
-, -n

f. 아는 사람, 지인 (여)

Sie war eine gute **Bekannte** von mir.
그녀는 나의 좋은 **지인**이다.

Tip 형용사 'bekannt 알려진'에서 파생된 명사이며, 형용사에서 파생된 명사는 형용사적 어미 변화를 한다.

Tag 23

1111 **drucken**

인쇄하다

Er muss noch ein Dokument **drucken**.
그는 아직 자료 한 개를 더 **인쇄해**야 해.

▸ **noch** 아직 / n. **Dokument** 문서

A2

1112 das
Erdge-schoss
-es, -e

n. 1층

Sie wohnt im **Erdgeschoss**.
그녀는 **1층**에 거주한다.

▸ **wohnen** 살다

Tip Erdgeschoss의 약자는 'EG'이며 우리나라의 1층 개념이다. 'das Geschoss'는 '층'이라는 뜻으로 das Untergeschoss (UG)는 지하층을 의미한다.

1113 **freiwillig**

자유 의지의, 자발적으로

Ich verdiene hier kein Geld, ich mache das **freiwillig**.
나는 여기서 돈을 벌지 않는다, 난 이걸 **자발적으로** 한다.

▸ **verdienen** 벌다, 얻다 / **hier** 여기에 / n. **Geld** 돈, 금전 / **machen** 하다, 만들다

Tip 'freiwillig 자발적인'의 비교급-최상급은 freiwilliger-freiwilligst이다.

1114 das **Gerät** -(e)s, -e

n. 도구, 장치, 기계

Was kostet dieses **Gerät**?
이 **기계**는 얼마인가요?

▸ **kosten** (비용이) 들다

1115 **hysterisch**

신경질적인

Dort! Die **hysterische** Frau ist meine Nachbarin.
저기! 저 **신경질적인** 여자가 내 이웃이다.

▸ **dort** 거기에, 저기에 / f. **Frau** 여성, 아내 / f. **Nachbarin** 여자 이웃

Tip 'hysterisch 신경질적인'의 비교급-최상급은 hysterischer-hysterischst 이다.

1116 **innerhalb**

~이내에, ~안쪽에

Nach dem Ausstieg müssen Sie **innerhalb** einer Stunde umsteigen.
당신은 하차 후 한 시간 **이내에** 환승해야 합니다.

▸ m. **Ausstieg** 하차 / f. **Stunde** 한 시간 / **umsteigen** 갈아타다

Tip innerhalb는 2격 지배 전치사이다.

1117 der **Kaiser** -s, -

m. 황제

Augustus war der erste römische **Kaiser**.
아우구스투스는 첫 번째 로마 **황제**였다.

▸ **erst** 최초의, 첫 번째의 / **römisch** 로마의

1118 **nochmal**

한 번 더, 다시 또

Muss ich es **nochmal** zeigen?
제가 그것을 **한 번 더** 보여드려야 합니까?

▸ **zeigen** 보여 주다, 표현하다

1119 **planen**

계획하다, 설계하다

Wir **planen** eine Reise nach Europa.
우리는 유럽으로의 여행을 **계획하고** 있다.

▸ f. **Reise** 여행 / n. **Europa** 유럽

1120 **recht**

옳은

Ich meine, dass du **recht** hast.
나는 네가 **옳다**고 생각해.

▸ **meinen** 생각하다, ~한 의견이다

1121 **sprechen**

말하다, 이야기하다

Sie **spricht** sehr gut Deutsch.
그녀는 독일어를 매우 잘**(말)한다**.

1122 **total**

완전히, 전체의, 완전한

Das Buch war **total** interessant!
그 책은 **완전히** 흥미로웠어!

▸ n. **Buch** 책 / **interessant** 흥미있는, 흥미로운

1123 der **Vormittag** -(e)s, -e

m. **오전**

Am **Vormittag** muss ich einkaufen gehen.
오전에는 장 보러 가야 한다.

▸ **einkaufen** 구입하다, 쇼핑하다 / **gehen** 가다

1124 die **Werkstatt** -, -Werkstätten

f. **작업장**

Unter der Woche arbeite ich in einer **Werkstatt**.
주중에 나는 **작업장**에서 일한다.

▸ f. **Woche** 주 / **arbeiten** 일하다, 노동하다

1125 der
Abend
-s, -e

m. **저녁**

Jeden **Abend** sehen wir fern.
매일 **저녁**에 우리는 텔레비전을 본다.

▸ **fernsehen** 텔레비전을 보다

1126 **aus | machen**

끄다, 협정하다

Ich muss das Licht **ausmachen**.
난 그 불을 **꺼**야만 해.

▸ n. **Licht** 빛, 불(조명)

1127 die
Bewerbung
-, -en

f. **지원, 지망, 신청서**

Meine **Bewerbung** an der Universität wurde angenommen.
내 대학교 **지원서**가 통과되었다(합격했다).

▸ f. **Universität** 대학교 / **annehmen** 받아들이다

1128 **darum**

그 때문에

Wir müssen morgen früh losfahren und **darum** musst du heute früh ins Bett gehen.
우리는 내일 일찍 출발해야 해, **그렇기 때문에** 너는 일찍 자야 돼.

▸ **morgen** 내일 / **früh** 일찍 / **losfahren** 출발하다 / **heute** 오늘 / n. **Bett** 침대, 잠자리 / **gehen** 가다

Tip ins Bett gehen은 '자러 가다'라는 숙어적 표현이다.

1129 **ein | ziehen**

끌어들이다, 전입하다

Nächste Woche **ziehen** wir in unsere neue Wohung **ein**.
다음 주에 우리는 우리의 새로운 집으로 **들어간다**.

▸ **nächst** 가장 가까운, 바로 다음에 / f. **Woche** 주 / **neu** 새로운 / f. **Wohnung** 집

1130 der
Finger
-s, -

m. **손가락**

Sein **Finger** ist wegen des Unfalls gebrochen.
그의 **손가락**이 그 사고 때문에 부러졌다.

▸ **wegen** ~때문에 / **brechen** 깨지다, 부러지다

1131 **genau**

정확한, 정확히, 엄밀히

Das Messgerät, das er gekauft hat, ist sehr **genau**.
그가 구입한, 이 측정기는 매우 **정확하**다.

▸ n. **Messgerät** 측정기 / **kaufen** 사다

1132 der
ICE
-(s), -

m. **(독일) 고속 철도**

Der **Intercity-Express(=ICE)** ist die schnellste Zuggattung der DB.
ICE는 독일 철도청의 가장 빠른 기차 종류이다.

▸ **schnell** 빠른, 빨리 / m. **Zug** 기차 / f. **Gattung** 종류

Tip DB는 'Deutsche Bahn 독일 철도청'의 약자이다.

B1

1133 die
Saison
-, -s

f. **계절, 철**

Ihre Lieblings**saison** ist der Herbst.
그녀의 가장 좋아하는 **계절**은 가을이야.

▸ m. **Herbst** 가을

Tip 'Meine Lieblingsjahreszeit ist der Herbst.'와 동일한 의미이다.

1134 der **Sieg** -(e)s, -e

m. **승리**

Dieses Wochenende holen wir uns den **Sieg** beim Fußball.
이번 주말에 우리는 축구에서 **승리**할 것이다.

▸ n. **Wochenende** 주말 / **holen** 가져오다, 데려오다 / m. **Fußball** 축구

1135 **kompliziert**

복잡한

Das ist mir zu **kompliziert**.
이건 내게 너무 **복잡하**다.

Tip 'zu+형용사'를 쓰면 부정적인 의미로 '너무 (형용사)한'이 된다.

1136 **los | fahren**

출발하다

Wir müssen jetzt **losfahren**, sonst kommen wir zu spät.
우리는 지금 **출발해**야만 한다, 그렇지 않으면 우리는 늦는다.

▸ **jetzt** 지금 / **sonst** 그렇지 않으면 / **kommen** 오다 / **spät** 늦은, 지각한

1137 **melden**

보도하다, 알리다, 통지하다

Wir sollten den Unfall der Polizei **melden**.
우리는 그 경찰의 사고를 **보도해**야 한다.

▸ m. **Unfall** 재해, 사고 / f. **Polizei** 경찰

1138 das **Nahrungs-mittel** -s, -

n. **식료품, 식량**

Welche **Nahrungsmittel** sind geeignet für meine Diät?
어떤 **식품**이 제 다이어트에 적합한가요?

▸ **welch** 어느, 어떤 / **eignen** 적당하다 / f. **Diät** 다이어트, 식이 요법

Tip 복수로만 쓰인다.

1139 die **Präsentation** -, -en

f. 제출, 제시, 발표, PPT

Deine **Präsentation** hat 20 Minuten gedauert.
너의 **PPT** 발표는 20분이 걸렸다.

▸ f. **Minute** 분 / **dauern** 계속되다, (시간이) 걸리다

1140 **realisieren**

실현하다, 깨닫다, 인식하다

Ich habe gerade erst **realisiert**, dass heute Freitag ist!
나는 방금 오늘이 금요일이란 것을 **깨달았어**!

▸ **gerade** 방금, 막 / **heute** 오늘 / m. **Freitag** 금요일

1141 das **Schnitzel** -s, -

n. 슈니첼, (독일식) 돈가스

Dieses **Schnitzel** sieht lecker aus!
이 **슈니첼**은 맛있어 보인다!

▸ **aussehen** (외형이) ~처럼 보이다 / **lecker** a. 맛있는

1142 die **Stimme** -, -n

f. 목소리, 소리

Sein Sohn hat eine laute **Stimme**.
그의 아들은 우렁찬 **목소리**를 가지고 있다.

▸ m. **Sohn** 아들 / **laute** 소리가 큰

1143 der **Teppich** -s, -e

m. 카펫

Hast du einen **Teppich**boden in deiner neuen Wohnung?
너의 새 집에 **카펫**이 있니?

▸ **neu** 새로운 / f. **Wohnung** 집

1144 die **Überweisung** -, -en

f. 송금, 계좌 이체

Wann kommt deine **Überweisung** an?
너의 **송금**이 언제 도착할까?

▸ **ankommen** 도착하다

1145 die **Versammlung** -, -en

f. 모임, 집합, 집회

Die **Versammlung** ist am Sonntag um 13 Uhr.
그 **모임**은 토요일 13시이다.

▸ f. **Uhr** 시계, 시각

1146 **winken**

신호하다, 신호를 보내다

Wollen wir ihm mit Flaggen **winken**?
우리가 그에게 깃발로 **신호를 줄**까?

▸ **wollen** 원하다 / f. **Flagge** 깃발

1147 **zwar**

~이긴 하나, 즉, 말하자면

Das ist **zwar** die Wahrheit, aber ich kann deine Meinung noch nicht anerkennen.
그것이 사실**이긴 하나**, 그러나 나는 너의 의견을 아직 인정할 수 없다.

▸ f. **Wahrheit** 진실 / f. **Meinung** 의견 / **noch** 아직 / **anerkennen** 인정하다

1148 **an | kündigen**

통지하다, 알리다

Der Professor **kündigt** für morgen einen Test **an**.
그 교수가 내일의 시험을 **통지했**다.

▸ m. **Professor** 교수 / **morgen** 내일 / m. **Test** 시험

1149 **behaupten**

주장하다, 확언하다

Meine Mutter **behauptet**, dass Bücher zu lesen nützlich ist.
우리 엄마는 책 읽는 것이 유익하다고 **주장하신다**.

▸ **nützlich** 유익한

der
1150 **Dialekt**
-(e)s, -e

m. **사투리**

Der Berliner **Dialekt** ist einfach zu verstehen.
베를린 **사투리**는 이해하기 쉽다.

▸ **einfach** 쉬운 / **verstehen** 이해하다

연습문제

1 보기에서 알맞은 단어를 어미 변화에 맞게 빈칸에 채워 문장을 완성하세요.

보기	zwar Möbel sprechen Sieg genau ausmachen

1 Sie (f) ______________ sehr gut Deutsch.

2 Ich muss das Licht ______________ .

3 Am Sonntag haben wir ______________ im Wohnzimmer umgestellt.

4 Wir holen uns den ______________ beim Fußball dieses Wochenende.

5 Die Messung ist sehr ______________ .

6 Das ist ______________ die Wahrheit, aber es gfällt mir nicht.

2 뜻이 맞는 단어끼리 연결하세요.

1 die Saison •	• a 주장하다, 확언하다
2 die Stimme •	• b 모임, 집합, 집회
3 die Überweisung •	• c 목소리, 소리
4 die Versammlung •	• d 계절, 철
5 behaupten •	• e 통지하다, 알리다
6 ankündigen •	• f 송금, 계좌 이체

3 다음 형용사의 뜻과 비교급 - 최상급을 쓰세요.

1 freiwillig (뜻: ______________) - ______________ - ______________

2 hysterisch (뜻: ______________) - ______________ - ______________

정답

1 ① spricht ② ausmachen ③ Möbel ④ Sieg ⑤ genau ⑥ zwar

2 ① d ② c ③ f ④ b ⑤ a ⑥ e

3 1) 뜻: 자유 의지의, 자발적으로 - freiwilliger - freiwilligst

2) 뜻: 히스테리의 - hysterischer - hysterischst

Tag 24

Übers **Wochenende** habe ich zu Hause geschlafen.

주말 내내 나는 집에서 잠만 잤다.

Tag-24

A1

1151 die **Einladung** -, -en

f. 초대

Ich habe keine **Einladung** bekommen.
난 **초대**를 못 받았어.

▸ **bekommen** 얻다, 받다

1152 das **Gold** -(e)s

n. 금, 황금

Mein Ring ist aus massivem **Gold**.
내 반지는 순수 **금**으로 만들어졌다.

▸ m. **Ring** 반지, 고리 / **massiv** 순수한, 무거운

Tip 복수가 없다.

1153 das **Frühstück** -(e)s, -e

n. 아침 식사

Frühstück ist die wichtigste Mahlzeit des Tages.
아침 식사는 하루의 가장 중요한 식사 시간이다.

▸ **wichtig** 중요한 / f. **Mahlzeit** 식사 / m. **Tag** 날, 일

1154 der **Herd** -(e)s, -e

m. 아궁이, 화덕, 가스레인지

Oh mein Gott, ich habe zu Hause den **Herd** angelassen!
이럴 수가, 나 집에 **레인지** 켜 놓고 왔어!

▸ **zuhause** 집에 / **anlassen** 켜 놓다

Tip 독일에서는 보통 전기로 작동하는 인덕션 레인지를 가리킨다.

1155 die **Minute** -, -n

f. 분

Wir warten schon 20 **Minuten** auf dich! Wo bist du denn?
우리 벌써 20**분**이나 너를 기다리고 있어. 너 도대체 어디야?

▸ **warten** 기다리다 / **schon** 이미, 벌써

Tip denn의 부사 의미는 '도대체, 좀', 접속사 의미는 '왜냐하면'이다.

1156 der **Satz** -es, Sätze

m. 문장

Bitte ergänzen Sie diesen **Satz**.
이 **문장**을 채워 넣으시오.

▸ **ergänzen** 보충하다, 채우다

1157 **tun**

행하다, 하다

Er **tut** den ganzen Tag nichts.
그는 하루 종일 아무것도 안 **한다**.

▸ **ganz** 전체의, 완전한 / m. **Tag** 날, 일 / **nichts** 아무것도 ~않다

1158 **wunderbar**

놀라운, 대단한, 멋진, 훌륭한

Gestern war das Wetter einfach **wunderbar**!
어제 날씨가 그냥 **너무 멋졌어**!

▸ **gestern** 어제 / n. **Wetter** 날씨 / **einfach** 쉬운, 그냥, 정말

1159 **an**

(접촉 상태의) ~(옆)에, ~(옆)으로

Das Kind lehnt sich **an** einen Baum.
그 아이가 한 나무**에** 기대고 있다.

▸ n. **Kind** 아이 / **lehnen** 기대다 / m. **Baum** 나무

Tip an은 3, 4격 동시 지배 전치사이다. 주로 장소 · 위치는 3격으로(~에), 이동 · 방향은 4격으로(~으로) 사용된다.

1160 die
Bitte
-, -n

f. 부탁, 당부

Ich habe eine kleine **Bitte** an Sie.
저 당신께 작은 **부탁**이 있습니다.

▸ **klein** 작은, 적은

1161 das
Flugzeug
-(e)s, -e

n. 비행기

Warum sind Flüssigkeiten im **Flugzeug** verboten?
왜 **비행기**에서 액체류가 금지된 건가요?

▸ f. **Flüssigkeit** 액체 / **verbieten** 금지하다

1162 das
Getränk
-(e)s, -e

n. 음료

Er bietet den Gästen **Getränke** an.
그는 손님들에게 **음료**를 제공한다.

▸ **anbieten** 제공하다, 제안하다 / m. **Gast** 손님

Tag 24

A2

1163 **hassen**

싫어하다, 증오하다

Viele Kinder **hassen** Gemüse, aber sie lieben Schokolade.
많은 아이들이 채소를 **싫어하**지만 초콜릿은 사랑한다.

▸ n. **Kind** 아이 / n. **Gemüse** 채소 / **lieben** 사랑하다 / f. **Schokolade** 초콜릿

1164 **kopieren**

복사하다

Kopieren Sie bitte das Zeugnis.
그 증명서를 **복사해** 주세요.

▸ n. **Zeugnis** 증거, 증명서

1165 **positiv**

긍정적인

Sport wirkt sich **positiv** auf die Körperentwicklung aus.
운동은 신체 발달에 **긍정적인** 영향을 미친다.

▸ m. **Sport** 운동 / **auswirken** 효과를 나타내다 / f. **Körperentwicklung** 신체 발달

Tip 'positiv 긍정적인'의 반의어는 'negativ 부정적인'이다.

1166 die **Religion** -, -en

f. 종교

Ich habe keine **Religion**.
난 **종교**가 없어.

1167 der **Schmutz** -es

더러움, 오물

Sie macht zuerst den ganzen **Schmutz** auf dem Boden weg.
그녀가 우선 바닥 위의 모든 **오물**을 치운다.

▸ **wegmachen** 제거하다 / **zuerst** 맨 먼저, 우선 / **ganz** 전체의, 완전히 / m. **Boden** 바닥

Tip 복수가 없다.

1168 **sportlich**

스포츠의, 스포츠를 좋아하는, 활동적인

Ich bin nicht so **sportlich** wie du.
나는 너처럼 **활동적**이지 않다.

1169 **tragen**

(짐을) 싣다, 나르다, 운반하다

Ich **trage** dein Gepäck. Das ist zu schwer für dich.
내가 너의 짐을 **들게**, 이거 너에게 너무 무거워.

▸ n. **Gepäck** 짐 / **schwer** 무거운, 어려운

1170 **unregel-mäßig**

불규칙적인

Unsere Arbeitszeit ist **unregelmäßig**.
우리의 근무 시간은 **불규칙적**이다.

▸ f. **Arbeitszeit** 근무 시간

Tip 'unregelmäßig 불규칙적인'의 반의어는 'regelmäßig 규칙적인'이다.

1171 **sich verletzen**

다치다, 부상당하다

Ich habe **mich** gestern **verletzt**.
나는 어제 **부상당했**다.

▸ **gestern** 어제

1172 das **Wochen-ende** -s, -n

n. 주말

Übers **Wochenende** habe ich zu Hause geschlafen.
주말 내내 나는 집에서 잠만 잤다.

▸ n. **Haus** 집 / **schlafen** 자다

1173 die **Zeichnung** -, -en

f. 스케치, 드로잉

Meine **Zeichnungen** werden immer besser, je mehr ich übe.
내가 연습을 더 많이 할수록, 내 **드로잉**은 점점 더 나아질 것이다.

▸ **immer** 늘, 항상 / **je mehr** 더 많이 ~할수록 / **üben** 연습하다

Tip 'immer+비교급+werden'은 '점점 ~해지다'를 뜻한다.

1174 die **Ärztin** -nen

f. 의사 (여)

Nächste Woche hat meine Mutter einen Termin bei ihrer **Hausärztin**.
다음 주에 내 엄마는 그녀의 주치**의**(여)한테 예약이 되어 있다.

▸ **nächst** 가장 가까운, 바로 다음에 / m. **Termin** 예약, 일정

1175 der
Ausweis
-es, -e

m. **신분증, 증거, 보고**

Zeigen Sie mir bitte Ihren **Ausweis**. Hier ist der Eintritt erst ab 18 Jahren erlaubt.
(당신의) **신분증**을 보여 주십시오. 여긴 출입이 18세부터 비로소 가능합니다.

▸ **zeigen** 보여 주다, 표현하다 / **hier** 여기에 / m. **Eintritt** 입장 / **erst** 최초의, 첫 번째의 / **ab** ~부터 / n. **Jahr** 연도, (나이) 살 / **erlauben** 허가하다

1176 **bestätigen**

증명하다, 보증하다

Ich **bestätige** Ihnen die Teilnahme am Seminar.
저는 당신에게 세미나 참가를 **승인하**겠습니다.

▸ f. **Teilnahme** 참여 / n. **Seminar** 세미나

Tip 증명서, 확인서를 die Bestätigung이라고 한다.

1177 der
Dom
-(e)s, -e

m. **성당, 교회**

Er hat den Kölner **Dom** mit seinem Freund besucht.
그는 그의 친구와 쾰른 **성당**을 방문했다.

▸ m. **Freund** 친구, 남자 친구 / **besuchen** 방문하다

1178 der
Essig
-s, -e

m. **식초**

Sie tut **Essig** in den Salat.
그녀는 샐러드에 **식초**를 넣는다.

▸ **tun** 하다, 행하다 / m. **Salat** 샐러드

1179 **froh**

기쁜, 즐거운

Ah, ich bin so **froh**, dich zu sehen.
아, 난 너를 봐서 너무 **기뻐**.

▸ **sehen** 보다

1180 die
Generation
-, -en

f. 시대, 세대

In diesem Haus wohnen zwei **Generationen**.
이 집에는 두 **세대**가 산다.

▸ n. **Haus** 집 / **wohnen** 살다, 거주하다

1181 **hin und her**

이리저리(로)

Die Blätter schwanken im Winde **hin und her**.
나뭇잎이 바람에 **이리저리** 흔들린다.

▸ n. **Blatt** 잎, 종이 / **schwanken** 흔들리다 / m. **Wind** 바람

1182 der
Körper
-s, -

m. 몸, 신체, 육체

Mit einem gesunden **Körper** kann man alles machen.
건강한 **신체**로 사람들은 모든 것을 할 수 있다.

▸ **gesund** 건강한 / **machen** 하다, 만들다

B1

1183 **übertreiben**

과장하다, 지나치게 행동하다

Hör auf, zu **übertreiben**.
과장하는 것 좀 그만둬라.

▸ **aufhören** 그만하다

1184 **bereit**

준비가 된, 용의가 있는

Sie war noch nicht **bereit**.
그녀는 아직 **준비가** 안 **되어** 있었다.

▸ **noch** 아직

Tip 준비가 끝났을 땐 'Ich bin bereit! 나는 준비됐어!'라고 표현한다.

1185 **wohl**

좋은, 쾌적한, 훌륭한

Ich fühle mich **wohl**, wenn ich bei dir bin.
나는 너희 집에(네 곁에) 있으면 **좋은** 기분을 느낀다.

▸ **fühlen** 느끼다

---

die
1186 **Lippe**
-, -n

f. **입술**

Deine **Lippen** sind ganz rot und trocken.
네 **입술**이 완전히 빨갛고 건조하다.

▸ **ganz** 전체의, 아주, 완전히 / **rot** 빨간색의 / **trocken** 마른, 건조한

---

der
1187 **Mut**
-(e)s

m. **용기, 담력**

Ich habe nicht genug **Mut**, um vom Sprungturm im Schwimmbad zu springen.
나는 수영장 다이빙대에서 점프하기엔, **용기**가 충분하지 않다.

▸ **genug** 넉넉히, 충분히 / m. **Sprungturm** 다이빙대 / n. **Schwimmbad** 수영장 / **springen** 뛰다, 점프하다

Tip 복수가 없다.

---

das
1188 **Netz**
-es, -e

n. **그물, 네트**

Viele Fische waren im Fischer**netz**.
그물 안에 많은 물고기들이 있었다.

▸ m. **Fisch** 물고기 / m. **Fischer** 어부

---

das
1189 **Pflaster**
-s, -

n. **반창고**

Ich brauche ein **Pflaster** für meine Wunde.
나는 내 상처를 위해 **반창고**가 하나 필요하다.

▸ **brauchen** 필요로 하다 / f. **Wunde** 상처

1190 die **Reinigung** -, -en

f. 청소, 세정, 소독, 정화

Heute kommt die **Reinigung**sfrau.
오늘 그 **청소** 아주머니가 오셔.

▸ **heute** 오늘, 현재

1191 die **Schüssel** -, -n

f. 사발, 대접

Gibt es eine **Schüssel** bei dir Zuhause?
너희 집에 **사발** 하나 있어?

▸ n. **Zuhause** 본집

1192 die **Statistik** -, -en

f. 통계, 통계학

Hast du mal die **Statistiken** gesehen?
너 이 **통계** 본 적 있니?

▸ **sehen** 보다

1193 die **Theorie** -, -n

f. 이론, 학설

Die Relativitäts**theorie** von Albert Einstein ist sehr bekannt.
알버트 아인슈타인의 상대성 **이론**은 매우 유명하다.

▸ f. **Relativität** 상대성 / **bekannt** 알려진, 유명한

1194 **umgehen**

우회하다, 비껴가다

Wir sollten die Baustelle besser **umgehen**.
우린 이 공사장을 **우회해**서 가는 게 더 나을 것 같아.

▸ f. **Baustelle** 공사장

1195 die
Voraussetzung
-, -en

f. **전제 (조건), 가정**

Die **Voraussetzungen** für diesen Arbeitsplatz sind sehr hoch.
이 직업(일자리)을 위한 **요구 조건들이** 너무 높다.

▸ m. **Arbeitsplatz** 직장, 일자리 / **hoch** 높은

1196 der
Wecker
-s, -

m. **알람 시계**

Hast du deinen **Wecker** für morgen gestellt?
너 내일(을 위한) **알람** 맞춰 놓았니?

▸ **morgen** 내일 / **stellen** 세우다, 배치하다

1197 die
Zustimmung
-, -en

f. **동의, 찬성**

Für seine Rede erhielt er viel **Zustimmung** vom Publikum.
그는 그의 연설에 대해 청중들의 많은 **찬성**을 얻어 냈다.

▸ f. **Rede** 말, 연설, 토론 / **erhalten** 보존하다, 얻다 / n. **Publikum** 청중

1198 die
Aprikose
-, -n

f. **살구**

Die **Aprikose** schmeckt sehr süß.
살구는 맛이 아주 달다.

▸ **schmecken** 맛이 나다 / **süß** 단, 달콤한

1199 der
Antrag
-(e)s, Anträge

m. **신청, 제의, 제안**

Der Mann macht seiner Freundin einen Heirats**antrag**.
그 남자가 그의 여자 친구에게 **프로포즈**를 한다.

▸ **machen** 하다, 만들다 / f. **Heirat** 결혼

1200 der **Bewohner** -s, -

m. **주민, 거주자, 해충**

Dieses Haus hat 20 **Bewohner**.

이 집(건물)에는 20명의 **주민**이 있다.

▸ n. **Haus** 집

Tag 24

연습문제

1 보기에서 알맞은 단어를 어미 변화에 맞게 빈칸에 채워 문장을 완성하세요.

보기	an wohl Traum Pflaster tragen tun sich verletzen Satz

1 Er ______________ den ganzen Tag nichts.

2 Bitte ergänzen Sie diesen ______________ .

3 Ich ______________ dein Gepäck. Das ist zu schwer für dich.

4 Das Kind lehnt sich ______________ einen Baum.

5 Ich habe ______________ gestern ______________ .

6 Ich fühle mich ______________ wenn ich bei dir bin.

7 Ich brauche ein ______________ für meine Wunde.

2 뜻이 맞는 단어끼리 연결하세요.

1 umgehen •	• a 과장하다, 지나치게 행동하다
2 der Ausweis •	• b 우회하다, 비껴가다
3 die Ärztin •	• c 의사(여)
4 bereit •	• d 기쁜, 즐거운
5 übertreiben •	• e 준비가 된, 용의가 있는
6 froh •	• f 신분증, 증거, 보고

정답

1 ① tut ② Satz ③ trage ④ an ⑤ mich ... verletzt ⑥ wohl ⑦ Pflaster
2 ① b ② f ③ c ④ e ⑤ a ⑥ d

Tag 25

Ich will dich nicht **leiden** sehen.

난 네가 **고생하**는 걸 보고 싶지 않아.

Tag-25

A1

1201 der **Eintritt** -(e)s, -e

m. **입장, 개시, 등장**

Wir müssen keinen **Eintritt** zahlen.
우리는 **입장**(료)를 지불하지 않아도 된다.

▸ m. **Eintritt** 입장 / **zahlen** 지급하다, 지불하다

1202 **fern | sehen**

텔레비전을 보다

Gestern haben wir lange **ferngesehen**.
우리는 어제 오랫동안 **텔레비전을 봤다**.

▸ **gestern** 어제 / **lange** 오랫동안

1203 **gleich**

곧, 즉시, 금방

Ich komme **gleich**, fangen Sie erst mal an.
제가 **금방** 올게요, 우선 먼저 시작하세요.

▸ **kommen** 오다 / **anfangen** 시작하다 / **erst** 첫째로, 우선

Tip 'Bis gleich! 조금 있다가 봐!'도 많이 쓰이는 표현으로 함께 알아 두자.

1204 **heiraten**

결혼하다

Er **heiratet** die Tochter seines Nachbarn.
그는 그의 이웃집 딸과 **결혼한다**.

▸ f. **Tochter** 딸 / m. **Nachbar** 이웃

Tip 'heiraten+4격'은 '4격과 결혼하다'이다.

1205 **kulturell**

문화의, 문화적인

Deutschland ist ein **kulturelles** Land.
독일은 **문화적인** 나라다.

die
1206 **Leute**

pl. 사람들

Im Schwimmbad sind viele **Leute**.
많은 **사람들**이 수영장에 있다.

▸ n. **Schwimmbad** 수영장

Tip 항상 복수로 쓰이는 명사이다.

1207 **mit | bringen**

가져오다, 사 오다

Soll ich dir etwas **mitbringen**?
내가 너에게 어떤 것을 **가져다줘**야 하니?

▸ **etwas** 어떤 것, 무언가

der
1208 **Schuh**
-(e)s, -e

m. 신발

Zieh schnell deine **Schuhe** an!
얼른 네 **신발** 신어!

▸ **anziehen** (옷을) 입다, (신발을) 신다 / **schnell** 빠른

1209 **suchen**

찾다, 구하다

Peter **sucht** seinen Autoschlüssel.
피터가 그의 자동차 열쇠를 찾고 있다.

▸ n. **Auto** 자동차

1210 **treffen**

만나다

Treffen wir uns morgen?
우리 내일 **만날**래?

▸ **morgen** 내일

1211 das **Weihnachten** -, -

n. 크리스마스

Frohe **Weihnachten**!
메리 **크리스마스**!

Tip 대부분 관사 없이 쓰인다.

1212 der **Zufall** -(e)s, Zufälle

m. 우연

Es ist nur ein **Zufall**, dass ich sie getroffen habe.
내가 그녀를 만난 것은 **우연**일 뿐이다.

1213 **aus | gehen**

나가다, 외출하다

Sie war **ausgegangen**, um etwas zu kaufen.
그녀는 뭔가를 사려고 **외출했다**.

▸ **kaufen** 사다

1214 **berichten**

보고하다, 통지하다

Die Reporter **berichteten** über den Unfall.
리포터가 그 사고에 대해 **보도했다**.

▸ m. **Reporter** 기자 / m. **Unfall** 재해, 사고

1215 die **Brille** -, -n

f. 안경

Meine Augen sind schlecht und daher brauche ich eine **Brille**.
내 눈은 나쁘다 그리고 그 때문에 나는 **안경**이 필요하다.

▸ n. **Auge** 눈 / **schlecht** 나쁜 / **daher** 그런 까닭에 / **brauchen** 필요로 하다

1216 die
Erlaubnis
-, -se

f. 허가, 승인, 동의

Ich habe die **Erlaubins** meiner Eltern.
난 부모님의 **허락**이 있다 (허락을 받았다).

▸ pl. **Eltern** 부모님

1217 **furchtbar**

무서운, 끔찍한, 불쾌한

Das Essen schmeckt **furchtbar**!
음식 맛이 **끔찍해**!

▸ n. **Essen** 식사, 음식

1218 das
Gebäude
-s, -

n. (큰) 건물, 건축물

Das **Gebäude** brannte völlig aus.
그 **건물**은 내부가 완전히 다 탔다.

▸ **ausbrennen** 태워 없애다, 다 타다 / **völlig** 완전히, 아주

1219 der
Herbst
-(e)s, -e

m. 가을

Im **Herbst** ist es nicht mehr so heiß wie im Sommer.
가을에는 더 이상 여름처럼 그렇게 덥지 않다.

▸ **nicht mehr** 더 이상 아닌 / **heiß** 뜨거운, 더운 / **wie** ~처럼

1220 **indirekt**

간접적으로, 우회적으로

Sie hat eine Bitte **indirekt** abgewiesen.
그녀가 부탁을 **우회적으로** 거절했다.

▸ f. **Bitte** 부탁 / **abweisen** 거절하다

Tip 'indirekt 간접적으로, 우회적으로'의 반의어는 'direkt 직접적으로'이다.

1221 **küssen**

키스하다

Das Ehepaar **küsst** sich einander.
그 부부가 서로 **키스하**고 있다.

▸ n. **Ehepaar** 부부 / **einander** 서로

1222 **los | gehen**

떠나가다, 출발하다

Wir müssen sofort **losgehen**. Sonst kommen wir zu spät an.
우리는 즉시 **출발해**야 해. 그렇지 않으면 너무 늦게 도착할 거야.

▸ **sofort** 즉각 / **sonst** 그렇지 않으면 / **ankommen** 도착하다 / **spät** 늦은, 지각한

Tag 25

die
1223 **Meinung**
-, -en

f. 의견, 소견, 의향

Was ist deine **Meinung** zu dem Thema?
그 주제에 네 **의견**은 무엇이니?

▸ n. **Thema** 주제

1224 **nämlich**

즉, 왜냐하면 ~때문에

Ich kann leider nicht mitkommen. Ich habe **nämlich** am Mittwoch einen Besuch beim Arzt.
안타깝게도 나는 함께 갈 수 없어. 수요일에 병원에 가야 하기 **때문이야**.

▸ **leider** 유감스럽게도 / **mitkommen** 함께 오다 / m. **Besuch** 방문 / m. **Arzt** 의사 / m. **Mittwoch** 수요일

Tip 부정 관사 없이 'Ich habe nämlich Besuch.'라고 말하면 '손님이 (나를 방문) 오기 때문에'라는 의미가 된다.

der
1225 **Physiker**
-s, -

m. 물리학자

Ich habe großen Respekt vor dem **Physiker**.
나는 그 **물리학자**에게 많은 존경심을 가지고 있다.

▸ **groß** 큰 / m. **Respekt** 존경, 존중

1226 die
Reihenfolge
-, -n

f. 차례, 순번, 서열

Alle müssen die **Reihenfolge** einhalten!
모두가 **차례**를 지켜야만 해!

▸ **einhalten** 지키다

1227 der
Schnee
-s

m. 눈(雪)

Wir bauen einen **Schnee**mann.
우리는 **눈**사람을 만든다.

▸ **bauen** 세우다, 짓다

Tip 복수가 없다.

1228 **trotz**

~에도 불구하고

Trotz des Regens geht sie aus, um auf den Berg zu steigen.
산을 오르기 위해서 그녀는 비가 오는데**도 불구하고** 외출한다.

▸ m. **Regen** 비 / **ausgehen** 나가다, 외출하다 / m. **Berg** 산 / **steigen** 오르다

1229 das
Ufer
-s, -

n. 물가, 강가, 해안

Es ist schön, am See**ufer** spazieren zu gehen.
호숫가에 산책하러 가는 것이 좋다.

▸ **schön** 아름다운, 좋은 / m. **See** 호수 / **spazieren** 산책하다 / **gehen** 가다

1230 der
Vorschlag
-(e)s, Vorschläge

m. 제안

Ich kann Ihrem **Vorschlag** nicht zustimmen.
나는 당신의 **제안**에 동의할 수 없군요.

▸ **zustimmen** 동의하다

Tip 'zustimmen+3격: 3격에 동의하다' 구조를 숙지하자.

1231 das **Wohnzimmer** -s, -

n. 거실

Ich bin meistens im **Wohnzimmer**.
나는 대부분 **거실**에서 있는다.

▸ **meistens** 보통은, 대부분

B1

1232 **zusätzlich**

추가적으로, 보충의

Meine Mutter kauft **zusätzlich** noch eine Flasche Wasser.
우리 엄마가 **추가로** 물을 한 병 더 구매한다.

▸ f. **Mutter** 어머니 / **kaufen** 사다 / **noch** 또, 더 / f. **Flasche** 병 / n. **Wasser** 물

1233 **auf | heben**

줍다, 집어 들다, 폐지하다

Er **hebt** sein Geld vom Boden **auf**.
그는 바닥에서 그의 돈을 **줍는다**.

▸ n. **Geld** 돈 / m. **Boden** 바닥

1234 **beleidigen**

모욕하다, 불쾌감을 주다

Ich wollte dich nicht **beleidigen**, tut mir leid.
내가 너를 **불쾌하게 하**려던 건 아니었어, 미안해.

1235 die **Bremse** -, -n

f. 브레이크, 제동기

Meine **Bremse** ist kaputt.
내 **브레이크**가 고장 났다.

▸ **kaputt** 고장 난, 훼손된, 망가진

1236 der **Dienst** -(e)s, -e

m. 직위, 근무, 고용 관계

Er bietet uns seine **Dienste** an.
그가 우리에게 그의 **직무들**을 제안한다.

▸ **anbieten** 제공하다, 제안하다

1237 die **Entscheidung** -, -en

f. 결정, 결심

Wir müssen eine **Entscheidung** treffen.
우리는 **결정**을 내려야만 한다.

▸ **treffen** 만나다

Tip 'eine Entscheidung treffen 결정을 내리다'는 sich entscheiden과 동일한 뜻이다.

1238 die **Erkältung** -, -en

f. 감기

Ich habe eine **Erkältung**.
나 **감기** 걸렸어.

Tip 'Ich bin erkältet.'으로도 쓸 수 있다.

1239 die **Folge** -, -n

f. 계속, 연속, 순서

Ich habe von dem amerikanischen Drama schon alle **Folgen** geguckt.
나는 벌써 그 미국 드라마의 모든 **시리즈**를 보았다.

▸ **amerikanisch** 미국의 / n. **Drama** 극, 드라마 / **schon** 벌써 / **gucken** 바라보다

1240 das **Gift** -(e)s, -e

n. 독

Manche Schlangen haben **Gift**.
상당수의 뱀은 **독**을 가지고 있다.

▸ **manch** 여럿의 / f. **Schlange** 뱀

Tip 'Manche Schlangen sind giftig.'로도 쓸 수 있다.

1241 der **Hof** -(e)s, Höfe

m. **뜰, 안마당, 농장**

Im **Hof** steht eine Bank zum Sitzen.
뜰에는 앉을 벤치가 있다.

▸ **stehen** 서 있다, 위치하다 / f. **Bank** 벤치 / m. **Sitz** 의자의 앉는 부분, 자리

1242 **inzwischen**

그동안, 그러는 사이에

Inzwischen hat der Regen aufgehört.
그러는 사이에 비가 멈췄다.

▸ m. **Regen** 비 / **aufhören** 끝나다, 그만하다

1243 die **Jugendherberge** -, -n

f. **유스 호스텔**

Wir übernachten in einer **Jugendherberge**, weil es billiger als ein Hostel ist.
우린 **유스 호스텔**에서 숙박한다, 왜냐하면 호스텔보다 값이 저렴하기 때문이다.

▸ **übernachten** 숙박하다 / **billig** 싼

1244 die **Katastrophe** -, -n

f. **대참사, 재해, 파멸**

Das ist eine totale **Katastrophe**!
이건 완전히 **대참사**야!

1245 **leiden**

견디다, 고생하다, ~에 시달리다

Ich will dich nicht **leiden** sehen.
난 네가 **고생하**는 걸 보고 싶지 않아.

▸ **sehen** 보다

1246 die **Mülltonne** -, -n

f. **쓰레기통**

Sie wirft den Müll in die **Mülltonne**.
그녀가 그 쓰레기를 **쓰레기통**에 버린다.

▸ **werfen** 버리다 / m. **Müll** 쓰레기

1247 **national**

국가의, 국민의, 민족의

Alle Bürger haben die Fußball**national**mannschaft angefeuert.
전 국민이 축구 **국가** 대표 팀을 응원했다.

▸ m. **Bürger** 시민 / m. **Fußball** 축구 / f. **Mannschaft** 팀 / **anfeuern** 점화하다, 격려하다

1248 **offenbar**

공개적인, 분명한

Das ist **offenbar** ein großes Problem.
이것은 **분명히** 하나의 큰 문제다.

▸ **groß** 큰 / n. **Problem** 문제

1249 die **Pension** -, -en

f. **퇴직, 연금, 하숙(집), 여관**

Unsere **Pension** kostet 30 Euro pro Nacht.
우리 **펜션**은 하룻밤에 30유로입니다.

▸ **kosten** (비용이) 들다 / **pro** ~당, ~마다 / f. **Nacht** 밤

1250 der **Ratschlag** -(e)s, Ratschläge

m. **충고, 조언**

Der **Ratschlag** war sehr gut.
그 **조언**은 매우 좋았다.

연습문제

1 보기에서 알맞은 단어를 어미 변화에 맞게 빈칸에 채워 문장을 완성하세요.

보기	Ufer Entscheidung Treffen trotz Weihnachten heiraten national

1 Er ______________ die Tochter seines Nachbarn.

2 ______________ wir uns morgen?

3 Wir müssen eine ______________ treffen.

4 Frohe ______________ !

5 Am ______________ ist es schön spazieren zu gehen.

6 ______________ des Regens geht sie aus, um auf den Berg zu steigen.

2 뜻이 맞는 단어끼리 연결하세요.

1 der Ratschlag •	• a 모욕하다, 불쾌감을 주다
2 leiden •	• b (큰) 건물, 건축물
3 nämlich •	• c 왜냐하면 ~때문에
4 das Gebäude •	• d 추가적으로, 보충의
5 beleidigen •	• e 견디다, 고생하다, ~에 시달리다
6 zusätzlich •	• f 충고, 조언

정답

1 ① heiratet ② Treffen ③ Entscheidung ④ Weihnachten ⑤ Ufer ⑥ Trotz
2 ① f ② e ③ c ④ b ⑤ a ⑥ d

Woche
6

Tag 26

Er ist beim Lesen

eingeschlafen.

그는 책을 읽다가 **잠들었다**.

Tag 27

Das **Leben** ist schön,

aber manchmal ist es schwer.

인생은 아름답지만, 가끔 힘들다.

Tag 28

Ich **entdeckte**

einen neuen Weg.

나는 새로운 길을 **발견했다**.

Tag 29

Sind wir uns nicht schon

mal **irgendwo** begegnet?

우리 **어디선가** 만난 적 있지 않아요?

Tag 30

Ich habe seine Frage mit

einem 'Nein' **beantwortet**.

나는 그의 질문에 '아니요'라고 **대답했다**.

Tag 26

Er ist beim Lesen **eingeschlafen.**

그는 책을 읽다가 **잠들었다.**

Tag－26

A1

1251 **schließen**

잠그다, 닫다

Das Kaufhaus ist sonntags **geschlossen**.
백화점이 일요일에 **닫는다**.

▸ n. **Kaufhaus** 백화점 / **sonntags** 일요일마다

1252 **sehr**

매우, 대단히, 몹시, 아주

Er ist ein **sehr** beliebter Schauspieler.
그는 **아주** 인기있는 배우다.

▸ **beliebt** 인기있는 / m. **Schauspieler** 배우

1253 **tanzen**

춤추다

Kannst du gut **tanzen**?
너는 **춤을** 잘 **출** 수 있니?

1254 der **Whisky** -s, -s

m. **위스키**

Er trinkt den **Whisky** pur.
그는 **위스키**를 스트레이트로 마신다.

▸ **trinken** 마시다 / **pur** 순수한, 혼합(희석)하지 않은

Wow~

1255 **auf**

(접촉된) ~위에, ~위로

Die Katze klettert **auf** den Baum.
고양이가 나무 **위로** 올라간다.

▸ f. **Katze** 고양이 / **klettern** 기어오르다 / m. **Baum** 나무

Tip auf는 3, 4격 동시 지배 전치사이며, '접촉된' 위를 나타낸다. 주로 장소 · 위치는 3격으로(~에), 이동 · 방향은 4격으로(~으로) 사용한다.

---

die
1256 **Blume**
-, -n

f. 꽃

Sie stellt **Blumen** in eine Vase.
그녀가 꽃병에 **꽃**을 꽂는다.

▸ **stellen** 세우다, 배치하다 / f. **Vase** 꽃병

1257 **dauern**

지속되다, (시간이) 걸리다

Mein Aufenthalt **dauert** 2 Monate.
나의 체류는 두 달 동안 **지속된다**.

▸ m. **Aufenthalt** 체류 / m. **Monat** 달, 월

---

das
1258 **Fleisch**
-(e)s

n. 고기

Er isst gern **Fleisch** und Wurst.
그는 **고기**와 소시지를 즐겨 먹는다.

▸ **essen** 먹다 / **gern** 즐겨, 기꺼이 / f. **Wurst** 소시지

Tip 복수가 없다.

---

das
1259 **Gewicht**
-(e)s, -e

n. 무게, 중량, 체중, 역기

Wie kann ich schnell abnehmen?
Mein Traum**gewicht** ist 45㎏.
나 어떻게 빠르게 살을 뺄 수 있을까? 내 꿈의 **몸무게**는 45㎏이야.

▸ **schnell** 빠른, 빨리 / **abnehmen** 떼어 내다, 줄이다, 살을 빼다 / m. **Traum** 꿈

Tag 26

1260 die **Heimat** -, -en

f. 고향

Wir haben unsere **Heimat** verlassen.
우리는 우리의 **고향**을 떠났다.

▸ **verlassen** 떠나다

A2

1261 der **Kredit** -(e)s, -e

m. 신용, 외상, 대출

Ich muss einen **Kredit** aufnehmen.
나는 **신용 대출**을 받아야 한다.

▸ **aufnehmen** 시작하다, 개시하다, (돈을) 차용하다

1262 **lösen**

풀다, 해결하다

Ihr Hobby ist das **Lösen** von Rätseln.
그녀의 취미는 수수께끼를 **푸는** 것이다.

▸ n. **Hobby** 취미 / n. **Rätsel** 수수께끼

1263 die **Musik** -, -

f. 음악, 악곡

Diese **Musik** gefällt mir gar nicht.
이 **음악**이 내 마음에 전혀 들지 않는다.

▸ **gefallen** ~의 마음에 들다 / **gar** 전혀

1264 der **Norden** -s

m. 북쪽

Das Zimmer liegt nach **Norden**.
그 방은 **북**향이다.

▸ n. **Zimmer** 방 / **liegen** 누워 있다, 위치하다

Tip 복수가 없다.

1265 **putzen**

청소하다, 닦다

Ich muss heute noch die Fenster **putzen**.
나는 오늘 창문들을 **닦아**야 한다.

▸ **heute** 오늘 / **noch** 아직, 여전히, 또 / n. **Fenster** 창문

1266 **raten**

충고하다, 추측하다

Du **rätst** mir davon ab?
너가 나에게 그것에 대해 **충고해** 줄 수 있니?

▸ **davon** 그것에 관하여 /
abraten 충고해서 (안 좋은 것을) 못하게 말리다

Tip 말할 때 강조하기 위해 주어가 먼저 나오기도 한다.

Tag 26

die
1267 **Seife**
-, -n

f. **비누**

Ich mag Flüssig**seife** mehr.
나는 액체 **비누**를 더 좋아한다.

▸ **mögen** 좋아하다 / **flüssig** 흐르는, 액체의

der
1268 **Stiefel**
-s, -

m. **장화, 부츠**

Meine Mama hat teure Winter**stiefel**.
우리 엄마는 비싼 겨울 **부츠**를 가지고 계십니다.

▸ **teuer** 비싼 / m. **Winter** 겨울

der
1269 **Tipp**
-s, -s

m. **팁, 힌트**

Können Sie mir einen **Tipp** für Kartoffelsalat geben?
당신이 나에게 감자 샐러드를 위한 (요리)**팁**을 줄 수 있을까요?

▸ m. **Kartoffelsalat** 감자 샐러드 / **geben** 주다

1270 der
Witz
-es, -e

m. **재치, 농담, 위트**

Sie erzählt gerne **Witze**.
그녀는 **농담**을 잘 이야기한다.

▸ **erzählen** 이야기하다 / **gern** 즐겨, 기꺼이

1271 **zeigen**

제시하다, 보여 주다

Ich **zeige** dir, wie man es macht.
그걸 어떻게 하는지 내가 너에게 **보여 줄**게.

▸ **machen** 하다, 만들다

1272 der
Ärger
-s

m. **화, 불만**

Er hat viel **Ärger** mit seinem Kollegen.
그는 그의 동료에게 매우 **불만**이 있다. (동료 역시 그에게 불만이 많은 상태)

▸ **viel** 많은 / m. **Kolleg** 동료

Tip 복수가 없다.

1273 **bunt**

알록달록한, 다채로운

Sie trägt ein **buntes** Kleid.
그녀는 **알록달록한** 원피스를 입고 있다.

▸ m. **Herbst** 가을 / m. **Blatt** 잎, 종이

Tip 'bunt 다채로운'의 비교급-최상급은 bunter-buntest이다.

1274 **drücken**

누르다, 압력을 가하다, 압박하다

Der Chef unter**drück**t seine Arbeiter.
상사가 직원들을 억**압**한다.

▸ **unterdrüken** 억압하다

1275 **ein | schlafen**

잠들다

Er ist beim Lesen **eingeschlafen**.
그는 책을 읽다가 **잠들었다**.

Tip 상태가 변하기 때문에 sein 동사를 쓴다.

die
1276 **Freiheit**
-, -en

f. 자유

Die Bürger kämpfen für die **Freiheit**.
국민들이 **자유**를 위해 싸운다.

▸ m. **Bürger** 시민 / **kämpfen** 싸우다

1277 **grün**

녹색의, 초록의

Die Bäume werden immer wieder **grün**.
나무들은 거듭하여 **푸르러**진다.

▸ m. **Baum** 나무 / **immer wieder** 반복해서, 되풀이하여

die
1278 **Halskette**
-, -n

f. 목걸이

Ihre **Halskette** wurde gestern gestohlen.
그녀의 **목걸이**가 어제 도난당했다.

▸ **gestern** 어제 / **stehlen** 훔치다

der
1279 **König**
-(e)s, -e

m. 왕, 국왕

Hier im Restaurant ist der Kunde '**König**'.
여기 이 식당에서는 손님이 '**왕**'이다.

▸ n. **Restaurant** 식당 / m. **Kunde** 고객

1280 **lokal**

장소의

Wenn du nach Barcelona fliegst, probiere mal das **lokale** Gericht.

만약 네가 바르셀로나로 간다면 **지역** 요리를 한번 시도해 봐.

▸ **fliegen** 날다, 비행기로 가다 / **probieren** 시험 삼아 해 보다, 시도하다

der
1281 **Meter**
-s, -

m. **미터**

Der Tisch ist drei **Meter** breit.

그 탁자는 너비가 3**미터**이다.

▸ m. **Tisch** 테이블, 탁자 / **breit** 너비가 ~인, 폭이 넓은

B1

der
1282 **Nachteil**
-(e)s, -e

m. **단점, 손해, 불이익**

Das ist ein großer **Nachteil**, dass ich jeden Tag mit dem Auto 100㎞ zur Arbeit fahren muss.

내가 매일 차를 타고 100㎞를 일하러 가야만 한다는 것은 큰 **단점**이다.

▸ **groß** 큰 / m. **Tag** 낮, 일 / n. **Auto** 자동차 / f. **Arbeit** 일 / **fahren** 타고 가다, ~(으)로 가다

Tip 'Nachteil 단점'의 반의어는 'der Vorteil 장점, 이점'이다.

der
1283 **Ofen**
-s, Öfen

m. **오븐, 가마, 난로**

Schieb bitte die Pizza in den **Ofen**.

피자를 **오븐**에 좀 넣어 줘.

1284 der **Bescheid** -(e)s, -e

알려주다, 통보하다

Ich habe **Bescheid** gegeben, dass ich heute nicht zur Party kommen kann.
나는 오늘 파티에 갈 수 없다는 것을 **알렸다**.

▸ **heute** 오늘, 현재 / f. **Party** 파티 / **kommen** 오다

Tip Bescheid geben은 '통보하다, 답하다'의 의미이다.

1285 die **Regel** -, -n

f. 규칙

In der **Regel** müssen Sie dreimal am Tag die Medizin nehmen.
규칙대로(**규칙**적으로) 하루에 세 번 그 약을 복용하십시오.

▸ **dreimal** 세 번 / m. **Tag** 날, 일 / f. **Medizin** 약품 / **nehmen** 사용하다, 복용하다

1286 die **Sahne**

크림

Deine Tochter möchte eine Eisschokolade mit **Sahne**.
네 딸은 **크림**이 들어간 아이스 초콜릿 (음료)를 원한다.

▸ f. **Tochter** 딸 / **möchten** 원하다 / f. **Schokolade** 초콜릿

Tip 복수가 없다.

1287 das **Seminar** -s, -e

n. 세미나, 학회

Herr Dr. Braun hat am Wochenende ein **Seminar**.
브라운 박사님은 주말에 **세미나**가 있다.

▸ n. **Wochenende** 주말

1288 die **Überschrift** -en

f. 제목, 표제

Die **Überschrift** des Buches passt nicht zum Inhalt.
그 책의 **제목**은 내용과 맞지 않는다.

▸ n. **Buch** 책 / **passen** 알맞다, 어울리다 / m. **Inhalt** 내용

1289 das **Tor** -(e)s, -e

n. 문, 대문, 골, 골대

Als Thomas Müller ein **Tor** gemacht hat, haben alle deutschen Fans gejubelt.
Thomas Müller가 **골**을 넣었을 때, 모든 독일 팬들이 환호했다.

▸ **machen** 하다, 만들다 / **jubeln** 환호하다

Tip Thomas Müller는 독일의 축구 선수이다.

1290 **unglaublich**

믿을 수 없는, 믿기 힘든

Es ist ein **unglaublich** schöner Tag.
(오늘은) **믿을 수 없게** 아름다운 날이다.

▸ **schön** 아름다운, 좋은 / m. **Tag** 날, 일

1291 **vertreten**

대리하다, 대행하다, 대표하다

Ich **vertrete** heute euren Englischlehrer, weil er krank ist.
내가 오늘 너희들의 영어 선생님을 **대신할**게, 선생님이 아프시거든.

▸ **heute** 오늘, 현재 / m. **Englischlehrer** 영어 선생님

1292 die **Wärme**

따뜻함, 온기

Mir fehlt die **Wärme** in unserer Wohnung.
(나에겐) 우리 집에 **온기**가 부족하다.

▸ **fehlen** 실패하다, 아쉽다, 부족하다 / f. **Wohnung** 집

Tip 복수가 없다.

1293 der **Zuhörer** -s, -

m. 청취자, 청중

Bist du ein **Zuhörer** von unserer Radioshow?
너는 우리 라디오 쇼의 **청취자**니?

▸ f. **Radioshow** 라디오 쇼

1294 die **Aufforderung** -, -en

f. 요구, 요청

Ich bin der **Aufforderung** nicht nachgekommen.
나는 그 **요청**을 따르지 않았다.

▸ **nachkommen** 따라하다, 따르다, 응하다

1295 das **Amt** -(e)s, Ämter

n. 공직, 공무

Er hat im **Amt** gearbeitet.
그는 **공직**에서 일했었다.

▸ **arbeiten** 일하다, 노동하다

Tag 26

1296 der **Bedarf** -(e)s, -

m. 필요, 필수품, 수요

Wie groß ist Ihr persönlicher **Bedarf** an Alkohol?
당신은 개인적으로 술을 **얼마나** 먹을 수 있나요? (개인적인 알코올의 **수요**는 얼마나 되나요?)

▸ **groß** 큰 / **persönlich** 개인적인 / m. **Alkohol** 술, 알코올

1297 der **Boden** -s, Böden

m. 바닥, 지면

Meine Hose liegt auf dem **Boden**.
내 바지가 **바닥**에 놓여 있다.

▸ f. **Hose** 바지 / **liegen** 누워 있다, 놓여 있다, 위치하다

1298 **dankbar**

고마워하는

Der Lehrer ist dir sehr **dankbar** für deine Hilfe.
선생님이 네 도움에 대해 매우 **고맙게** 생각하고 계셔.

▸ m. **Lehrer** 선생님 / f. **Hilfe** 도움

1299 die
Einrichtung
-, -en

f. 정돈, 설립, 가구 배치

Eure Küchen**einrichtung** ist sehr modern!
너희들(의) 주방 **설계**는 굉장히 현대적이다!

▸ f. **Küche** 부엌 / **modern** 현대의

1300 **fest | setzen**

확정하다

Sie **setzen** den Ort und die Zeit der Hochzeit **fest**.
그들이 결혼식 장소와 시간을 **확정한다**.

▸ m. **Ort** 장소 / f. **Zeit** 시간 / f. **Hochzeit** 결혼식

연습문제

1 보기에서 알맞은 단어를 어미 변화에 맞게 빈칸에 채워 문장을 완성하세요.

보기 auf Blume lösen dankbar festsetzen Freiheit

1 Sie stellt ______________ in eine Vase.
2 Die Katze klettert ______________ den Baum.
3 Der Lehrer ist dir sehr ______________ für deine Hilfe.
4 Sie ______________ den Ort und die Zeit der Hochzeit ______.
5 Die Bürger kämpfen für die ______________.
6 Ihr Hobby ist das ______________ von Rätseln.

2 뜻이 맞는 단어끼리 연결하세요.

1 die Sahne •	• a 크림
2 bunt •	• b 장화, 부츠
3 dauern •	• c 알록달록한, 다채로운
4 die Überschrift •	• d 누르다, 압력을 가하다
5 der Stiefel •	• e 표제
6 drücken •	• f 지속되다, (시간이) 걸리다

Tag 26

정답
1 ① Blumen ② auf ③ dankbar ④ setzen ... fest ⑤ Freiheit ⑥ Lösen
2 ① a ② c ③ f ④ e ⑤ b ⑥ d

Tag 27

Das **Leben** ist schön, aber manchmal ist es schwer.

인생은 아름답지만, 가끔 힘들다.

Tag-27

A1

1301 **gehören**

~에게 속하다, ~소유이다

Das Buch **gehört** mir.

그 책은 나에게 **속한다 (내 것이다)**.

▸ n. **Buch** 책

Tip 'gehören+3격'은 '3격에게 속한다'라는 의미이다.

1302 **herzlich**

진심의, 진정한, 대단히, 정말

Er war sehr **herzlich** zu mir.

그는 나에게 매우 **진심이**었다 (진심으로 대했다).

1303 **kriegen**

얻다, 획득하다, 전쟁하다

Kriegen wir auch ein Eis?

우리도 아이스크림 **얻어**?

▸ n. **Eis** 얼음, 아이스크림

Tip 구어체이다.

1304 das **Leben** -s, -

n. **인생, 삶, 생명**

Das **Leben** ist schön, aber manchmal ist es schwer.

인생은 아름답지만, 가끔 힘들다.

▸ **schön** 아름다운, 좋은 / **aber** 하지만 / **manchmal** 때때로 / **schwer** 어려운, 무거운

1305 die
Mitte
-, -n

f. 중앙, 중심

Ich stehe in der **Mitte** vom Wohnzimmer.
나는 거실 **중앙**에 서 있다.

▸ **stehen** 서다, 서 있다 / n. **Wohnzimmer** 거실

1306 die
Straßen-bahn
-, -en

f. 시가 철도, 시가 전차

Meine Schwester fährt samstags mit der **Straßenbahn** zur Arbeit.
내 여동생은 토요일마다 **시가 전차**를 타고 일하러 간다.

▸ f. **Schwester** 여자 형제 / **fahren** 타고 가다, ~(으)로 가다 / **samstags** 토요일마다 / f. **Arbeit** 일

Tip Straßenbahn의 줄임 표현 S-Bahn으로도 많이 사용한다.

1307 der
Winter
-s, -

m. 겨울

Ich bin schon den dritten **Winter** hier in Spanien.
나는 벌써 여기 스페인에서 세 번째 **겨울**을 보내고 있다.

▸ **schon** 이미, 벌써 / **dritt** 셋째의 / **hier** 이곳에, 여기에 / **Spanien** 스페인

1308 der
Bleistift
-(e)s, -e

m. 연필

Ich schreibe einen Brief mit dem **Bleistift**.
나는 **연필**로 편지를 쓴다.

▸ **schreiben** 쓰다 / m. **Brief** 편지

1309 der
Arbeits-platz
-es, Arbeitsplätze

m. 직장, 일터, 일자리

Mein **Arbeitsplatz** ist immer sauber.
나의 **일터**는 항상 깨끗하다.

▸ **immer** 늘, 항상 / **sauber** 깨끗한

1310 der
Fehler
-s, -

m. **오류, 실수, 잘못**

Bitte mach keine **Fehler** mehr.
제발 더 이상 **실수**하지 마.

▸ **machen** 하다, 만들다

A2

1311 die
Gesundheit
-

f. **건강, 건전**

Die **Gesundheit** meiner Mutter ist mir sehr wichtig.
내 어머니의 **건강**이 나에게 정말 중요하다.

▸ f. **Mutter** 어머니 / **wichtig** 중요한

Tip 복수가 없다.

1312 die
Herkunft
-, Herkünfte

f. **출신, 혈통, 출처**

Die **Herkunft** des Wortes ist unklar.
그 단어의 **어원**은 불분명하다.

▸ n. **Wort** 낱말, 단어 / **unklar** 불분명한

1313 die
Krankenkasse
-, -n

f. **의료 보험 회사**

Meine **Krankenkasse** bezahlt die Arztrechnung.
나의 **의료 보험 회사**에서 그 진료비를 지불한다.

▸ **bezahlen** 지불하다 / f. **Arztrechnung** 진료 계산서

1314 die
Medizin
-, -

f. **의학**

Die **Medizin** ist eines der beliebtesten Fächer an unserer Universität.
의예과는 우리 대학교에서 가장 인기있는 학과 중 하나이다.

▸ **beliebt** 인기있는 / n. **Fach** 과목, 학과 / f. **Universität** 대학

1315 der **Nachmittag** -s, -e

m. 오후

Am frühen **Nachmittag** bin ich ins Kino gegangen.
나는 이른 **오후**에 영화관에 갔다.

▸ **früh** 이른 / n. **Kino** 영화관 / **gehen** 가다

Tip 오전은 der Vormittag이라고 한다.

1316 **probieren**

시험 삼아 해 보다, 검사하다

Willst du mein Essen auch mal **probieren**?
너 내 음식도 한번 좀 **먹어 볼래**?

▸ **wollen** 원하다, ~하고 싶다 / n. **Essen** 음식, 식사 / **auch** ~도

1317 **rund**

둥근, 원형의, 대략

Der Lehrer hat einen **runden** Kreis und ein Viereck an die Tafel gemalt.
선생님은 칠판에 **둥근** 원 하나와 사각형 하나를 그렸다.

▸ m. **Lehrer** 선생님 / m. **Kreis** 원 / n. **Viereck** 사각형 / f. **Tafel** 칠판 / **malen** 그리다

1318 **schimpfen**

욕하다, 꾸짖다

Als sie mit mir **geschimpft** hat, ging es mir schlecht.
그녀가 나를 **꾸짖었**을 때, 나는 기분이 좋지 않았다.

▸ **gehen** 가다, 진행되다 / **schlecht** 나쁜

1319 das **System** -s, -e

n. 시스템, 조직, 체계

Deutsch ist logisch und hat ein **System**.
독일어는 논리적이며 **체계**를 가지고 있다.

▸ **logisch** 논리적인

Tag 27

1320 die
Türkei

f. 터키

In der **Türkei** gibt es viele Sehenswürdigkeiten.
터키에는 많은 관광 명소가 있다.

▸ f. **Sehenswürdigkeit** 구경거리, 관광 명소

Tip 중성이 아닌 국가명은 반드시 관사를 표시해야 한다.

1321 **vereinbaren**

협정하다, 일치시키다

Ich möchte einen Termin **vereinbaren**.
나는 일정을 **잡**고 싶습니다.

▸ **möchten** 원하다 / m. **Termin** 일정

1322 **wegen**

~ 때문에

Sie hat es **wegen** ihrer Kinder getan.
그녀는 그것을 그녀의 아이들 **때문에** 했다.

▸ n. **Kind** 아이 / **tun** 하다

1323 die
Zeile
-, -n

f. (문장) 줄, 행

Du musst noch eine **Zeile** schreiben.
너는 한 **줄** 더 써야만 한다.

▸ **müssen** ~해야만 한다 / **noch** 또, 더 / **schreiben** 쓰다

1324 **(sich) aus | ruhen**

쉬다

Ich muss mich erst mal **ausruhen**.
난 일단 좀 **쉬어**야만 해.

▸ **erst mal** 우선

1325 **ander-**

다른

Er mag Erdbeeren, aber **ander**es Obst nicht.
그는 딸기를 좋아하지만 **다른** 과일은 좋아하지 않는다.

▸ **mögen** 좋아하다 / f. **Erdbeere** 딸기 / n. **Obst** 과일

Tip 부사 'anders 다른'와 철자를 혼동하지 않도록 주의하자.

1326 der **Basketball** -(e)s, -

m. **농구**

Seine Freunde spielen gerne **Basketball**.
그의 친구들은 **농구**를 즐겨 한다.

▸ m. **Freund** 친구 / **spielen** 놀다, 연주하다, 경기하다 / **gern** 즐겨, 기꺼이

1327 **beliebt**

호평받는, 인기있는

Ihr kleiner Bruder ist ein **beliebt**er Sänger.
그녀의 남동생은 **인기있는** 가수다.

▸ **klein** 작은, 적은, 어린 / m. **Bruder** 남자 형제 / m. **Sänger** 가수

1328 **deswegen**

그 때문에

Sie lernte bis spät in die Nacht, **deswegen** ist sie müde.
그녀는 밤 늦게까지 공부했**기 때문에** 피곤하다.

▸ **lernen** 배우다 / **bis** ~까지 / **spät** 늦은 / f. **Nacht** 밤 / **müde** 피곤한

1329 **elegant**

우아한, 멋진

Dieser Wagen ist sehr **elegant**.
이 차는 정말 **멋지**다.

▸ m. **Wagen** 수레, 자동차

Tag 27

1330 das
Fest
-(e)s, -e

n. **축제, 경축일**

Es gibt bald ein Sommer**fest**.
곧 여름 **축제**가 있다.

▸ **bald** 곧 / m. **Sommer** 여름

B1

1331 das
Gras
-es, Gräser

n. **풀, 목초**

In meinem Garten wächst grünes **Gras**.
내 정원에는 초록색의 **풀**이 자란다.

▸ m. **Garten** 정원 / **wachsen** 자라다, 성장하다 / **grün** 초록색의

1332 **höflich**

공손한

Wir bitten **höflich** um Hilfe.
우리는 **공손하게** 도움을 부탁한다.

▸ **bitten** 부탁하다 / f. **Hilfe** 도움

Tip 'bitten um+4격'은 '4격을 요청하다'를 나타낸다.

1333 die
Infektion
-, -en

f. **전염, 감염**

Hast du vielleicht eine **Infektion**?
너 혹시 **전염병**에 걸렸니?

▸ **vielleicht** 아마도, 혹시

1334 **jedesmal**
(=jedes Mal)

매번

Jedesmal, wenn ich dich anrufe, antwortest du nicht.
매번 내가 너에게 전화를 걸 때마다 너는 응답하지 않는다.

▸ **anrufen** 전화하다 / **antworten** 응답하다

1335 der **Kandidat**
-en, -en

m. **후보자, 지원자, 응모자**

Wie viele **Kandidaten** haben wir heute?
오늘 얼마나 많은 **지원자들**이 있나요?

▸ **heute** 오늘, 현재

1336 **lecker**

맛있는

Das Essen hier schmeckt **lecker**.
여기 음식들이 너무 **맛있다**.

▸ n. **Essen** 음식, 식사 / **hier** 여기에 / **schmecken** 맛이 나다

1337 **möglichst**

가능한 한, 되도록

Bitte send(e) mir das Geld **möglichst** schnell.
제발 나에게 그 돈 **되도록** 빨리 보내 줘.

▸ **senden** 보내다 / n. **Geld** 돈 / **schnell** 빠른

1338 **nutzen**

이용하다

Wie können wir künstliche Intelligenz zu unserem Vorteil **nutzen**?
우리는 어떻게 인공 지능을 우리에게 유리하게 **이용할** 수 있을까?

▸ **können** ~할 줄 알다, ~할 수 있다 / **künstlich** 인조의, 인위적인 / f. **Intelligenz** 지능 / m. **Vorteil** 이점, 장점

1339 **ordnen**

정돈하다, 배열하다

Ich glaube, wir sollten die Dokumente **ordnen**.
내 생각에 우리는 서류들을 **정돈해야** 할 것 같아.

▸ **glauben** 믿다, 생각하다 / n. **Dokument** 서류, 문서

1340 die
Pflicht
-, -en

f. 의무

Beim Autofahren muss man sich anschnallen. Das ist **Pflicht**.
운전 중에는 안전벨트를 매야 한다. 그것은 **의무**다.

▸ n. **Autofahren** 자동차 운전 / **sich anschnallen** 안전벨트를 착용하다

1341 die
Rückfahrt
-, -en

f. 귀향, 귀항

Die **Rückfahrt** nach Berlin hat lange gedauert.
베를린으로의 **귀항**은 오래 걸렸다.

▸ **lange** 오래, 오랫동안 / **dauern** 계속되다, 시간이 걸리다

1342 **schießen**

쏘다, 사격하다, 발사하다

Stopp, sonst **schieße** ich.
멈춰라, 안 그러면 **쏜다**.

▸ **sonst** 그렇지 않으면

1343 der
Soldat
-en, -en

m. 군인

Ihr Bruder hat sich freiwillig als **Soldat** gemeldet.
그녀의 오빠는 **군인**이 되기를 자청했다.

▸ m. **Bruder** 남자 형제 / **sich melden** 신청하다 / **freiwillig** 자발적인

1344 die
Tankstelle
-, -n

f. 주유소

An einer **Tankstelle** gibt es Benzin.
주유소에 휘발유가 있다.

▸ n. **Benzin** 벤진, 휘발유

1345 **überprüfen**

점검하다, 재확인하다

Wir sollten das Ergebnis nochmal **überprüfen**.
우리는 이 결과를 다시 한 번 **점검해**야 한다.

▸ n. **Ergebnis** 결과 / **nochmal** 다시, 또 한 번

1346 **verantwort-lich**

책임이 있는, 변명할 수 있는

Die Eltern sind für ihre Kinder **verantwortlich**.
부모님들은 아이들에게 **책임이** 있습니다.

▸ pl. **Eltern** 부모님 / n. **Kind** 아이

1347 **wütend**

미친 듯 날뛰는, 분노한

Ich bin nicht **wütend** auf dich.
나는 네게 **분노하**지 않았다.

Tag 27

der
1348 **Zusammen-hang**
-(e)s, -hänge

m. **관계, 맥락, 연결**

Das ist aus dem **Zusammenhang** gerissen.
그것은 **맥락**에서 벗어났다.

▸ **reißen** 찢다, 잡아당기다, 벗어나게 하다

das
1349 **Asyl**
-s, -e

n. **망명, 도피**

Ich beantrage **Asyl** in Deutschland.
나는 독일에 **망명**을 신청한다.

▸ **beantragen** 신청하다

Tip '망명자, 피난민'을 뜻하는 'der Asylbewerber', 'der Flüchtling'까지 알아 두자.

der
1350 **Briefkasten**
-s, -/-kästen

m. **우편함, 우체통**

Mein **Briefkasten** ist immer leer.
내 **우편함**은 항상 비어 있다.

▸ **immer** 늘, 항상 / **leer** 공허한, 빈

연습문제

1 보기에서 알맞은 단어를 어미 변화에 맞게 빈칸에 채워 문장을 완성하세요.

보기	lecker gehören probieren ordnen vereinbaren

1 Das Buch ________________ mir.

2 Willst du mein Essen auch mal ________________?

3 Das Essen hier schmeckt ________________.

4 Können wir unsere Unterlagen ________________?

5 Ich möchte einen Termin ________________.

2 뜻이 맞는 단어끼리 연결하세요.

1 herzlich •	• a 책임이 있는, 변명할 수 있는
2 der Bleistift •	• b 의무
3 die Pflicht •	• c 가능한 ~한, 되도록
4 möglichst •	• d ~때문에
5 verantwortlich •	• e 연필
6 wegen •	• f 진심의, 진정한, 대단히, 정말

정답

1 ① gehört ② probieren ③ lecker ④ ordnen ⑤ vereinbaren
2 ① f ② e ③ b ④ c ⑤ a ⑥ d

Tag 28

Ich **entdeckte** einen neuen Weg.

나는 새로운 길을 **발견했다.**

Tag-28

A1

1351 die **Butter**

f. **버터**

Er schmelzt die **Butter**.
그는 **버터**를 녹인다.

▸ **schmelzen** 녹(이)다, 용해하다

Tip 복수가 없다.

1352 **denn**

왜냐하면

Ich bleibe zu Hause, **denn** das Wetter ist schlecht.
날씨가 좋지 않기 **때문에** 나는 집에 있다.

▸ **bleiben** 머무르다 / n. **Haus** 집 / n. **Wetter** 날씨 / **schlecht** 나쁜

1353 der **Film**
-(e)s, -e

m. **영화**

Der **Film** läuft schon seit 4 Wochen.
그 **영화**는 이미 4주 전부터 상영되고 있다.

▸ **laufen** 달리다, 상영되다 / **schon** 이미, 벌써 / **seit** ~이래, 이후 / f. **Woche** 주

1354 **geradeaus**

똑바로, 직진으로

Gehen Sie noch weiter **geradeaus**.
계속 더 **직진해서** 가십시오.

▸ **gehen** 가다 / **noch** 아직, 또, 더 / **weiter** 계속하여, 이어서

1355 die **Hochzeit** -, -en

f. 결혼식

Katrin will ihre **Hochzeit** klein feiern.
카트린은 그녀의 **결혼식**을 조촐하게 축하하고 싶어한다.

▸ **klein** 작은 / **feiern** 축하하다, 기념하다

1356 der **Kühlschrank** -(e)s, Kühlschränke

m. 냉장고

Ich stelle das Wasser und die Milch in den **Kühlschrank**.
나는 그 물과 그 우유를 **냉장고** 안에 넣어 둔다.

▸ **stellen** 세우다, 배치하다 / n. **Wasser** 물 / f. **Milch** 우유

1357 **Lieblings-**

좋아하는 -

Das ist mein **Lieblings**lied.
이건 내가 **좋아하는** 노래야.

▸ n. **Lied** 노래

Tip Lieblings- 뒤에 단어를 붙여 다양한 합성 명사를 만들 수 있다.
예 Lieblingsmusik 좋아하는 음악 / Lieblingsfilm 좋아하는 영화

1358 das **Schwimmbad** -(e)s, Schwimmbäder

n. 수영장

Ich will schwimmen. Wollen wir morgen ins **Schwimmbad** gehen?
나 수영하고 싶어. 우리 내일 **수영장** 갈래 ?

▸ **schwimmen** 수영하다 / **morgen** 내일 / **gehen** 가다

1359 der **Morgen** -s, -

m. 아침

Morgens fahre ich mit dem Fahrrad zur Arbeit.
나는 **아침마다** 자전거를 타고 직장으로 간다.

▸ **fahren** 타고 가다, ~(으)로 가다 / n. **Fahrrad** 자전거 / f. **Arbeit** 일

1360 die
Sehenswürdigkeit
-, -en

f. 관광 명소, 구경거리

Kannst du mir die **Sehenswürdigkeiten** in Berlin zeigen?
너 나에게 베를린의 **명소들**을 보여 줄 수 있니?

▸ **zeigen** 보여 주다

A2

1361 der
Typ
-s, -en

m. 타입, 유형, 전형

Mein Freund ist ein netter **Typ**.
내 친구(남)는 아주 착한 **타입**이다.

▸ m. **Freund** 남자 친구, 남자인 친구 / **nett** 친절한, 착한

Tip '괜찮은 녀석이야.' 정도의 어감이다.

1362 das
Volk
-(e)s, Völker

n. 민족

Eine Gruppe von Menschen mit einer gemeinsamen Kultur, Sprache und Geschichte bezeichnet man als **Volk**.
공통된 문화, 언어, 역사를 가진 집단을 **민족**이라 부른다.

▸ f. **Gruppe** 집단 / m. **Mensch** 사람 / **gemeinsam** 공동의 / f. **Kultur** 문화 / f. **Sprache** 언어, 말하는 능력 / f. **Geschichte** 역사 / **bezeichnen** 표시하다, ~을(를) ~(이)라고 부르다, 지칭하다

1363 **weil**

~때문에

Weil ich in Deutschland studieren möchte, lerne ich jetzt fleißig Deutsch.
독일에서 공부하고 싶기 **때문에**, 지금 독일어 공부를 열심히 하고 있다.

▸ **studieren** 대학에서 배우다, 전공하다 / **möchten** 원하다 / **lernen** 배우다 / **jetzt** 지금 / **fleißig** 근면한, 부지런한

Tag 28

1364 das
Zeug
-e(s), -e

n. 도구, 물건

Mein Vater hat mein ganzes **Zeug** in mein Zimmer getan.
나의 아빠가 내 모든 **물건**을 내 방에 두었다.

▸ m. **Vater** 아버지 / **ganz** 전체의, 완전히, 아주 / n. **Zimmer** 방 / **tun** 하다, 갖다 넣다

1365 die
Ausstel-lung
-, -en

f. 진열, 전시, 전시회

Die **Ausstellung** am Samstag ist sehr teuer.
토요일에 **전시회**는 매우 비쌉니다.

▸ m. **Samstag** 토요일 / **teuer** 비싼

1366 das
Asien
-(s)

n. 아시아

Korea liegt in **Asien**.
한국은 **아시아**에 있다.

▸ **liegen** 누워 있다, 위치하다

Tip 복수가 없다.

1367 **beraten**

조언하다, 충고하다, 토의하다

Der Verkäufer hat mich sehr gut über die Spülung der Kaffeemaschine **beraten**.
그 판매원이 커피 머신의 세척법에 대해 내게 매우 잘 **조언해** 줬다.

▸ m. **Verkäufer** 판매원 / f. **Spülung** 세척 / f. **Kaffeemaschine** 커피 머신

1368 der
Diplomat
-en, -en

m. 외교관

Ihr Mann ist ein **Diplomat** und arbeitet in einer Botschaft.
그녀의 남편은 **외교관**이고 대사관에서 일한다.

▸ **arbeiten** 일하다 / f. **Botschaft** 대사관

1369 **entdecken**

발견하다, 찾아내다

Ich **entdeckte** einen neuen Weg.
나는 새로운 길을 **발견했다**.

▸ **neu** 새로운 / m. **Weg** 길

das
1370 **Fenster**
-s, -

n. 창문

Das **Fenster** geht auf die Straße hinaus.
그 **창문**은 길 쪽으로 향하고 있다.

▸ **hinausgehen** 밖으로 나가다, ~쪽으로 향해 있다 / f. **Straße** 도로, 길

das
1371 **Gesetz**
-es, -e

n. 법, 법률

Vor dem **Gesetz** sind alle gleich.
법 앞에서 모든 사람은 평등하다.

▸ **gleich** 같은, 동등한

1372 **häufig**

자주, 빈번한

Wir gehen **häufig** ins Kino.
우리는 **자주** 영화관에 간다.

▸ **gehen** 가다 / n. **Kino** 영화관

die
1373 **Kirche**
-, -n

f. 교회

Ich gehe heute in die **Kirche**.
나는 오늘 **교회**에 간다.

▸ **gehen** 가다 / **heute** 오늘

1374 das **Märchen** -s, -

n. 동화

Die **Märchen** der Brüder Grimm sind weltbekannt.
그림 형제의 **동화**는 세계적으로 유명하다.

▸ m. **Bruder** 남자 형제 / **weltbekannt** 세계적으로 유명한

1375 der **Narr** -en, -en

m. 익살꾼, 바보

Er ist der **Narr** für alle.
그는 모든 이에게 **익살꾼**이다. (그는 모든 사람을 웃긴다.)

1376 **prüfen**

시험하다, 조사하다

Ich muss ihre Ergebnisse **prüfen**.
나는 그들의 결과를 **검사(조사)해야**만 한다.

▸ n. **Ergebnis** 결과

1377 **reiten**

말을 타고 가다

Meine Cousine geht gerne **reiten**.
내 사촌은 **승마**를 즐겨 간다.

▸ f. **Cousine** 사촌 자매 / **gehen** 가다 / **gern** 즐겨, 기꺼이

1378 **schade**

아쉬운, 유감인, 섭섭한

Schade, dass du nicht zu meiner Geburtstagsfeier am Wochenende kommen kannst!
네가 주말에 내 생일 파티에 올 수 없다니, **아쉽다**!

▸ f. **Geburtstagsfeier** 생일 파티 / n. **Wochenende** 주말 / **kommen** 오다

1379 der
Stadtplan
-(e)s, -pläne

m. **시가 지도**

Entschuldigen Sie bitte, wo kann ich einen **Stadtplan** kaufen?
실례합니다, 어디에서 제가 **시가 지도**를 살 수 있나요?

▸ **entschuldigen** 용서하다 / **kaufen** 사다

1380 **teilen**

나누다, 분배하다

Seine Oma hat den Kuchen in vier Teile **geteilt**.
그의 할머니가 그 케이크를 4등분으로 **나누셨다**.

▸ f. **Oma** 할머니 / m. **Kuchen** 케이크 / m. **Teil** 부분, 조각

1381 **vor | schlagen**

제안하다

Ich **schlage vor**, dass wir bis Freitag bleiben.
나는 우리가 금요일까지 머무르기를 **제안한다**.

▸ **bis** ~까지 / m. **Freitag** 금요일 / **bleiben** 머무르다

1382 der
Wohnort
-(e)s, -e

거주지

Unser **Wohnort** hat sich lange nicht geändert.
우리의 **거주지**는 오랫동안 변하지 않았다.

▸ **lange** 오래, 오랫동안 / **ändern** 바꾸다

1383 **zumachen**

닫다, 잠그다

Könnten Sie vielleicht die Tür **zumachen**?
혹시 저 문을 좀 **닫아 주**실 수 있나요?

▸ **vielleicht** 아마도, 혹시 / f. **Tür** 문

Tip '문을 열다'는 die Tür aufmachen이다.

Tag 28

1384 die **Art** -, -en

f. **방법, 양식, 종류**

Auf verschiedene **Art** versucht er alle Möglichkeiten.
그는 다양한 **방법**으로 모든 가능성을 시도한다.

▸ **verschieden** 다양한, 서로 다른 / **versuchen** 시도하다 / f. **Möglichkeit** 가능성, 가능한 방법

1385 **(sich) bewerben**

지망하다, 지원하다

Ich will mich an einer deutschen Universität **bewerben**.
나는 독일 대학교에 **지원하**고 싶어.

▸ **wollen** ~ 할 것이다, ~하고 싶다 / f. **Universität** 대학

B1

1386 **digital**

디지털식인

Unsere Welt wird immer **digital**er.
우리 세상은 점점 더 **디지털화**될 거야.

▸ f. **Welt** 세상 / **werden** ~되다 / **immer** 늘, 항상, 더욱

Tip '점점 ~해지다'를 뜻하는 'immer+비교급+werden' 구조를 알아 두자.

1387 das **Einkommen** -s, -

n. **소득, 수입**

Wie hoch ist ihr **Einkommen**?
그녀의 **수입**이 얼마나 되죠?

▸ **hoch** 높은

1388 die **Erinnerung** -, -en

f. **기억, 추억, 회상**

Das behalte ich in **Erinnerung**.
그건 내가 **추억**으로 간직할게.

▸ **behalten** 소지하다, 간직하다

1389 die
Fantasie
-, -n

f. 상상, 환상, 허상, 허구

Bücher sind gut für die **Fantasie** eines Kindes.
책들은 아이들의 **상상력**에 좋다.

▸ n. **Buch** 책 / n. **Kind** 아이

1390 die
Gaststätte
-, -n

f. 음식점, 레스토랑이 딸린 숙박업소

Wir haben in der **Gaststätte** übernachtet.
우리는 레스토랑이 딸린 **숙박업소**에서 숙박했다.

▸ **übernachten** 숙박하다

1391 **hungrig**

배고픈, 굶주린

Ich bin immer **hungrig**, weil ich mich viel bewege.
나는 많이 움직이기 때문에, 나는 항상 **배고프**다.

▸ **immer** 늘, 항상 / **bewegen** 움직이다

1392 die
Integration
-, -en

f. 완성, 융합, 통합, 혼합

Jeder Politiker äußerte seine Meinung über die politische **Integration** Europas.
정치가들은 유럽의 정치 **통합**에 대한 자신의 의견들을 내놓았다.

▸ m. **Politiker** 정치가 / **äußern** 나타내다, 입장을 말하다 / f. **Meinung** 의견 / **politisch** 정치적인 / n. **Europa** 유럽

1393 die
Klima-anlage
-, -n

f. 냉난방 장치 (주로 에어컨)

Können wir die **Klimaanlage** anmachen?
우리 **에어컨** 켜도 되나요?

▸ **anmachen** 스위치를 켜다

Tag 28

1394 die
Literatur
-, -en

f. **문학, 문예, 문헌**

Sie liebt besonders die **Literatur** von Goethe.
그녀는 특히 괴테의 **문학**을 사랑한다.

▸ **lieben** 사랑하다 / **besonders** 특히

1395 die
Mehrheit
-, -en

f. **다수, 보다 많음, 과반수**

Wir haben es durch die **Mehrheit** entschieden.
우리는 그것을 **다수결**로 정했다.

▸ **durch** ~을(를) 통과하여, ~(으)로 인하여 / **entscheiden** 결정하다

1396 der
Notfall
-(e)s, Notfälle

m. **위급 상황, 비상**

Das ist ein **Notfall**. Gehen Sie nach draußen!
이건 **위급 상황**입니다. 밖으로 가세요!

▸ **gehen** 가다 / **draußen** 밖에서, 외부에

1397 die
Organisa-tion
-, -en

f. **단체, 조합, 조직**

Er ist ein Mitglied in einer kirchlichen **Organisation**.
그는 한 교회 **단체**의 구성원이다.

▸ n. **Mitglied** 구성원 / **kirchlich** 교회의

1398 der
Politiker
-s, -

m. **정치가**

Politiker vertreten selten die Meinung der Bevölkerung.
정치가가 국민의 의견을 거의 대변하지 않는다.

▸ **vertreten** 대리하다, 대표하다 / **selten** 드문, 드물게 / f. **Meinung** 의견 / f. **Bevölkerung** 주민, 인구

1399 **reagieren**

반응하다, 반작용하다

Wie würdest du denn **reagieren**, wenn du in dieser Situation wärst?

네가 이 상황에 있다면, 넌 어떻게 **반응할** 거니?

▸ **würden** ~할 것이다 / f. **Situation** 상황

die

1400 **Schlange**

-, -n

f. 뱀, 길게 늘어선 줄

Die **Schlange** in dem Restaurant ist immer lang.

그 식당의 **줄은** 항상 길다.

▸ n. **Restaurant** 식당 / **immer** 늘, 항상 / **lang** 긴

Tag 28

연습문제

1 보기에서 알맞은 단어를 어미 변화에 맞게 빈칸에 채워 문장을 완성하세요.

보기	Schlange (sich) bewerben Gesetz denn reagieren weil teilen

1 Ich bleibe zu Hause, ________ das Wetter ist schlecht.

2 ________ ich in Deutschland studieren möchte, lerne ich jetzt fleißig Deutsch.

3 Ich will ________ an einer deutschen Universität ________.

4 Wie würdest du denn ________, wenn du in dieser Situation wärst?

5 Die ________ in dem Restaurant ist immer lang.

6 Wollen wir uns eine Portion Reis ________?

7 Vor dem ________ sind alle gleich.

2 뜻이 맞는 단어끼리 연결하세요.

1 geradeaus •	• a 소득, 수입
2 das Einkommen •	• b 똑바로, 직진으로
3 die Erinnerung •	• c 아쉬운, 유감인, 섭섭한
4 schade •	• d 자주, 빈번한
5 hungrig •	• e 기억, 추억, 회상
6 häufig •	• f 배고픈, 굶주린

정답 1 ① denn ② Weil ③ mich ... bewerben ④ reagieren ⑤ Schlange ⑥ teilen ⑦ Gesetz
2 ① b ② a ③ e ④ c ⑤ f ⑥ d

Tag 29

Sind wir uns nicht schon mal **irgendwo** begegnet?

우리 **어디선가** 만난 적 있지 않아요?

Tag-29

A1

1401 der **Schrank** -(e)s, Schränke

m. **장, 옷장, 책장**

Sein **Schrank** ist voll mit meinen Klamotten.

그의 **옷장**은 내 옷들로 가득 차 있다.

▸ **voll** 가득 찬 / f. **Klamotte** 잡동사니, 옷

1402 das **Silber** -s

n. **은**

Deine Mutter hat mir ihren alten **Silber**ring gegeben.

너의 어머니께서 나에게 그녀의 오래된 **은**반지 하나를 주셨다.

▸ f. **Mutter** 어머니 / **alt** 늙은, 오래된 / m. **Ring** 반지, 고리 / **geben** 주다

Tip 복수가 없다.

1403 **waschen**

~을(를) 씻다, 씻기다

Ich habe mein Baby mit Wasser und Seife **gewaschen**.

나는 내 아기를 물과 비누로 **씻겨** 주었다.

▸ n. **Baby** 갓난 아기 / n. **Wasser** 물 / f. **Seife** 비누

Tip 'sich waschen'는 '씻는다, 씻다'를 의미한다.

1404 **allein**

홀로, 혼자

Du bist nicht **allein**, wir sind immer da.
넌 **혼자**가 아니야, 우리가 항상 있잖아.

▸ **immer** 늘, 항상 / **da** 저기, 여기

1405 das **Fieber** -s, -

n. 열, 발열

Hast du **Fieber**? Deine Stirn ist sehr warm.
너 **열** 있니? 네 이마가 아주 뜨거워.

▸ f. **Stirn** 이마 / **sehr** 아주 / **warm** 따뜻한, 뜨거운

1406 das **Bild** -(e)s, -er

n. 그림

Er hängt das **Bild** an die Wand.
그는 벽에 **그림**을 건다.

▸ **hängen** 걸다 / f. **Wand** 벽

1407 das **Geschenk** -(e)s, -e

n. 선물

Wir müssen noch ein **Geschenk** kaufen.
우리는 **선물** 하나를 더 사야만 해.

▸ **kaufen** 사다

1408 die **Haltestelle** -, -n

f. 정류장

Ich warte auf den Bus an der **Haltestelle**.
나는 **정류장**에서 버스를 기다린다.

▸ **warten** 기다리다 / m. **Bus** 버스

1409 **sich kümmern**

돌보다, 신경쓰다, 마음이 쓰이다

Er **kümmert sich** um seine Großmutter.
그가 그의 할머니를 **돌본다**.

▸ f. **Großmutter** 할머니

1410 **laufen**

뛰다, 뛰듯이 걷다

Ich habe mich am Fuß verletzt, deshalb kann ich nicht **laufen**.
발을 다쳤기 때문에, 나는 **뛸** 수가 없다.

▸ m. **Fuß** 발 / **sich verletzen** 다치다 / **deshalb** 그 때문에

A2

der
1411 **Monat**
-(e)s, -e

m. **달, 월, 개월**

Seit einem **Monat** wohnt er in der Schweiz.
그는 한 **달** 전부터 스위스에서 살고 있다.

▸ **seit** ~이래, 이후 / **wohnen** 살다, 거주하다 / f. **Schweiz** 스위스

die
1412 **Nudel**
-, -n

f. **면, 누들**

Sie will am Samstag für meine Freunde **Nudeln** kochen.
그녀는 토요일에 나의 친구들을 위해서 **면**을 요리할 계획이다.

▸ **wollen** 원하다, ~하고 싶다, ~할 것이다 / m. **Samstag** 토요일 / m. **Freund** 친구, 남자 친구 / **kochen** 요리하다

das
1413 **Orchester**
-s, -

n. **오케스트라, 관현악단**

Ich sehe mir morgen ein **Orchester** an.
나는 내일 **오케스트라**를 관람한다.

▸ **ansehen** 보다, 관람하다, 구경하다 / **morgen** 내일

das
1414 **Paket**
-(e)s, -e

n. **소포, 다발**

Er will das **Paket** nach Italien verschicken.
그는 이 **소포**를 이탈리아로 보내고 싶어한다.

▸ **verschicken** 보내다 / **Italien** 이탈리아

1415 **rot**

붉은, 빨간색의

Deine Wangen sind ganz **rot** geworden.
너의 뺨이 완전히 **붉어**졌다.

▸ f. **Wange** 뺨 / **ganz** 완전히, 전체의

1416 **schrecklich**

끔찍한, 역겨운

Es war **schrecklich** den Unfall zu sehen.
그 사고를 보는 것은 **끔찍했**다.

▸ m. **Unfall** 재해, 사고 / **sehen** 보다

Tip 'schrecklich 끔찍한'의 비교급-최상급은 schrecklicher-schrecklichst 이다.

1417 das **Stockwerk** -(e)s, -e

n. 층

Das Gebäude hat 5 **Stockwerke**.
이 건물은 다섯 **층**이 있다 (5**층**까지 있다).

▸ n. **Gebäude** 건물

1418 die **Vorstellung** -, -en

f. 소개, 공연, 상상

Die **Vorstellung** der Gäste dauert lange.
손님들의 **소개**가 오래 걸리고 있다.

▸ m. **Gast** 손님 / **dauern** 계속되다, 시간이 걸리다 / **lange** 오래, 오랫동안

1419 **wenigstens**

적어도, 최소한

Wenn du spät kommst, musst du mich **wenigstens** anrufen! Okay?
네가 늦게 온다면, **적어도** 너는 나에게 전화를 해야만 해! 알겠니?

▸ **spät** 늦은, 지각한 / **kommen** 오다 / **anrufen** 부르다, 전화하다

1420 **ab | nehmen**

(무게가) 줄다, 감소하다

Die Geburtenrate hat **abgenommen**.
출생률이 **감소했**다.

▸ f. **Geburtenrate** 출생률

Tip 'ab | nehmen 감소하다'의 반의어는 'zunehmen 증가하다, 살이 찌다' 이다.

---

der
1421 **Ball**
-(e)s, Bälle

m. **공**

Tom spielt mit seinem Lieblings**ball**.
톰은 그가 가장 좋아하는 **공**으로 논다.

▸ **spielen** 놀다, 연주하다, 경기하다 / **Lieblings**- 가장 좋아하는 -

---

das
1422 **Fahrrad**
-(e)s,Fahrräder

n. **자전거**

Sein Vater hat ein neues **Fahrrad** gekauft.
그의 아빠는 새로운 **자전거**를 샀다.

▸ m. **Vater** 아버지 / **neu** 새로운 / **kaufen** 사다

1423 **gelten**

가치가 있다, 유효하다, 통용되다

Die Fahrkarte **gilt** nur zwei Monate.
이 차표는 2달 동안만 **유효하다**.

▸ f. **Fahrkarte** 승차권, 차표 / m. **Monat** 달, 월

---

der
1424 **Hausbesitzer**
-s, -

m. **집주인**

Der **Hausbesitzer** vermietet sein Haus.
집주인이 자기의 집을 세놓는다.

▸ **vermieten** 빌려주다, 임대하다 / n. **Haus** 집

1425 **kostenlos**

무료인, 무상의

In unserem Hotel gibt es **kostenlose** Getränke.
우리 호텔에는 **무료** 음료가 있습니다.

▸ n. **Hotel** 호텔 / n. **Getränk** 음료

die
1426 **Laune**
-, -n

f. 기분

Während ich mit ihm sprach, wurde meine **Laune** wieder besser.
내가 그와 이야기하는 동안 내 **기분**이 다시 나아졌다.

▸ **während** ~하는 동안에 / **sprechen** 말하다, 이야기하다 / **wieder** 다시 / **besser** 보다 좋은

der
1427 **Musiker**
-s, -

m. 음악가, 악사

Erfolgreiche **Musiker** können Konzerte in der ganzen Welt veranstalten.
성공한 **음악가**들은 전 세계에서 공연을 할 수 있다.

▸ **erfolgreich** 성공적인 / n. **Konzert** 음악회 / **ganz** 전체의, 완전히 / f. **Welt** 세상, 세계 / **veranstalten** 개최하다

die
1428 **Nation**
-, -en

f. 국가, 국민

Er ist der Stolz der **Nation**.
그는 **국가**의 자랑이다.

▸ m. **Stolz** 자랑, 자존심

das
1429 **Projekt**
-(e)s, -e

n. 프로젝트, 기획, 구상

Dieses **Projekt** wird lange dauern.
이 **프로젝트**는 오래 걸릴 것이다.

▸ **lange** 오래, 오랫동안 / **dauern** 계속되다, 시간이 걸리다

1430 **rufen**

부르다, 외치다

Es ist zu spät! Ich **rufe** dir ein Taxi.
(시간이) 너무 늦었어! 내가 너에게 택시를 **불러** 줄게.

▸ **spät** 늦은, 지각한 / n. **Taxi** 택시

B1

1431 **schneien**

눈이 오다

Ich hoffe, es wird in Berlin nicht so heftig **schneien**.
나는 베를린에 **눈이** 그렇게 심하게 **오지** 않기를 바란다.

▸ **hoffen** 바라다, 희망하다 / **heftig** 격렬한, 심하게

1432 **spazieren**

산책하다

Seine Eltern gehen abends mit dem Hund **spazieren**.
그의 부모님은 저녁마다 강아지와 **산책하**러 가신다.

▸ pl. **Eltern** 부모님 / **gehen** 가다 / **abends** 저녁마다 / m. **Hund** 개

1433 das **Talent** -(e)s, -e

n. 재능, 소질

Du hast ein großes **Talent** beim Malen.
너는 그림 그리는 데 큰 **재능**이 있구나.

▸ **groß** 큰 / n. **Malen** 그림 그리기

1434 die **Verabredung** -, -en

f. 약속, 협정

Die **Verabredung** muss ich leider absagen.
나는 그 **약속**을 유감스럽게도 취소해야 해요.

▸ **leider** 유감스럽게도 / **absagen** 취소하다

Tip 'leider 유감스러운, 아쉽게도'를 함께 쓰면 좀 더 부드러우면서 공손한 표현이 된다.

Tag 29

1435 der **Unternehmer** -s, -

m. **기업가, 경영자**

Sein Vater ist **Unternehmer** und sehr reich.
나의 아버지는 **기업가**이시고 매우 부유하다.

▸ m. **Vater** 아버지 / **reich** 부유한, 풍부한

1436 die **Werbung** -, -en

f. (상품) 광고

Ich hasse **Werbungen** in der Stadt.
나는 도시 안에 있는 **광고**가 싫다.

▸ **hassen** 증오하다, 싫어하다 / f. **Stadt** 도시

1437 die **Zusammenarbeit**

f. 공동 작업, 협력

Unsere **Zusammenarbeit** war schnell und super!
우리의 **공동 작업**은 빠르고 최고였다!

▸ **schnell** 빠른

Tip 복수가 없다.

1438 **abhängig**

의존적인

Er ist noch **abhängig** von seinen Eltern.
그는 아직 그의 부모에 **의존적이**다.

▸ **noch** 아직 / pl. **Eltern** 부모님

Tip 동사형 abhängen도 전치사 von과 함께 쓰인다.

1439 der **Anwalt** -(e)s, Anwälte

m. **변호사 (남)**

Wie viel kostet ein **Anwalt**?
변호사 (선임) 비용이 얼마예요 ?

▸ **kosten** (비용이) 들다

1440 die
Bedienungs-anleitung
-, -en

f. 사용 안내서, 매뉴얼

Es ist wichtig, die **Bedienungsanleitung** zu lesen, um das Gerät zu verstehen.
이 장치를 이해하기 위해서 **사용 안내서**를 읽는 건 중요합니다.

▸ **wichtig** 중요한 / **lesen** 읽다 / n. **Gerät** 도구 / **verstehen** 이해하다

1441 das
Dach
-(e)s, Dächer

n. 지붕

Wir haben Weihnachtsdekoration auf unserem **Dach**.
우리는 **지붕** 위에 크리스마스 장식이 있다.

▸ f. **Weihnachtsdekoration** 크리스마스 장식

1442 der
Einkauf
-(e)s, Einkäufe

m. 구입, 매입, 쇼핑

Wer bezahlt unseren **Einkauf**?
우리가 **쇼핑**한 것을 누가 계산하지?

▸ **bezahlen** 지불하다

1443 die
Ernährung
-, -en

f. 양육, 생계, 영양

Eine gesunde und frische **Ernährung** ist sehr teuer.
몸에 좋고 신선한 **식품들**은 매우 비싸다.

▸ **gesund** 건강한 / **frisch** 신선한 / **teuer** 비싼

1444 die
Geduld
-, -

인내, 참을성

Ich habe dafür keine **Geduld**.
난 그것에 대해 **인내심**이 없다.

▸ **dafür** ~에 대하여

Tip 복수가 없다.

Tag 29

1445 die
Forschung
-, -en

f. 연구, 탐구, 조사

Unsere **Forschungen** haben uns wichtige Ergebnisse gebracht.
우리의 **연구**는 우리에게 중요한 결과를 가져왔다.

▸ **wichtig** 중요한 / n. **Ergebnis** 결과 / **bringen** 가져오다

1446 die
Hälfte
-, -n

f. 반, 절반

Ich nehme die andere **Hälfte** vom Brötchen.
난 그 빵의 다른 **절반** 부분을 가질게.

▸ **nehmen** 사용하다, 가지다 / **ander** 다른 / n. **Brötchen** 작은 빵

1447 **irgendwo**

어딘가에(서)

Sind wir uns nicht schon mal **irgendwo** begegnet?
우리 **어디선가** 만난 적 있지 않나요?

▸ **schon** 이미, 벌써 / **begegnen** ~을(를) 만나다

Tip 'irgendwo 어딘가에서, 어디선가'의 반의어는 'nirgendwo 아무 데도, 어디에서도'이다.

1448 **jedoch**

그렇지만, 그래도

Es regnet, **jedoch** müssen wir zur Schule los.
비가 오**지만**, 우리는 학교로 가야 해.

▸ **regnen** 비가 오다 / f. **Schule** 학교

1449 **klopfen**

두드리다, 두근거리다

Der Mann hat an meine Haustür **geklopft**.
그 남자가 나의 집 문을 **두드렸**다.

▸ m. **Mann** 남자 / f. **Haustür** 집 문

1450 die

Liste

-, -n

f. 리스트, 목록

Steht mein Name nicht auf der **Liste**?

제 이름이 **목록**에 없나요?

▸ **stehen** 서 있다, (위치해) 있다 / m. **Name** 이름

연습문제

1 보기에서 알맞은 단어를 어미 변화에 맞게 빈칸에 채워 문장을 완성하세요.

보기	abhängig gelten spazieren rot abnehmen irgendwo

1 Die Fahrkarte ______________ zwei Monate.

2 Die Zahl der Geburtenrate hat ______________.

3 Meine Eltern gehen abends mit dem Hund ______________.

4 Er ist noch ______________ von seinen Eltern.

5 Sind wir uns nicht schon mal ______________ begegnet?

6 Deine Wangen sind ______________ geworden.

2 뜻이 맞는 단어끼리 연결하세요.

1 die Verabredung •	• a 양육, 생계, 영양
2 die Laune •	• b 약속, 협정
3 die Geduld •	• c 기분
4 die Ernährung •	• d 인내, 참을성
5 die Vorstellung •	• e (상품) 광고
6 die Werbung •	• f 소개, 공연, 상상

3 다음 형용사의 뜻과 비교급 – 최상급을 쓰세요.

1 schrecklich (뜻: ______________) - ______________ - ______________

정답

1 ① gilt ② abgenommen ③ spazieren ④ abhängig ⑤ irgendwo ⑥ rot
2 ① b ② c ③ d ④ a ⑤ f ⑥ e
3 1) 뜻: 끔찍한, 역겨운 - schrecklicher - schrecklichst

Tag 30

Ich habe seine Frage mit einem 'Nein' **beantwortet**.

나는 그의 질문에 '아니요'라고 **대답했다**.

Tag-30

A1

1451 **möglich**

가능한

Es ist **möglich**, dort etwas zu essen.
거기서 뭔가 먹는 것은 **가능하다**.

▸ **dort** 거기에, 저기에 / **etwas** 어떤 것, 무언가 / **essen** 먹다

1452 **schmecken**

맛을 보다, 맛이 나다

Schmeckt Ihnen die Gemüsesuppe?
야채 수프가 **맛있습니까**?

▸ f. **Gemüsesuppe** 야채 수프

Tip '맛있다!'는 'Es schmeckt mir gut!'이라고 한다.

1453 **wandern**

하이킹하다, 도보 여행하다, 방랑하다

Wollen wir **wandern** gehen?
우리 **하이킹하**러 갈까?

▸ **gehen** 가다

1454 der **Anfang** -(e)s, Anfänge

m. **시작, 처음**

Ich habe dir von **Anfang** an gesagt, dass es schwer ist!
그것이 어렵다는 걸 나는 너에게 **처음**부터 말했어!

▸ **sagen** 말하다 / **schwer** 어려운, 무거운

1455 der
Apfel
-s, Äpfel

m. **사과**

Du isst jeden Morgen einen **Apfel** und ein Stück Brot.
나는 매일 아침 **사과** 한 개와 빵 한 조각을 먹는다.

▸ **essen** 먹다 / m. **Morgen** 아침 / n. **Stück** 조각 / n. **Brot** 빵

1456 der
Bauch
-(e)s, Bäuche

m. **배**

Ich habe einen dicken **Bauch**.
나는 뚱뚱한 **배**를 가졌어. (나는 뱃살이 많아.)

▸ **dick** 두꺼운, 뚱뚱한

1457 das
Studium
-s, Studien

n. **대학 공부, 학업, 연구**

Mein **Studium** dauert 7 Semester.
나의 **대학 공부**는 7학기가 걸린다.

▸ **dauern** 계속되다, 시간이 걸리다 / n. **Semester** 학기

1458 **brauchen**

필요로 하다

Deine Großmutter **braucht** eine Brille zum Lesen.
너의 할머니는 책을 읽기 위해 안경이 **필요하다**.

▸ f. **Großmutter** 할머니 / f. **Brille** 안경 / n. **Lesen** 독서

Tip brauchen은 주로 4격 목적어와 함께 사용된다.

1459 der
Anruf
-(e)s, -e

m. **통화**

Heute konnte ich Ihren **Anruf** nicht annehmen.
오늘 당신의 **전화**를 받을 수 없었어요.

▸ **heute** 오늘, 요즘 / **annehmen** 받아들이다, 수취하다

1460 die **Baustelle** -, -n

f. 건축 현장, 공사장

Auf der **Baustelle** müssen alle Arbeiter einen Helm tragen.
공사장에선 모든 근로자가 헬멧을 써야 합니다.

▸ m. **Arbeiter** 노동자, 근로자 / m. **Helm** 헬멧 / **tragen** 입고 있다

1461 **dafür**

그것에 대해, 동의하는, 그것을 위해

Bist du **dafür** oder dagegen?
너는 그것에 **찬성하니** 아니면 반대하니?

▸ **dagegen** 그것에 반대하여, 그것을 향하여

1462 die **Führung** -, -en

f. 안내, 지도, 운영

Um 12:00 Uhr gibt es eine **Führung** durch das Museum.
12시에 박물관 **가이드 투어**가 있다.

▸ **durch** ~을(를) 통과하여, ~을(를) 가로질러, 이리저리, 구석구석 / n. **Museum** 박물관

1463 das **Gymnasium** -s, Gymnasien

n. 인문계 고교

Seine Cousine geht auf das **Gymnasium**.
그의 여자 사촌은 **김나지움(고등학교)**에 다닌다.

▸ f. **Cousine** 사촌 자매 / **gehen** 가다

Tip Gymnasium은 독일의 인문계 중, 고교 통합 학제이다.

1464 **kämpfen**

싸우다, 투쟁하다, 분투하다

Zwei Boxer **kämpfen** im Ring.
두 복서가 링 안에서 **싸운다**.

▸ m. **Boxer** 권투 선수, 복서 / m. **Ring** 반지, 고리, 권투 시합장 (링)

1465 **missbrauchen**

남용하다

Mein Chef **missbraucht** sein Recht.
나의 상사는 그의 권한을 **남용한다**.

▸ m. **Chef** 상사, 사장 / n. **Recht** 권한

der
1466 **Präsident**
-en, -en

m. **대통령**

Ihr Mann wird zum **Präsidenten** gewählt.
그녀의 남편이 **대통령**에 당선되었다.

▸ m. **Mann** 남자, 남편 / **wählen** 선택하다, 투표하다

Tip 여성형은 die Präsidentin이다.

der
1467 **Schirm**
-(e)s, -e

m. **우산, 파라솔, 갓**

Hast du einen Regen**schirm** mitgebracht? Es regnet draußen.
너 **우산** 가지고 왔니? 밖에 비가 와.

▸ **mitbringen** 가지고 오다 / **regnen** 비가 오다 / **draußen** 밖에서

die
1468 **Temperatur**
-, -en

f. **온도**

Die niedrigste **Temperatur** heute beträgt 23 Grad.
오늘 최저 **기온**은 23도이다.

▸ **niedrig** 낮은 / **heute** 오늘, 요즘 / **betragen** (어떤 수치에) 달하다 / m. **Grad** 눈금, 도(度)

1469 **vor | kommen**

존재하다, 나타나다

In diesem Film **kommen** viele berühmte Schauspieler **vor**.
이 영화에는 많은 유명한 배우들이 **등장한다**.

▸ m. **Film** 영화 / **berühmt** 유명한 / m. **Schauspieler** 배우

1470 **wahr-scheinlich**

아마도, 그럴듯한

Das ist **wahrscheinlich** wahr.
그건 **아마** 사실일 것이다.

▸ **wahr** 진실한, 진짜의

die
1471 **Zahlung**
-, -en

f. 지불, 지불금, 변제

Diese **Zahlung** sollte morgen auf meinen Konto eingehen.
이 **지불금**이 내일 내 계좌로 들어와야 한다.

▸ **morgen** 내일 / n. **Konto** 계좌 / **eingehen** 들어가다, (돈이) 들어오다

1472 **ab | lehnen**

거절하다, 사절하다

Er **lehnt** ihre Einladung **ab**.
그는 그녀의 초대를 **거절한다**.

▸ f. **Einladung** 초대

1473 **beantwor-ten**

대답하다, 응답하다

Ich habe seine Frage mit einem 'Nein' **beantwortet**.
나는 그의 질문에 '아니요'라고 **대답했다**.

▸ f. **Frage** 질문

die
1474 **Glühbirne**
-, -n

f. 전구

Er schraubt die **Glühbirne** in die Lampe ein.
그는 램프에 **전구**를 끼워 넣는다.

▸ **einschrauben** 나사를 돌려 끼워 넣다 / f. **Lampe** 램프

1475 **klappen**

일이 잘 돌아가다, 딱 들어맞다, 성공하다

Bei deinem Plan wird schon alles gut **klappen**. Keine Sorge!

너의 계획이 전부 **잘 돌아갈** 거야. 걱정하지 마!

▸ m. **Plan** 계획

Tip 'Keine Sorge!'는 '걱정하지 마!'라는 숙어적 표현이다.

der

1476 **Mai**

-/-s, -e

m. 5월

Ihr Lieblingsmonat ist der **Mai**.

그녀가 제일 좋아하는 달은 **5월**이다.

▸ m. **Lieblingsmonat** 가장 좋아하는 달

1477 **rennen**

달리다

Ich bin sehr schnell **gerannt**, um den letzten Bus zu nehmen.

나는 마지막 버스를 타기 위해 엄청 빨리 **달렸**다.

▸ **schnell** 빠른 / **letzt** 최근의, 바로 이전의 / m. **Bus** 버스 / **nehmen** 얻다, 이용하다

1478 **stören**

방해하다, 괴롭히다

Bitte **stör** mich nicht. Ich muss Deutsch lernen!

제발 나를 **방해하지** 마. 나 독일어 공부해야 해!

die

1479 **Politik**

-, -en

f. 정치, 정책

Ich interessiere mich für **Politik**.

나는 **정치**에 관심이 있다.

▸ **sich interessieren für 4격:** (4격)에 관심을 가지다

1480 die **Nichte** -, -n

f. 조카(여)

Meine **Nichte** ist 2 Jahre alt und sehr süß.
나의 **여자 조카**는 2살이고 매우 귀엽다.

▸ n. **Jahr** 연도, 해, 세(나이) / **alt** (나이가) ~살인 / **süß** 달콤한, 귀여운

Tip 남자 조카는 der Neffe라고 한다.

B1

1481 **optimistisch**

낙관적인, 낙천적인

Mein Onkel ist immer sehr **optimistisch**.
나의 삼촌은 항상 매우 **낙천적**이시다.

▸ m. **Onkel** 삼촌, 숙부, 아저씨 / **immer** 늘, 항상

Tip 'optimistisch 낙천적인'의 반의어는 'pessimistisch 비관적인, 염세적인' 이다.

1482 **pflanzen**

심다, 재배하다

Wir **pflanzen** ein paar Blumen im Garten.
우리는 정원에 몇 개의 꽃들을 **심는다**.

▸ **ein paar** 몇몇의 / f. **Blume** 꽃 / m. **Garten** 정원

1483 die **Rede** -, -n

f. 말, 연설, 강연

Seine **Rede** war viel zu lang und zu langweilig.
그의 **연설**은 너무 길었고 지루했다.

▸ **lang** 긴 / **langweilig** 지루한

1484 **schalten**

자동차 기어(변속 장치)를 바꾸다

Jetzt müssen Sie in den fünften Gang **schalten**!
지금 당신 자동차 기어를 5단으로 **바꿔야**만 해요!

▸ **jetzt** 지금, 현재 / **fünft** 다섯 번째의 / m. **Gang** 보행, 길, (기어의) 단

1485 die **Soße** -, -n

f. 소스, 양념

Das Fleisch schmeckt besser mit der **Soße**.
그 고기는 **소스**와 (먹으면) 맛이 더 좋다.

▸ n. **Fleisch** 고기 / **schmecken** ~한 맛이 나다 / **besser** 보다 좋은

1486 die **Tabelle** -, -n

f. 표, 목록

In der **Tabelle** stehen alle wichtigen Informationen.
표에 모든 중요한 정보가 나와 있다.

▸ **wichtig** 중요한 / f. **Information** 정보

1487 **überqueren**

횡단하다

Wir können die Straße nicht **überqueren**, solange es rot ist.
우리는 (신호등이) 빨간불인 동안은 그 **길을 건널** 수 없다.

▸ f. **Straße** 도로, 길 / **solange** ~하는 한, ~하는 동안은 / **rot** 빨간색의, 붉은

1488 der **Verbrecher** -s, -

m. 범인, 범죄자

Der **Verbrecher** konnte ganz leicht fliehen.
범인은 아주 쉽게 달아날 수 있었다.

▸ **konnten** ~할 수 있었다 / **ganz** 전체의, 완전히 / **leicht** 가벼운, 쉬운 / **fliehen** 달아나다, 도망가다

1489 **weder A noch B**

A도 B도 아니다

Er mag **weder** Erdbeeren **noch** Wassermelonen.
그는 딸기**도** 수박**도 안** 좋아한다.

▸ **mögen** 좋아하다 / f. **Erdbeere** 딸기 / f. **Wassermelone** 수박

1490 **zerstören**

파괴하다

Die Kirche ist im Krieg **zerstört** worden.
이 교회는 전쟁 때 **파괴되었다**.

▸ f. **Kirche** 교회 / m. **Krieg** 전쟁

1491 **zurecht | kommen**

잘 해내다

Kommst du alleine **zurecht**?
너 혼자 **해 낼** 수 있어?

▸ **allein** 홀로, 혼자

Tip Schaffst du alleine?라고도 표현할 수 있다.

der
1492 **Abfall**
-(e)s, Abfälle

m. **쓰레기, 폐기물**

Wir müssen **Abfall** reduzieren.
우리는 **쓰레기**를 줄여야 한다.

▸ **reduzieren** 경감하다, 축소하다

1493 **sich bemühen**

애쓰다, 노력하다

Er hat **sich** sehr **bemüht**, nicht zu lachen.
그는 웃지 않으려고 매우 **노력했**다.

▸ **lachen** 웃다

der
1494 **Alltag**
-(e)s, -e

m. **일상**

Mein **Alltag** ohne dich ist zu einsam.
네가 없는 내 **일상**은 너무 외로워.

▸ **ohne** ~없이 / **langweilig** 지루한

1495 die
Besserung
-, -en

f. **개선, 회복, (병세의) 호전**

Ich wünsche dir eine gute **Besserung**.
내가 너에게 **회복**을 빌게 (잘 낫기를 바라).

▸ **wünschen** 원하다, 소망하다

Tip 줄여서 'Gute Besserung!'이라고 많이 말한다.

1496 die
Einbahnstraße
-, -n

f. **일방통행로**

Wir dürfen hier nicht reinfahren. Das ist eine **Einbahnstraße**!
우리는 여기 안으로 타고 들어가면 안 돼, 여긴 **일방통행로**잖아!

▸ **dürfen** ~해도 된다 / **hier** 여기에 / **reinfahren** 안으로 타고 가다

1497 das
Ergebnis
-ses, -se

n. **결과, 결말, 수확, 해답**

Nur das **Ergebnis** der Prüfung zählt, um ins nächtste Semester zu kommen.
다음 학기로 넘어가기 위해 중요한 것은 오로지 시험의 **결과**뿐이다.

▸ f. **Prüfung** 시험 / **zählen** 계산하다, 속하다, 의미를 갖다 / **nächst** 근접한, 바로 다음에 / n. **Semester** 학기 / **kommen** 오다

1498 das
Fahrzeug
-(e)s, -e

n. **차량, 교통 기관**

Auf dem Bürgersteig dürfen keine **Fahrzeuge** fahren.
보도 위에 **차량**이 달려서는 안 된다.

▸ m. **Bürgersteig** 보도 / **fahren** 타고 가다, ~(으)로 가다

1499 die
Gefahr
-, -en

f. **위험**

Es droht keine **Gefahr**.
그건 **위험**할 것 같지 않다.

▸ **drohen** 협박하다, 위협하다

1500 das
Heimweh
-s

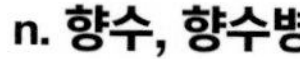

n. 향수, 향수병

Ich bin schon lange im Ausland, aber trotzdem habe ich gar kein **Heimweh**.

나는 벌써 외국에 오래 있었지만, 그럼에도 불구하고 나는 **향수병**이 전혀 없다.

▸ **schon** 이미, 벌써 / n. **Ausland** 외국 / **trotzdem** 그럼에도 불구하고

Tip 복수가 없다.
gar는 '전혀, 결코'라는 뜻으로 부정의 의미를 강조한다.

연습문제

1 보기에서 알맞은 단어를 어미 변화에 맞게 빈칸에 채워 문장을 완성하세요.

보기	sich bemühen　rennen　schmecken wahrscheinlich　ablehnen　beantworten

1 ＿＿＿＿＿＿＿＿ Ihnen die Gemüsesuppe?

2 ＿＿＿＿＿＿＿＿ Sie die folgenden Fragen!

3 Ich bin sehr schnell ＿＿＿＿＿＿, um den letzten Bus zu nehmen.

4 Er ＿＿＿＿＿＿ ihre Einladung ＿＿＿＿＿＿.

5 Das ist ＿＿＿＿＿＿＿＿＿＿ wahr.

6 Er hat ＿＿＿＿＿ sehr ＿＿＿＿＿＿＿＿, nicht zu lachen.

2 뜻이 맞는 단어끼리 연결하세요.

1 das Ergebnis •		• a 결과, 결말, 수확, 해답
2 die Gefahr •		• b 시작
3 vorkommen •		• c 방해하다, 괴롭히다
4 brauchen •		• d 위험
5 stören •		• e 존재하다, 나타나다
6 der Anfang •		• f 필요로 하다

정답　1 ① Schmeckt ② Beantworten ③ gerannt ④ lehnt ... ab ⑤ wahrscheinlich ⑥ sich... bemüht
2 ① a ② d ③ e ④ f ⑤ c ⑥ b

독일 Talk

꼭 방문해 보아야 할 독일 명소 추천

독일을 여행한다면 꼭 방문해 보아야 할 명소를 추천합니다.

▲ 쾰른 대성당

Das Schloss Neuschwanstein 노이슈반슈타인 성

바이에른에 위치한 노이슈반슈타인 성은 루드비히 2세 왕을 위해 지어졌으나, 정작 루드비히 2세는 1886년 성이 완공되기 전 사망했다. 독일의 유명한 볼거리 중 하나로, 디즈니랜드 성의 모델이기도 하다.

Der Kölner Dom 쾰른 대성당

공식 명칭은 Hohe Domkirche Sankt Petrus이다. 1248년에 건설이 시작되어 1880년 완공되었다. 제2차 세계대전 때 쾰른이 파괴되는 중에도 대성당은 훼손되지 않고 남아 있다. 뾰족한 2개의 첨탑으로 유명한 쾰른 대성당은 독일에서 두 번째로 높은 성당이자 세계에서 세 번째로 높은 성당이기도 하다. 유네스코 지정 세계문화유산으로 등록되어 있다.

Das Brandenburger Tor 브란덴부르크 문

독일 베를린의 중심가 파리저 광장에 위치한 건축물이다. 분단 시절 동-서 베를린의 경계였으며 통일과 함께 독일과 베를린의 상징이 됐다. 1989년 11월, 약 10만 여명의 인파가 이 문 앞에 운집한 가운데 베를린 장벽이 허물어진 역사적인 장소이다.

Woche 7

Tag 31

Du kannst es **schaffen**!

넌 그걸 **해낼** 수 있어!

Tag 32

Mein erster **Eindruck** von dir war sehr gut.

너의 첫**인상**이 내겐 정말 좋았어.

Tag 33

Es gibt einen stillen **See** in der Stadt.

도시 안에 고요한 **호수**가 있다.

Tag 34

Ich bin **schon** angekommen.

나는 **벌써** 도착했어.

Tag 35

Tut mir leid, dass ich **mich geirrt** habe.

내가 **잘못 생각해**서 미안해.

Tag 31

Du kannst es **schaffen**!

넌 그걸 **해낼** 수 있어!

Tag-31

A1

1501 **also**

따라서, 그러므로, 그 결과

Ich habe heute nichts gegessen, **also** habe ich Hunger.

나는 오늘 아무것도 먹지 못했다, **그 결과** 나는 배가 고프다.

▸ **heute** 오늘, 현재 / **nichts** 아무것도 ~않다 / **essen** 먹다 / m. **Hunger** 배고픔

1502 **an | bieten**

권하다, 제공하다

Der Supermarkt **bietet** heute alle Waren zu günstigen Preisen **an**.

슈퍼마켓에서 오늘 모든 상품을 합리적인 가격으로 **제공합**니다.

▸ m. **Supermarkt** 슈퍼마켓 / **heute** 오늘, 현재 / f. **Ware** 물품 / **günstig** 저렴한, 합리적인 / m. **Preis** 값

der
1503 **Bahnhof**
-(e)s, -höfe

m. **정거장, 역**

Der Zug hält nicht an diesem **Bahnhof**.

그 기차는 이번 **역**에 멈추지 않는다.

▸ m. **Zug** 기차 / **halten** 붙잡다, 지속하다, 멈추다

Tip 각 도시의 중앙역을 Hauptbahnhof라고 한다.

1504 **fehlen**

~에게 부족하다

Das Geld **fehlt** uns für eine Sommerreise.
그 돈은 우리에게 여름 휴가를 가기에는 **부족하다**.

▸ n. **Geld** 돈 / f. **Sommerreise** 여름 휴가 여행

1505 **früher**

예전에, 옛날에, 보다 이른

Wir kennen uns von **früher**.
우리는 **예전**부터 알고 지내온 사이다.

▸ **kennen** 알다, 인지하다

das
1506 **Gepäck**
-(e)s

n. 배낭, 짐, 수하물

Ihr **Gepäck** ist zu schwer.
당신의 **배낭**은 너무 무겁습니다.

▸ **schwer** 무거운, 어려운

Tip 복수가 없다.

1507 **hell**

밝은, 밝게

Die hohen Fenster machen das Zimmer sehr **hell**.
높은 창문들은 방을 매우 **밝게** 해 준다.

▸ **hoch** 높은 / n. **Fenster** 창문 / **machen** 하다, 만들다 / n. **Zimmer** 방

Tip 'hell 밝은, 밝게'의 반의어는 'dunkel 어두운, 어둡게'이다.

der
1508 **Schluss**
-es, Schlüsse

m. **끝, 마침, 종결, 결말**

Hoffentlich hast du pünktlich **Schluss**, damit ich nicht so lange warten muss.
네가 제시간에 **끝**마치길 바란다, 그로 인해 내가 오래 기다리지 않아도 되도록.

▸ **hoffentlich** 바라건대 / **pünktlich** 시간을 엄수하는, 정확한 / **damit** 그것으로 인해 / **lange** 오래 / **warten** 기다리다

1509 der **Stress** -es, -e

m. **스트레스**

Ich habe zum Glück keinen **Stress** auf der Arbeit.

나는 다행히 일에 대한 **스트레스**가 없어.

▸ n. **Glück** 행운, 다행 / f. **Arbeit** 노동, 일

A2

1510 **wem**

누구에게

Wem geben Sie das Buch?

당신은 **누구에게** 그 책을 줍니까?

▸ **geben** 주다 / n. **Buch** 책

1511 das **Zeichen** -s, -

n. **표시, 신호, 부호, 증거**

Bauchschmerzen sind ein **Zeichen** dafür, dass sein Darm schlecht funktioniert.

복통은 장이 안 좋다는 **신호**이다.

▸ m. **Bauchschmerz** 복통 / m. **Darm** 장 / **schlecht** 나쁜 / **funktionieren** 작동하다

1512 der **Anschluss** -es, Anschlüsse

m. **연결, 접속, 전기 시설**

In unserem Haus brauchen wir einen Telefon**anschluss**.

우리 집에 우리는 전화 **연결**을 필요로 한다.

1513 **beenden**

끝내다, 마치다

Im letzten Jahr **beendete** sie ihr Studium.

그녀는 작년에 대학 공부를 **끝마쳤**다.

▸ **letzt** 최근의, 바로 이전의 / n. **Jahr** 연도, 해 / n. **Studium** 대학 공부

1514 der
Empfänger
-s, -

m. **수취인, 받는 사람**

Auf dem Brief steht der Name des **Empfängers**.
편지에 **수취인**의 이름이 적혀 있다.

▸ m. **Brief** 편지 / **stehen** 서다, (위치해) 있다 / m. **Name** 이름

1515 der
Geologe
-n, -n

m. **지질학자**

Er ist ein **Geologe**, der den Aufbau, die Entstehung und Entwicklung der Erde erforscht.
그는 지구의 구조, 형성 그리고 진화를 연구하는 **지질학자**이다.

▸ m. **Aufbau** 건축, 구성 / f. **Entstehung** 생성 / f. **Entwicklung** 전개, 진화 / f. **Erde** 지구 / **erforschen** 탐험하다, 연구하다

1516 die
Kette
-, -n

f. **쇠사슬, 속박, 목걸이**

Ich brauche eine neue **Kette**.
나는 새로운 **목걸이**가 필요해.

▸ **brauchen** 필요로 하다 / **neu** 새로운

Tip 정확하게는 Halskette이지만, 실제 독일인들에게 Kette라고만 말해도 목걸이라는 의미로 통한다.

1517 der
Lohn
-(e)s, Löhne

m. **임금, 급여**

Ich bekomme meinen **Lohn** am ersten Tag des nächsten Monats.
나는 다음 달 첫날에 내 **급여**를 받는다.

▸ **bekommen** 얻다, 받다 / **erst** 첫째의 / m. **Tag** 낮, 일 / **nächst** 근접한, 바로 다음에 / m. **Monat** 달, 월

1518 der
Motor
-s, -en

m. **모터, 발동기**

Der **Motor** funktioniert nicht mehr.
모터가 더 이상 작동하지 않습니다.

▸ **funktionieren** 작동하다

1519 **packen**

싸다, 짐을 꾸리다

Ich muss noch meinen Koffer **packen**.
나는 아직 내 짐 가방을 **싸**야 한다.

▸ **noch** 아직 / m. **Koffer** 여행용 가방

die
1520 **Rast**
-, -en

f. 휴식

Ihr gönnt euch keine Minute **Rast**.
너희는 조금도 **휴식**을 취하지 않는다.

▸ **gönnen** 기꺼이 주다, 베풀다 / f. **Minute** 분

1521 **schaffen**

해내다, 할 수 있다

Du kannst es **schaffen**!
넌 그걸 **해낼** 수 있어!

die
1522 **Spaghetti**
-, -

f. 스파게티

Die Kinder essen zum Abend **Spaghetti** mit Tomatensoße.
아이들이 저녁 식사로 토마토 소스 **스파게티**를 먹는다.

▸ n. **Kind** 아이 / **essen** 먹다 / m. **Abend** 저녁 / f. **Tomatensoße** 토마토 소스

Tip 복수로만 쓰인다.

die
1523 **Technologie**
-, -n

f. 과학 기술, 기술학

Das Institut für **Technologie** präsentiert eine neue Maschine.
기술 연구소에서 새로운 기계를 발표한다.

▸ n. **Institut** 연구소 / **präsentieren** 제시하다, 발표하다 / **neu** 새로운 / f. **Maschine** 기계

1524 **wieder | geben**

돌려주다

Du kannst mir das Geld bei Gelegenheit **wiedergeben**.
기회가 있을 때 나에게 돈을 **다시 돌려줘**도 돼.

▸ n. **Geld** 돈 / f. **Gelegenheit** 기회

1525 **ab | sagen**

취소하다

Der Student **sagte** die Teilnahme an der Party **ab**.
그 학생은 파티 참석을 **취소했**다.

▸ m. **Student** 대학생 / f. **Teilnahme** 참여 / f. **Party** 파티

1526 **(sich) bedanken**

고마워하다

Ich **bedanke mich** bei dir für dein Geschenk.
난 네게 네 선물에 너무 **고마워하**고 있어.

▸ n. **Geschenk** 선물

1527 die **Energie** -, -n

f. 에너지, 세력

Du hast gar keine **Energie** mehr.
너는 더 이상 **에너지**가 없다.

1528 der **Freitag** -(e)s, -e

m. 금요일

Wir haben am letzten **Freitag** ein Fest besucht.
우리는 지난 **금요일**에 축제에 참석했다.

▸ **letzt** 최근의, 바로 이전에 / n. **Fest** 축제 / **besuchen** 방문하다

1529 der
Grill
-s, -s

m. **그릴, 석쇠**

Ich habe mir einen teuren **Grill** gekauft.
난 비싼 **그릴**을 하나 샀다.

▸ **teuer** 비싼 / **kaufen** 사다

Tip 바비큐 파티, 바비큐식 석식을 Grillabend라고 한다.

B1

1530 die
Hoffnung
-, -en

f. **희망, 기대, 가망**

Er hat noch **Hoffnung**, dass wir uns bald wiedersehen.
그는 우리가 곧 다시 볼 것이란 **희망**을 아직도 가지고 있다.

▸ **noch** 아직 / **bald** 곧 / **wiedersehen** 다시 보다

1531 der
Imbiss
-es, -e

m. **간이식당, 가벼운 식사**

Ich will eine Currywurst bei meinem Lieblings**imbiss** essen.
난 내가 가장 좋아하는 **간이식당**에서 커리부어스트를 먹고 싶어.

▸ **lieblings**- 가장 좋아하는 - / **essen** 먹다

1532 **je**

늘, 언젠가, ~마다

Wenn wir ins Kino wollen, kostet das **je** Ticket ungefähr 10 Euro pro Person.
우리가 영화관에 가려면, 티켓**당** 한 사람에 10유로야.

▸ n. **Kino** 영화관, 극장 / **kosten** 비용이 들다

1533 der
Knochen
-s, -

m. **뼈, 뼈다귀**

Tomas hat sich den **Knochen** gebrochen.
Tomas는 **골**절이 됐다.

▸ **brechen** 깨다, 부수다

1534 die
Lage
-, -n

f. 위치, 장소, 상태, 조건, 경우

Wie findest du die **Lage** unserer Wohnung?
너는 우리 집 **위치**를 어떻게 생각하니?

▸ **finden** 찾다, 생각하다 / f. **Wohnung** 집

1535 das
Mehl
-(e)s, -e

n. 밀가루, 가루

Ich brauche **Mehl** für meinen Kuchen.
나는 내 케이크를 위해 **밀가루**가 필요하다.

▸ **brauchen** 필요로 하다 / m. **Kuchen** 케이크

1536 **nötig**

필요한, 긴급한

Ein neuer Chef ist **nötig** für die Gesellschaft.
그 단체에는 새로운 지도자가 **필요하다**.

▸ **neu** 새로운 / **nötig** 필요한 / f. **Gesellschaft** 사회, 단체

1537 **pauschal**

총, 전체적인, 일괄적으로

Eine Übernachtung in diesem Hotel kostet **pauschal** 300 Euro und beinhaltet Frühstück und die Nutzung des Schwimmbads.
이 호텔에선 일박에 **총** 300유로이며, 조식과 수영장 이용을 포함합니다.

▸ f. **Übernachtung** 숙박, 밤을 보냄 / n. **Hotel** 호텔 / **kosten** 비용이 들다 / **beinhalten** 포함하다 / n. **Frühstück** 아침 식사 / f. **Nutzung** 이용 / n. **Schwimmbad** 수영장

Tip 일괄 지불 여행, 즉, 패키지여행을 Pauschalreise라고도 한다.

1538 **original**

원본의, 고유의

Ist das eine **original**e Rolex Uhr?
그거 Rolex **정품의** 시계니?

▸ f. **Uhr** 시계, 시간

1539 der **Radfahrer** -s, -

m. 자전거 운전자

Der **Radfahrer** fährt auf der Straße.
자전거 운전자가 도로에서 (자전거를 타고) 다닌다.

▸ **fahren** 타고 가다, ~(으)로 가다 / f. **Straße** 길, 도로

1540 die **Schachtel** -, -n

f. 상자, 갑

Rate mal, was es in dieser **Schachtel** gibt.
이 **상자** 안에 뭐가 있는지 맞혀 봐.

▸ **raten** 추측하다, 알아맞히다

1541 der **Sportler** -s, -

m. 운동선수

Der **Sportler** ist außer Atem.
그 **운동선수**는 숨이 찬다.

▸ **außer** ~의 밖에 / m. **Atem** 숨, 호흡 / **erschöpft** 피곤한

Tip 'erschöpft 지쳤다'로도 말할 수 있다.

1542 **tanken**

주유하다

Ich muss noch **tanken** gehen.
나는 **주유하러** 가야 한다.

▸ **noch** 아직, 또, 더 / **gehen** 가다

1543 **überfahren**

(자동차로) 치다, 밟고 지나가다

Seine Katze wurde von einem Auto **überfahren**.
그의 고양이가 **자동차**에 치였다.

▸ f. **Katze** 고양이 / n. **Auto** 자동차

1544 **(sich) verbrennen**

화상을 입다, 데이다

Ich habe **mich** am heißen Topf **verbrannt**.
나는 뜨거운 냄비에 **데였**다.

▸ **heiß** 더운, 뜨거운 / m. **Topf** 냄비

1545 das **Viertel** -s, -

n. 4분의 1

Mein Enkel isst ein **Viertel** von dem Kuchen.
나의 손자가 케이크의 **4분의 1**을 먹는다.

▸ m. **Enkel** 손자 / m. **Kuchen** 케이크

Tip 시간을 말할 때 Viertel은 1시간의 1/4인 '15분'을 의미한다.
예 10시 45분: Es ist Viertel vor elf. (11시(되기) 15분 전)

1546 die **Wirtschaft** -, -en

f. 경제

Die Deutsche **Wirtschaft** ist stabil.
독일의 **경제**는 안정적이다.

▸ **stabil** 안정된

1547 **zu | stellen**

(우편물을) 배달하다, 물건을 놓아 막다

Das Paket wurde zugestellt.
소포가 **배달되**었다.

▸ n. **Paket** 소포

1548 der **Zweifel** -s, -

m. 의심, 의문, 회의(감)

Hast du **Zweifel** an mir?
넌 나에게 **의심**이 있니? (너 날 의심하니?)

Tip zweifeln '의심하다'라는 동사도 전치사 an과 함께 쓰인다.

1549 **aus | reichen**

넉넉하다

Ich hoffe, dass das Essen für alle auf der Party **ausreicht**.

음식이 파티에 있는 모두를 위해 **넉넉하**길 바랍니다.

▸ **hoffen** 바라다, 희망하다 / n. **Essen** 음식, 식사 / f. **Party** 파티

1550 **auf | nehmen**

집어 올리다, 허가하다, 수용하다

Deutschland **nimmt** viele Flüchtlinge **auf**.

독일은 많은 피난민들을 **수용한다**.

▸ m. **Flüchtling** 피난민

연습문제

1 보기에서 알맞은 단어를 어미 변화에 맞게 빈칸에 채워 문장을 완성하세요.

보기	(sich) bedanken Lohn absagen Rast ausreichen Schachtel

1 Ich hoffe, dass das Essen für alle auf der Party ________.

2 Der Student ________ die Teilnahme an der Party ____.

3 Am ersten Tag des Monats bekomme ich den ________.

4 Rate mal, was es in dieser ________ gibt.

5 Ihr gönnt euch keine Minute ____________.

6 Ich ____________ ______ bei dir für dein Geschenk.

2 뜻이 맞는 단어끼리 연결하세요.

1 die Wirtschaft •	• a 연결, 접속, 전기시설
2 der Zweifel •	• b 해내다, 할 수 있다
3 der Anschluss •	• c 경제
4 schaffen •	• d 의심, 의문, 회의(감)
5 nötig •	• e 전체적인, 일괄적으로
6 pauschal •	• f 필요한, 긴급한

정답

1 ① ausreicht ② sagte / sagt ... ab ③ Lohn ④ Schachtel ⑤ Rast ⑥ bedanke mich
2 ① c ② d ③ a ④ b ⑤ f ⑥ e

Tag 32

Mein erster **Eindruck** von dir war sehr gut.

너의 첫**인상**이 내겐 정말 좋았어.

Tag-32

A1

1551 der **Balkon** -s, -s/-e

m. **발코니**

Unsere Wohnung hat einen großen **Balkon**.
우리 집에는 큰 **발코니**가 있다.

▸ f. **Wohnung** 집

1552 die **Feier** -, -n

f. **기념 축제, 잔치, 경축**

Wann beginnt die **Feier**?
그 **축제** 언제 시작해?

▸ **beginnen** 시작하다

1553 das **Gespräch** -(e)s, -e

n. **대화, 담화**

Wie war dein **Gespräch** mit dem Chef?
사장님과의 **대화**는 어땠니?

▸ m. **Chef** 상사, 사장

1554 **hinten**

뒤에

Ich möchte im Kino **hinten** sitzen.
난 극장에서 **뒤에** 앉고 싶어.

▸ **möchten** 원하다, ~하고 싶다 / n. **Kino** 영화관, 극장 / **sitzen** 앉다

Tag 32

1555 **schwer**

무거운, 어려운

Die Prüfung war **schwer**.
그 시험은 **어려웠**어.

▸ f. **Prüfung** 시험

Tip 'schwer 어려운'의 비교급-최상급은 schwerer-schwerst이다.

1556 **bringen**

가져오다, 가져가다

Die Studenten **bringen** täglich das Essen.
학생들은 매일 음식을 **가져온다**.

▸ m. **Student** 대학생 / **täglich** 매일 / n. **Essen** 음식, 식사

1557 **an | klicken**

클릭하다

Klick die Datei lieber nicht **an**! Ich glaube, dass es ein Virus sein könnte.
그 파일 웬만하면 **클릭하**지 마! 내 생각엔 그거 바이러스일 수도 있을 것 같은데.

▸ f. **Datei** 자료, 파일 / m./n. **Virus** 바이러스

1558 **arbeiten**

일하다, 근무하다

Er **arbeitet** bei der Bank.
그는 은행에서 **근무한다**.

▸ f. **Bank** 은행

1559 **bei**

곁에, 가까이에

Letzte Woche war ich **bei** meiner Mutter (zu Hause).

지난 한 주 나는 우리 엄마 **집에** 있었어.

▸ **letzt** 최근의, 바로 이전의 / f. **Woche** 주 / f. **Mutter** 어머니 / n. **Haus** 집

Tip bei는 3격 지배 전치사이다. 예문에서 bei meiner Mutter라고만 써도 '엄마의 집에서'라는 뜻이 된다. zu Hause를 붙임으로써 의미가 더 명확해지긴 하나, 생략해도 무방하다.

1560 der **Fußball** -(e)s, -bälle

m. **축구, 축구공**

Spielst du **Fußball**?

너 **축구**해?

▸ **spielen** 놀다, 연주하다, 경기하다

1561 **gebären**

낳다, 분만하다

Sie **gebärt** unter Schmerzen ein Kind.

그녀는 진통 속에서 아이를 **낳는다**.

▸ m. **Schmerz** 고통, 아픔 / n. **Kind** 아이

1562 das **Kaufhaus** -es, -häuser

n. **백화점**

An der Ecke gibt es ein **Kaufhaus**.

코너에 **백화점**이 있다.

▸ f. **Ecke** 모퉁이, 구석

1563 **lächeln**

미소짓다

Sie bekommt Grübchen, wenn sie **lächelt**.

그녀는 **웃을** 때 보조개가 생긴다.

▸ **bekommen** 받다, 얻다, 생기다 / n. **Grübchen** 보조개

1564 **mittags**

정오에, 점심에

Mittags treibt mein Chef immer Sport.
나의 상사는 **점심마다** 항상 운동을 한다.

▸ **treiben** 움직이다, 행하다 / m. **Chef** 상사, 사장 / **immer** 늘, 항상 / m. **Sport** 운동

Tag 32

1565 **passiv**

소극적인, 수동적인

Im Unterricht sollte man nicht **passiv** sein.
수업 시간에는 **소극적**이어서는 안 된다.

▸ m. **Unterricht** 수업

Tip 'passiv 소극적인'의 반의어는 'aktiv 적극적인, 활동적인'이다.

1566 **schwanger**

임신한

Meine Tante ist **schwanger**.
우리 이모가 **임신 중**이다.

▸ f. **Tante** 이모, 고모, 숙모

Tip 임산부를 die Schwangere라고도 표현한다.

1567 **wecken**

(잠에서) 깨우다

Kannst du mich morgen **wecken**?
너 내일 (아침에) 나를 **깨워** 줄 수 있니?

▸ **morgen** 내일

die
1568 **Zange**
-, -n

f. 집게, 펜치

Dafür brauche ich eine **Zange**.
그것을 위해 우리는 **집게**가 필요하다.

▸ **dafür** ~에 대하여, ~을(를) 위해 / **brauchen** 필요로 하다

1569 der **Assistent** -en, -en

m. **조수, 조교**

Er ist **Assistent** bei Professor Müller.
그는 Müller 교수의 **조교**이다.

▸ m. **Professor** 교수

1570 **böse**

나쁜, 불쾌한, 화가 난

Meine Eltern sind **böse** auf meine schlechte Note.
나의 부모님은 내 나쁜 점수에 **화가 나 계시다**.

▸ pl. **Eltern** 부모님 / **schlecht** 나쁜 / f. **Note** 성적, 점수

1571 **handeln**

팔다, 거래하다, 다루다

Die Firma **handelt** mit vielen Ländern.
그 회사는 많은 나라들과 **거래하**고 있다.

▸ f. **Firma** 회사 / n. **Land** 나라, 토지

1572 die **Kindheit** -, -

f. **어린 시절, 유년 시절**

Erinnerst du dich an deine **Kindheit**?
너는 너의 **어린 시절**을 기억하니?

Tip 복수가 없다.
'4격+erinnern+an 4격'은 '4격에게 an 4격을 상기시키다'라는 의미이다.
예 Kannst du mich an meinen Termin erinnern? 내게 나의 일정을 상기시켜 줄 수 있니?
'sich erinnern+an 4격: an 4격을 기억하다' 구조까지 알아 두자.

1573 die **Luft** -, Lüfte

f. **공기, 대기**

Hier gibt es frische **Luft**.
여기는 **공기**가 신선하다.

▸ **hier** 여기에 / **frisch** 신선한, 상쾌한

1574 die **Metzgerei**
-, -en

f. 정육점

Die **Metzgerei** liegt gegenüber der Bank.
정육점은 은행 건너편에 위치해 있다.

▸ **liegen** 누워 있다, 위치하다 / **gegenüber** 맞은편에 / f. **Bank** 은행

1575 die **Notiz**
-, -en

f. 주의, 주목, 메모

Ich habe mir ein paar **Notizen** gemacht.
나는 몇 개의 **메모**를 해 두었다.

▸ **ein paar** 몇몇의 / **machen** 하다, 만들다

1576 der **Puls**
-es, -e

m. 맥박

Der **Puls** ist unregelmäßig.
맥박이 불규칙적이다.

▸ **unregelmäßig** 불규칙적인

1577 der **Respekt**
-(e)s

m. 존중, 존경

Ich habe großen **Respekt** vor meinen Eltern.
나는 나의 부모님에 커다란 **존경심**이 있다.

▸ **groß** 큰 / pl. **Eltern** 부모님

Tip 복수가 없다.

1578 der **Stuhl**
-(e)s, Stühle

m. 의자

Da vorne ist noch ein **Stuhl** frei.
저 앞에 **의자** 하나가 아직 비어 있다.

▸ **vorn** 앞에 / **noch** 아직 / **frei** 자유로운, 비어 있는

1579 **sozial**

사회적인

Es gibt viele **soziale** Probleme in Korea.
한국에는 많은 **사회적인** 문제들이 있다.

▸ n. **Problem** 문제

1580 der **Tod** -(e)s, -e

m. **죽음, 사망**

Der **Tod** ist unvermeidbar.
죽음은 피할 수 없다.

▸ **unvermeidbar** 불가피한

1581 der **Turm** -(e)s, Türme

m. **타워, 성탑**

An der Küste steht ein Leucht**turm**, um die Schiffsführer zu warnen.
해안가에 한 **등대**가 선장들을 주의시키기 위해 서 있다.

▸ f. **Küste** 해안 / **stehen** 서다, (위치해) 있다 / m. **Leuchtturm** 등대 / m. **Schiffsführer** 선장 / **warnen** 주의시키다

1582 **überlegen**

심사숙고하다

Ich habe lang **überlegt**, bevor ich mich entschieden habe.
나는 결심을 하기 전에 오래 **깊게 생각했다**.

▸ **lang** 긴 / **bevor** ~하기 전에 / **sich entscheiden** 결정하다

1583 **weg | nehmen**

떼어내다, 치우다, 빼앗다

Er **nahm** dem Kind den Lutscher **weg**.
그는 그 아기의 막대 사탕을 빼앗았다.

1584 die **Vase** -, -n

f. **꽃병, 단지, 도자기**

Diese **Vase** ist 200 Jahre alt.
이 **도자기**는 200년이 되었다.

▸ n. **Jahr** 연도, 해 / **alt** (나이가) ~살인

1585 **zentral**

중심의, 중심적인

Die Lage der Wohnung liegt sehr **zentral**.
그 집의 위치는 매우 **도심**에 위치해 있다.

1586 **(sich) zwingen**

자제하다, 스스로를 강압하다

Der Chef **zwingt** seine Arbeiter Überstunden zu machen.
사장이 직원에게 초과 근무를 **강요한다**.

▸ f. **Überstunde** 초과 근무

das
1587 **Gedicht**
-(e)s, -e

n. 시, 운문

Die Kinder lesen an Weihnachten ein **Gedicht** vor.
아이들이 크리스마스에 **시** 하나를 소리 내어 읽는다.

▸ n. **Kind** 아이 / **vorlesen** 낭독하다, 읽어 주다 / **Weihnachten** 크리스마스 / n. **Gedicht** 시

das
1588 **Abitur**
-s, -e

n. 김나지움 졸업 시험

Das **Abitur** ist das Zeugnis der allgemeinen Hochschulreife.
아비투어는 대학 종합 입학 자격입니다.

▸ n. **Zeugnis**: 자격, 증명

1589 **widersprechen**

~에게 반대 의견을 말하다, 이의를 제기하다

Wir wollen Ihnen **widersprechen**.
우리는 당신에게 **이의를 제기하**고 싶습니다.

der
1590 **Bauer**
-s/-n, -n

m. 농부

Der **Bauer** füttert seine Tiere.
그 **농부**가 그의 가축에게 먹이를 준다.

▸ **füttern** 먹이를 주다 / n. **Tier** 동물

1591 der **Dialog** -(e)s, -e

m. **대화, 문답**

Dieser **Dialog** bringt uns nicht weiter.
이 **대화**는 우리에게 아무 의미가 없어.

▸ **weiterbringen** 도와주다, 진척시키다

1592 der **Eindruck** -(e)s, Eindrücke

m. **압축, 흔적, 인상**

Mein erster **Eindruck** von dir war sehr gut.
너의 첫**인상**이 내겐 정말 좋았어.

▸ **erst** 맨 처음의, 첫 번째의

1593 **unbe-stimmt**

정해지지 않은, 불확실한

Ein fremder Mann **unbestimmt**en Alters hat mich gestern angerufen.
나이를 **알 수 없는** 한 낯선 남자가 어제 내게 전화했다.

▸ **fremd** 외래의, 익숙하지 않은, 낯선 / n. **Alter** 나이 / **gestern** 어제 / **anrufen** 전화하다, 부르다

1594 die **Feuerwehr** -, -en

f. **소방대**

Die **Feuerwehr** löscht das Feuer.
그 소방관이 불을 끈다.

▸ **löschen** 끄다 / n. **Feuer** 불, 화재

1595 **garantieren**

보증하다, 담보하다

Wir **garantieren** Ihnen gute Qualität.
당신께 좋은 품질을 **보증해** 드립니다.

▸ f. **Qualität** 품질

1596 der **Kellner** -s, -

m. **웨이터, 종업원 (남)**

Der **Kellner** bringt das Essen und die Serviette.
그 **종업원**이 음식과 냅킨을 가져온다. .

▸ **bringen** 운반하다, 가져오다 / n. **Essen** 음식, 식사 / f. **Serviette** 냅킨

Tip 여성형은 die Kellnerin이다.

1597 **(sich) verabreden**

약속하다, 협정하다

Wollen wir uns am Montag zum Fußballspielen **verabreden**?
우리 월요일에 축구하기로 **약속할**까?

▸ m. **Montag** 월요일 / n. **Fußballspiel** 축구 경기

1598 das **Medium** -s, Medien

n. **미디어, 매개체**

Die **Medien** berichten über die Demonstration.
미디어가 그 시위에 대하여 보도한다.

▸ **berichten** 보고하다 / f. **Demonstration** 시위

1599 der **Polizist** -en, -en

m. **경찰관**

Der **Polizist** hat die Autotür des Verbrechers aufgemacht.
그 **경찰관**이 호송차의 문을 열었다.

1600 **entwickeln**

발전시키다

Das Feuer **entwickelte** eine große Hitze.
화재는 큰 열기로 **번졌다**.

▸ n. **Feuer** 불, 화재 / **groß** 큰 / f. **Hitze** 열

연습문제

1 보기에서 알맞은 단어를 어미 변화에 맞게 빈칸에 채워 문장을 완성하세요.

보기	hinten böse überlegen bei (sich) verabreden lächeln gebären

1 Sie ________ unter Schmerzen ein Kind.

2 Sie bekommt Grübchen, wenn sie ________.

3 Wenn ich verliere, werde ich manchmal ________.

4 Ich habe lang ________, bevor ich mich entschieden habe.

5 Letzte Woche war ich ________ meiner Mutter (zu Hause).

6 Wollen wir ________ am Montag ________?

7 Ich möchte im Kino ________ sitzen.

2 뜻이 맞는 단어끼리 연결하세요.

1 die Notiz •	• a 소극적인, 수동적인
2 der Tod •	• b 정육점
3 der Puls •	• c 죽음, 사망
4 passiv •	• d 중심의, 중심적인
5 zentral •	• e 주의, 주목, 메모
6 die Metzgerei •	• f 맥박

3 다음 형용사의 뜻과 비교급 - 최상급을 쓰세요.

1 schwer (뜻: ________) - ________ - ________

정답

1 ① gebärt ② lächelt ③ böse ④ überlegt ⑤ bei ⑥ uns ... verabreden ⑦ hinten
2 ① e ② c ③ f ④ a ⑤ d ⑥ b
3 1) 뜻: 무거운, 어려운 - schwerer - schwerst

Tag 33

Es gibt einen stillen **See** in der Stadt.

도시 안에 고요한 **호수**가 있다.

Tag - 33

A1

1601 das **Feuer** -s, -

n. 불, 화재

Wir müssen das **Feuer** löschen.
우린 그 **화재**를 진압해야 한다.

▸ **löschen** 끄다

1602 **an | kommen**

도착하다

Der Zug **kommt** pünktlich **an**.
기차가 정확하게 **도착한다**.

▸ m. **Zug** 기차 / **pünktlich** 시간을 엄수하는, 정확한

1603 **bar**

현금의, 순전한

Ich zahle nicht mit Karte. Ich zahle lieber **bar**.
카드로 계산 안 하고 차라리 **현금으로** 계산할게.

▸ **zahlen** 지불하다 / f. **Karte** 카드 / **lieber** 차라리

Tip 현금은 das Bargeld이며, 'Ich zahle lieber mit Bargeld.'로도 말할 수 있다.

1604 **auf | hören**

중지하다

Der Regen hat **aufgehört**.
비가 **그쳤**다.

▸ m. **Regen** 비

1605 das
Gleis
-es, -e

n. 선로, 궤도

Lauf nicht auf die **Gleise**.
선로 위로 걷지 마시오.

▸ **laufen** 달리다, 걷다

1606 **holen**

가져오다

Kannst du mir ein Glas Wasser **holen**? Ich habe Durst!
나 물 한잔 **가져다줄**래? 나 목말라!

▸ n. **Glas** 유리, 유리컵 / n. **Wasser** 물 / m. **Durst** 갈증

Tip Kannst du mir ein Glas Wasser bringen?로도 표현할 수 있다.

1607 der
See
-s, -n

m. 호수

Es gibt einen stillen **See** in der Stadt.
도시 안에 고요한 **호수**가 있다.

▸ **still** 고요한 / f. **Stadt** 도시

Tip 성이 다른 die See는 '바다'를 뜻한다.

1608 **weh | tun**

아프게 하다

Ich will dir nicht **wehtun**.
나는 너를 **아프게 하**고 싶지 않아.

A2

1609 die
Wolke
-, -n

f. 구름

Die **Wolken** sind heute sehr schön.
구름들이 오늘 매우 아름답다.

▸ **schön** 아름다운, 좋은 / **heute** 오늘, 현재

1610 **verreisen**

여행을 떠나다

Meine Eltern **verreisen** für einige Wochen.
나의 부모님은 몇 주간 **여행을 떠나신다**.

▸ pl. **Eltern** 부모님 / **einig** 몇몇의 / f. **Woche** 주

die
1611 **Zeitschrift**
-, -en

f. 정기 간행물

Die **Zeitschrift** enthält gute Informationen.
이 **정기 간행물**은 좋은 정보들을 포함하고있다.

▸ **enthalten** 포함하다, 함유하다 / f. **Information** 정보

1612 **anders**

다른

Herr Müller sieht **anders** aus, als auf seinem Bild.
Müller 씨는 그의 사진에서와는 **달라** 보인다.

▸ **aussehen** ~한 모습이다, ~처럼 보이다 / n. **Bild** 그림, 사진

1613 **(sich) beeilen**

서두르다

Ich muss **mich** heute **beeilen**, weil ich zu lange geschlafen habe.
내가 늦잠을 잤기 때문에 나는 오늘 **서둘러**야 된다.

▸ **heute** 오늘 / **lange** 오래, 오랫동안 / **schlafen** 자다

1614 **begründen**

증명하다, 기초를 놓다

Bitte **begründen** Sie Ihre Aussage.
당신의 진술을 **증명해** 주십시오.

▸ f. **Aussage** 진술

1615 das **Gas** -es, -e

n. 가스, 기체

Wir brauchen an die 100, mit **Gas**, gefüllten Luftballons.
우리는 **가스**가 채워진 100개의 에어벌룬이 필요합니다.

▸ **brauchen** 필요로 하다 / **gefüllt** 가득 찬 / m. **Luftballon** 풍선

1616 die **Karotte** -, -n

f. 당근

Für das Gericht braucht man **Karotten**.
그 음식을 위해서는 **당근**이 필요하다.

▸ n. **Gericht** 요리 / **brauchen** 필요로 하다

1617 das **Magazin** -s, -e

n. 잡지, 매거진

Das **Magazin** ist teuer.
이 **잡지**는 비싸다.

▸ **teuer** 비싼

1618 **plötzlich**

갑자기, 갑작스러운

Plötzlich war er weg.
갑자기 그가 가 버렸다.

▸ **weg** 떠나서, 가 버린

1619 **sauer**

신, 신맛 나는, 화난

Die Orangen sind zu **sauer**.
오렌지가 너무 **시다**.

▸ f. **Orange** 오렌지

Tip 'sauer 신'의 비교급-최상급은 saurer-sauerst이다.

1620 **windig**

바람이 부는

An der Küste ist es sehr **windig**.
해안가에 **바람**이 많이 분다.

▸ f. **Küste** 해안

Tip 'windig 바람이 부는'의 비교급-최상급은 windiger-windigst이다.

1621 **auf | geben**

포기하다, 맡기다, 넘기다

Mein Freund hat **aufgegeben**, nicht mehr zu rauchen.
나의 남자 친구는 담배 끊기를 **포기했다**.

▸ m. **Freund** 친구, 남자 친구 / **rauchen** 흡연하다

1622 **beschreiben**

기술하다, 묘사하다

Bitte **beschreiben** Sie den Unfall.
그 사고를 **묘사해** 주세요.

▸ m. **Unfall** 재해, 사고

1623 **buchstabieren**

철자하다, 한 자씩 읽다

Es gibt Wörter, die sehr schwer zu **buchstabieren** sind.
철자를 읽어 주기에는 어려운 단어들이 있다.

▸ n. **Wort** 낱말, 단어 / **schwer** 어려운, 무거운

1624 **dunkel**

어두운, 암흑의

Diese Tapete ist mir zu **dunkel**.
이 벽지는 나에게 너무 **어둡다**.

▸ f. **Tapete** 벽지

Tip 'dunkel 어두운'의 비교급-최상급은 dunkeler-dunkelst이다.

1625 **der**
Fluss
-es, Flüsse

m. **강, 하천**

Wir überqueren den **Fluß** mit einem Boot.
우리는 배로 **강**을 건넌다.

▸ **überqueren** 건너가다 / n. **Boot** 보트, 배

1626 **das**
Gericht
-(e)s, -e

n. **법정, 재판**

Wir gehen diese Woche zum **Gericht**.
우린 이번주에 **법정**에 갑니다.

▸ **gehen** 가다 / f. **Woche** 주

1627 **die**
Kassette
-, -n

f. **보석함, 케이스, 카세트테이프**

Meine Schwester hört gerne **Kassetten** von früher.
내 여동생은 예전의 **카세트테이프**를 즐겨 듣는다.

▸ f. **Schwester** 여자 형제 / **hören** 듣다 / **gern** 기꺼이, 즐겨 / **früher** 과거의

1628 **der**
Maler
-s, -

m. **화가, 페인트공**

Sie müssen einen **Maler** anrufen.
당신은 **페인트공**에게 전화를 걸어야 합니다.

▸ **anrufen** 전화하다

1629 **schlimm**

나쁜, 못된, 심술궂은

Alkohol ist Gift bei einer Erkältung. Trink lieber Tee, sonst wird das nur noch **schlimm**er.
알코올은 감기에 독약이야. 차라리 차를 마셔, 그렇지 않으면 더 **나빠**지기만 할 거야.

▸ m. **Alkohol** 알코올, 술 / n. **Gift** 독 / f. **Erkältung** 감기 / **trinken** 마시다 / **lieber** 차라리 / m. **Tee** 차 / **sonst** 그렇지 않으면 / **noch** 또, 더

Tip 'schlimm 나쁜'의 비교급-최상급은 'schlimmer-schlimmst'이다. 'noch+비교급+werden'은 'noch+비교급+werde'과 동의어로, '더 ~해지다'라는 의미이다.

1630 der **Tourismus** -

m. **관광, 관광 여행**

Spanien lebt vom **Tourismus**.
스페인은 **관광**으로 먹고산다.

▸ **Spanien** 스페인 / **leben** 살다, 생존하다, 먹고살다

Tip 복수가 없다.

1631 der **Überset-zer** -s, -

m. **번역가**

Ich arbeite als **Übersetzer**.
나는 **번역가**로서 일한다.

▸ **arbeiten** 일하다

1632 die **Verant-wortung** -, -en

f. **책임, 변명**

Wer trägt die **Verantwortung** dafür?
누가 그것에 대하여 **책임**을 맡겠나?

▸ **tragen** 나르다, (책임을) 지다 / **dafür** 그것에 대하여

1633 das **Wohnmobil** -s, -e

n. **캠핑카**

Ich möchte gern ein **Wohnmobil** haben.
나는 **캠핑카** 한 대를 갖고 싶다.

▸ **gern** 기꺼이, 즐겨

1634 **zufällig**

우연히

Wir haben uns **zufällig** getroffen.
우리는 **우연히** 만났다.

▸ **treffen** 만나다

1635 **zählen**

세다, 계산하다

Ich **zähle** mein Geld, das mein Opa mir gegeben hat.
나는 나의 할아버지가 나에게 주신 나의 돈을 **센다**.

▸ n. **Geld** 돈 / m. **Opa** 할아버지 / **geben** 주다

1636 **aus | drucken**

인쇄를 끝내다

Ich habe alles **ausgedruckt**.
나는 인쇄를 모두 다 끝냈다.

B1

der
1637 **Atem**
-s

m. **숨**

Der Arzt sagt, dass ich kurz den **Atem** anhalten soll.
의사 선생님이 내가 잠시 **숨**을 참아야 한다고 얘기하신다.

▸ m. **Arzt** 의사 / **kurz** 짧은, 작은 / **anhalten** 멈추다

Tip 복수가 없다.

der
1638 **Beginn**
-(e)s, -e

m. **시작, 처음**

Zu **Beginn** des Unterrichts begrüßen die Schüler ihren Lehrer.
수업 **시작** 전에 학생들이 그들의 선생님에게 인사한다.

▸ m. **Unterricht** 수업 / **begrüßen** ~에게 인사하다 / m. **Schüler** 학생 / m. **Lehrer** 선생님

1639 **dauernd**

지속되는, 계속적인

Ach, das passiert mir **dauernd**!
아, 그것은 나한테 **계속해서** 일어나(는 일이야)!

▸ **passieren** 일어나다, 생기다

1640 **eindeutig**

명백한, 의심의 여지가 없는

Das ist **eindeutig** mein Fahrrad!
이건 **명백히** 내 자전거잖아!

▸ n. **Fahrrad** 자전거

Tip 'eindeutig 명백한'의 비교급-최상급은 eindeutiger-eindeutigst이다.

1641 **farbig**

색이 있는

Wo kann ich **farbig**e Linsen kaufen?
제가 **색이 있는** 렌즈를 어디서 살 수 있나요?

▸ f. **Linse** 렌즈 / **kaufen** 사다

Tip 'farbig 색이 있는'의 반의어는 'farblos 무색의'이다.

1642 das **Gebäck** -(e)s, -e

n. 구워 만든 과자

Ich kaufe das **Gebäck** beim Bäcker.
나는 빵집에서 **구운 과자**를 산다.

▸ **kaufen** 사다 / m. **Bäcker** 빵 굽는 사람, 빵집 주인

Tip 'Ich kaufe Gebäck in der Bäckerei.' 와 같은 뜻이다.

1643 der **Haus-meister** -s, -

m. 집주인, 건물 관리인

Der **Hausmeister** macht die Treppe vor dem Haus sauber.
집주인이 집앞의 계단을 깨끗이 한다.

▸ **machen** 하다, 만들다 / f. **Treppe** 계단 / n. **Haus** 집 / **sauber** 깨끗한

1644 die
Eisenbahn
-, -en

f. **철도, 열차**

Wir fahren mit der **Eisenbahn**.
우리는 **열차**를 타고 간다.

▸ **fahren** 타고 가다, ~(으)로 가다

1645 **ideal**

이상적인, 관념적인, 모범적인

Es wäre **ideal**, wenn wir zusammen wohnen könnten.
우리가 같이 살 수 있다면 정말 **이상적**일 텐데.

▸ **zusammen** 함께 / **wohnen** 살다, 거주하다

Tip 'ideal 이상적인'의 비교급-최상급은 idealer-idealst이다.

1646 das
Klima
-s, -ta/-s

n. **기후, 환경, 분위기**

Das **Klima** ist extrem schwül.
기후가 극도로 후텁지근하다.

▸ **extrem** 극도의 / **schwül** 무더운, 후텁지근한

1647 der
Lärm
-(e)s

m. **소음, 소동, 붐빔**

Woher kommt dieser **Lärm**?
이 **소음**은 어디에서 오는 거지?

▸ **kommen** 오다

Tip 복수가 없다.

1648 **makieren**

표시하다, 강조하다, 표를 달다

Ich **markiere** mir alle wichtigen Sätze, die ich noch lernen muss.
나는 내가 아직 배워야 할 모든 중요한 문장들을 **표시한다**.

▸ **wichtig** 중요한 / m. **Satz** 문장 / **noch** 아직 / **lernen** 배우다

1649 die
Nach-speise
-, -n

f. 후식, 디저트

Was gibt es als **Nachspeise**?
디저트로는 뭐가 있나요?

Tip 'die Vorspeise(-n) 애피타이저'까지 알아 두자.

Tag 33

1650 **perfekt**

완벽한, 확정된

Das war einfach **perfekt**.
그것은 그냥 **완벽했**어.

▸ **einfach** 쉬운, 그야말로, 아주

연습문제

1 보기에서 알맞은 단어를 어미 변화에 맞게 빈칸에 채워 문장을 완성하세요.

보기	Feuer ankommen Verantwortung (sich) beeilen

1 Wir müssen das ________________ löschen.

2 Der Zug ________________ pünktlich ________________.

3 Wer trägt dafür die ________________?

4 Ich muss ________________ heute ________________, weil ich zu lange geschlafen habe.

2 뜻이 맞는 단어끼리 연결하세요.

1 die Wolke •	• a 색이 있는
2 plötzlich •	• b 구름
3 das Gericht •	• c 우연히
4 zufällig •	• d 갑자기, 갑작스러운
5 farbig •	• e 법정, 재판

3 다음 형용사의 뜻과 비교급 – 최상급을 쓰세요.

1 sauer (뜻: ________________) - ________________ - ________________

2 windig (뜻: ________________) - ________________ - ________________

3 dunkel (뜻: ________________) - ________________ - ________________

4 schlimm (뜻: ________________) - ________________ - ________________

5 ideal (뜻: ________________) - ________________ - ________________

6 eindeutig (뜻: ________________) - ________________ - ________________

정답

1 ① Feuer ② kommt... an ③ Verantwortung ④ mich... beeilen

2 ① b ② d ③ e ④ c ⑤ a

3 1) 뜻: 신, 신맛나는, 화난 - saurer - sauerst 2) 뜻: 바람이 부는 - windiger - windigst
3) 뜻: 어두운, 암흑의 - dunkler - dunkelst 4) 뜻: 나쁜, 못된, 심술궂은 - schlimmer - schlimmst
5) 뜻: 이상적인, 관념적인, 모범적인 - idealer - idealst
6) 뜻: 명백한, 의심의 여지가 없는 - eindeutiger - eindeutigst

Tag 34

Ich bin **schon** angekommen.
나는 **벌써** 도착했어.

Tag – 34

A1

1651 die **Ankunft** -, Ankünfte

f. 도착

Die **Ankunft**szeit des Zuges beträgt 17:35 Uhr.
그 기차의 **도착** 시간은 오후 5시 35분이다.

▸ f. **Zeit** 시간 / m. **Zug** 기차 / **betragen** 어떤 수치에 달하다

Tip 'Ankunft 도착'의 반의어는 'die Abfahrt 출발'이다.

1652 **auslän-disch**

외국의

Ich habe Lust auf **ausländisch**es Essen.
나는 **외국** 음식에 욕구가 있다. (외국 음식이 먹고 싶다.)

▸ f. **Lust** 즐거움, 욕망, 의지 / n. **Essen** 식사, 음식

Tip Lust라는 명사는 주로 전치사 auf, haben 동사와 쓰여 '~에 대한 흥미, 욕구가 있다'라는 의미를 나타낸다.

1653 **bedeuten**

의미하다

Du **bedeutest** mir sehr viel.
너는 내게 많은 것을 **의미해**.

1654 **finden**

찾아내다, 발견하다

Sie hat im Zug eine Uhr **gefunden**.
그녀는 기차 안에서 시계를 **발견했**다.

▸ m. **Zug** 기차

1655 **kennen | lernen**

~와(과) 아는 사이가 되다, 알게 되다

Ich freue mich dich **kennen**zu**lernen**.
나는 너를 **알게 되어**서 기쁘다.

▸ **sich freuen** 기뻐하다, 반기다

1656 **sitzen**

~에 앉아 있다

Wo möchten Sie **sitzen**?
당신은 어디에 **앉기**를 원하세요?

▸ **möchten** 원하다

Tip 'Wohin möchten Sie sich setzen? 어디로 앉고 싶으세요?'라고도 말할 수 있다.

1657 **glücklich**

행복한, 행운의

Ich bin sehr **glücklich** mit dir.
너는 너랑 매우 **행복하**다.

Tip 'glücklich 행복한'의 비교급-최상급은 glücklicher-glücklichst이다.

A2

1658 der **Hagel** -s

m. **우박**

Der **Hagel** vernichtete das Getreide.
우박이 곡식을 망쳤다.

▸ **vernichten** 무효로 하다, 파괴하다 / n. **Getreide** 곡식

Tip 복수가 없다.

1659 das **Jahrhundert** -s, -e

n. **세기, 백 년**

Dieses Gebäude ist aus dem 14. **Jahrhundert**.
이 건축물은 14**세기**의 것이다.

▸ n. **Gebäude** 건물

1660 der
Keller
-s, -

m. **지하실, (지하실) 창고**

Mein Fahrrad ist im **Keller**.
내 자전거는 **지하실 창고**에 있다.

▸ n. **Fahrrad** 자전거

1661 **loben**

칭찬하다

Sie **lobt** nicht gern.
그녀는 **칭찬을** 기꺼이 **해 주**지 않는다.

▸ **gern** 기꺼이, 즐겨

1662 die
Menge
-, -n

f. **다수, 다량, 군중, 대중**

Eine große Menschen**menge** läuft auf der Straße.
커다란 **군중**이 길을 걷는다.

▸ **groß** 큰 / **laufen** 달리다, 걷다 / f. **Straße** 도로, 길

1663 der
Nachbar
-s/-n, -n

m. **남자 이웃**

Mein **Nachbar** kommt aus Frankreich.
내 **남자 이웃**은 프랑스에서 왔다.

▸ **kommen** 오다 / **Frankreich** 프랑스

1664 **scheinen**

빛나다, 비치다

Die Sonne **scheint**.
해가 **비친다**.

▸ f. **Sonne** 태양

1665 **schon**

이미, 벌써, 틀림없이

Ich bin **schon** angekommen.
나는 **벌써** 도착했어.

▸ **ankommen** 도착하다

Tag 34

1666 **unter | gehen**

~이(가) 지다, 침몰하다

Die Sonne ist heute schnell **untergegangen**.
해가 오늘 빨리 **졌다**.

▸ f. **Sonne** 태양 / **heute** 오늘 / **schnell** 빠른

1667 der **Westen** -s

m. **서쪽**

Köln liegt im **Westen** Deutschlands.
쾰른은 독일의 **서쪽**에 있다.

▸ m. **Wind** 바람 / **kommen** 오다

Tip 복수가 없다.

1668 **ab | schließen**

잠그다, 종결하다

Er **schließt** die Tür fest **ab**.
그가 문을 꽉 **잠근다**.

▸ f. **Tür** 문

1669 **auf | regen**

흥분시키다, 자극하다

Ich **rege** mich nicht über dich **auf**.
나는 네게 **화나**지 않아.

Tip 'Ich bin aufgeregt! 나 너무 흥분돼! 너무 신나!'와 같이 많이 쓰인다.

1670 **bekannt**

잘 알려진, 유명한

Das Problem ist mir **bekannt**.
그 문제는 나도 **잘 알고** 있어.

▸ n. **Problem** 문제

Tip 'bekannt(잘 알려진)'의 비교급-최상급은 bekannter-bekanntest이다.

1671 **echt**

진짜의, 순수한, 올바른

Der Ring ist **echt** silbern.
이 반지는 **진짜** 은이다.

▸ m. **Ring** 반지, 고리 / **silbern** 은으로 만든

Tip 무언가 되물을 때 '정말로?', '진짜로?'라는 의미로도 'echt?'를 사용한다.

---

der
1672 **Hals**
-es, Hälse

m. **목, 목덜미, 목구멍, 식도**

Mein **Hals** tut weh.
내 **목**이 아프다.

▸ **weh** 아픈, 통증을 느끼는

---

die
1673 **Insel**
-, -n

f. **섬**

Niemand wohnt auf dieser **Insel**.
이 **섬**에는 아무도 살지 않는다.

▸ **niemand** 아무도 ~않다 / **wohnen** 살다

Tip die Insel은 전치사 in이 아닌 auf와 항상 함께 쓰인다는 점에 유의하자.

---

der
1674 **Katalog**
-(e)s, -e

m. **목록, 카탈로그**

Ich habe ein schönes Kleid im **Katalog** gesehen.
나는 **카탈로그**에서 예쁜 옷을 보았다.

▸ **schön** 아름다운, 좋은 / n. **Kleid** 옷 / **sehen** 보다

---

die
1675 **Landschaft**
-, -en

f. **경치, 풍경**

Die **Landschaft** vom Balkon ist wunderbar.
발코니에서 본 **경치**가 말할 수 없이 아름답다.

▸ m. **Balkon** 발코니 / **wunderbar** 놀라운, 멋진, 굉장한

1676 die **Mode** -, -n

f. 유행, 모드

Die K-POP **Mode** wird immer größer.
케이팝 **유행**이 점점 커지고 있다.

▸ **immer** 늘, 항상, 점점 / **groß** 큰

1677 die **Sicht** -, -en

f. 시야, 조망

Die Berghütte war in **Sicht**.
산장이 **시야**에 들어왔다. (시야에 있었다)

▸ f. **Berghütte** 산막, 산장

Tip 'die Hütte(-n) f. 오두막'까지 알아 두자.

B1

1678 **träumen**

꿈꾸다

Ich habe immer davon **geträumt**, mit dir Deutsch fließend sprechen zu können.
나는 항상 너와 독일어로 유창하게 말할 수 있기를 **꿈꿔** 왔다.

▸ **immer** 늘, 항상 / **davon** 그것에 관하여 / **fließend** 흐르는 듯한, 유창한 / **sprechen** 말하다

Tip 'träumen+von 3격: von 3격을 꿈꾸다' 구조를 알아 두자.

1679 **überreden**

설득하다

Ich **überredete** ihn, zu Hause zu bleiben.
나는 그가 집에 머물기를 **설득했다**.

▸ n. **Haus** 집 / **bleiben** 머무르다

1680 **unter-schiedlich**

차이의, 차별적인, 여러 가지의

Wir haben **unterschiedliche** Kleidungsstile.
우리는 **여러 가지**의 옷 스타일이 있습니다.

▸ m. **Kleidungsstil** 옷 스타일

der
1681 **Vergleich**
-(e)s, -e

m. 비교, 대조, 조정

Der **Vergleich** zwischen den zwei Autos war unfair.
그 두 자동차 사이의 **비교**는 불공평하다.

▸ **zwischen** 중간에, 사이에 / n. **Auto** 자동차 / **unfair** 불공평한

1682 **warnen**

경고하다

Du solltest mich **warnen**!
넌 내게 **조심하라 말했**어야지!

1683 **zubereiten**

준비하다, 마련하다

Ich will diesen Kuchen **zubereiten**.
나는 이 케이크를 **준비하**고 싶다.

▸ m. **Kuchen** 케이크

1684 **ab | hängen**

~에 달리다, 좌우되다

Meine Laune **hängt** von dir **ab**.
내 기분은 너**에게 달려 있어**. (내 기분은 너**에 의해 좌우돼**.)

▸ f. **Laune** 기분

Tip 'Meine Laune ist von dir abhängig.'라고도 말할 수 있다.

die
1685 **Bade-wanne**
-, -n

f. 욕조

Die **Badewanne** ist sehr teuer.
이 **욕조**는 매우 비싸다.

▸ **teuer** 비싼

1686 **darstellen**

보여주다, 나타내다

Was soll dieses Bild **darstellen**?
이 그림이 무엇을 **나타내**야 할까요?

▸ n. **Bild** 그림, 사진

1687 **ehrlich**

솔직한, 정말로, 정직한

Ehrlich gesagt, weiß ich auch nicht.
솔직히 말하자면, 나 역시 모르겠어.

▸ **sagen** 말하다 / **wissen** 알다

1688 **einzeln**

단일의, 개별적인, 일일이

Der Bauer guckt die Erdbeeren immer **einzeln** an.
농부가 딸기들을 **일일이** 자세히 들여다본다.

▸ m. **Bauer** 농부 / **angucken** 주시하다, 들여다보다

1689 **fest | legen**

확정하다, 결정하다

Du musst dich noch nicht **festlegen**, du kannst dich auch später entscheiden.
너 아직 **확정** 안 **해**도 돼, 나중에 결정해도 돼.

▸ **später** 나중에 / **entscheiden** 결정하다

1690 der **Gegensatz** -es, -sätze

m. **반대, 대립, 모순, 의견 차이**

Im **Gegensatz** zu dir, bin ich ein netter Mensch.
너와는 **달리(반대로)** 난 착한 사람이지.

▸ **nett** 친절한 / m. **Mensch** 사람

1691 **hageln**

우박이 내리다

Es **hagelt** heute den ganzen Tag.
오늘 하루 종일 **우박이 내린다**.

▸ **ganz** 전체의, 완전히 / m. **Tag** 날, 일

1692 die **Vorberei-tung** -, -en

f. 준비

Die **Vorbereitungen** laufen sehr gut.
준비가 잘 진행된다.

▸ **laufen** 진행되다, 돌아가다, 달리다

Tag 34

1693 **irgend-wann**

언젠가, 어느 때에

Irgendwann werden wir uns wiedersehen.
언젠가 우리는 다시 볼 것이다.

▸ **wiedersehen** 다시 보다

1694 die **Kneipe** -, -n

f. 간이 주점, 회합 장소

Morgen Abend gehen wir in die **Kneipe**.
내일 저녁에 우리는 **간이 주점**에 간다.

▸ **morgen** 내일 / m. **Abend** 저녁 / **gehen** 가다

1695 **locker**

느슨한, 헐거운, 흔들거리는

Ich muss meinen **lockeren** Zahn ziehen.
나는 나의 **흔들리는** 이를 뽑아야만 한다.

▸ m. **Zahn** 이, 치아 / **ziehen** 뽑다

1696 die
Abteilung
-, -en

f. **구분, 분류, 부서, 과**

Wir müssen Tomaten in der Gemüse**abteilung** kaufen und danach noch kurz in die Fleisch**abteilung** gehen.
우린 야채 **코너**에서 토마토를 사고 나서 육류 **코너**로도 잠깐 가야 해.

▸ f. **Tomate** 토마토 / n. **Gemüse** 채소 / **kaufen** 사다 / **danach** 그 후에 / **noch** 또, 더 / **kurz** 짧은 / n. **Fleisch** 고기 / **gehen** 가다

1697 der
Meister
-s, -

주인, 장, 지배자, 대가, 거장

Ich bin ein **Meister** in diesem Beruf.
내가 이 일에선 **대가**이다.

▸ m. **Beruf** 직업

1698 der
Nerv
-(e)s/-en, -en

m. **신경, 신경계**

Du gehst mir auf die **Nerven**.
넌 내 **신경**에 거슬린다.

▸ **gehen** 가다

1699 **öffentlich**

공개적으로, 공공연한

Das Gebäude ist **öffentlich**.
이 건물은 **공공** 건물이다.

▸ n. **Gebäude** 건물

1700 der
Pfeffer
-s, -

m. **후추**

Kannst du mir mal den **Pfeffer** geben?
내게 **후추** 좀 줄 수 있니?

▸ **geben** 주다

연습문제

1 보기에서 알맞은 단어를 빈칸에 채워 문장을 완성하세요.

보기	Insel träumen Gegensatz schon einzeln abschließen

Tag 34

1 Ich ______________ von meinem Traumhaus.

2 Im ______________ zu dir, bin ich ein netter Mensch.

3 Ich bin ______________ angekommen.

4 Niemand wohnt auf dieser ______________ .

5 Der Bauer guckt die Erdbeeren immer ______________ an.

6 Er ______________ die Tür ______________.

2 뜻이 맞는 단어끼리 연결하세요.

1 die Landschaft •	• a 준비하다, 마련하다
2 die Sicht •	• b 경치, 풍경
3 überreden •	• c 준비
4 zubereiten •	• d 설득하다
5 die Vorbereitung •	• e 시야, 조망

3 다음 형용사의 뜻과 비교급 – 최상급을 쓰세요.

1 bekannt (뜻: ______________) - ______________ - ______________

2 glücklich (뜻: ______________) - ______________ - ______________

정답

1 ① träume ② Gegensatz ③ schon ④ Insel ⑤ einzeln ⑥ schließt ... ab
2 ① b ② e ③ d ④ a ⑤ c
3 1) 뜻: 잘 알려진, 유명한 - bekannter - bekanntest
2) 뜻: 행복한, 행운의 - glücklicher - glücklichst

Tag 35

Tut mir leid, dass ich **mich geirrt** habe.
내가 **잘못 생각해**서 미안해.

Tag-35

A1

1701 **beide**

둘 다, 양쪽의

Ich habe Sie **beide** gestern im Theater gesehen.
나는 어제 극장에서 당신들 **둘 다** 봤어요.

▸ **gestern** 어제 / n. **Theater** 연극 / **sehen** 보다

1702 der **Automat** -en, -en

m. **자동 기기, 자동판매기**

Am **Automaten** kann man Wasser kaufen.
자판기에서 물을 살 수 있어.

▸ n. **Wasser** 물 / **kaufen** 사다

1703 **fliegen**

날아가다

Der Ballon ist weit **geflogen**.
풍선은 멀리 **날아갔**다.

▸ m. **Ballon** 풍선

1704 **gratulieren**

축하하다

Wir **gratulierten** ihm zum bestandenen Examen.
우리는 그의 시험 합격을 **축하했다**.

▸ **bestanden** 합격한 / n. **Examen** 시험

1705 die **Anmeldung** -, -en

f. 등록

Zuerst müssen Sie in die **Anmeldung** gehen.
당신은 먼저 **등록**을 하러 가야 한다.

▸ **zuerst** 맨 먼저 / **gehen** 가다

Tip Anmeldung은 대개 거주지 등록 신고를 가리키며, 'Zuerst müssen Sie sich anmelden.'으로도 표현 가능하다.

1706 **so**

이렇게, 그렇게

Fahren Sie bitte nicht **so** schnell!
제발 **그렇게** 빨리 운전하지 마세요!

▸ **fahren** 타고 가다, ~(으)로 가다 / **schnell** 빠른

1707 **weit**

먼, 넓게

Wie **weit** ist es bis Hamburg?
함부르크까지는 얼마나 **멀**지?

▸ **bis** ~까지

1708 das **Kilo** -s, -(s)

n. 킬로, kg

Ich hätte gern ein **Kilo** Kartoffeln.
감자 1kg 주세요.

▸ f. **Kartoffel** 감자

Tip das Kilogramm의 축약형이다.

A2

1709 die **Limonade** -, -n

f. 레모네이드

Zitronen**limonade** schmeckt gut.
레모네이드 맛이 좋다.

▸ f. **Zitrone** 레몬 / **schmecken** 맛이 나다

1710 **mager**

여윈, 지방이 적은

Ich mag kein **mageres** Fleisch.
나는 **기름기가 적은** 육고기를 좋아하지 않는다.

▸ n. **Fleisch** 고기

Tip 'mager 지방이 적은'의 비교급-최상급은 magerer-magerst이다.

1711 **nach | sprechen**

따라 말하다, 되풀이하다

Der Papagei **spricht** alles **nach**, was man ihm vorspricht.
그 앵무새는 사람들이 말하는 것을 모두 **따라 말한다**.

▸ m. **Papagei** 앵무새 / **vorsprechen** 먼저 말해 보이다

1712 **die Schere** -, -n

f. 가위, 집게발

Ich brauche mal die **Schere**!
나는 그 **가위**가 좀 필요해!

▸ **brauchen** 필요로 하다

1713 **wieso**

어째서, 어떤 방법으로

Wieso kommst du jetzt erst?
어째서 너는 지금에서야 오는 거야?

▸ **kommen** 오다 / **jetzt** 지금 / **erst** 첫 번째의, 최초의, 비로소, 겨우

1714 **außerhalb**

~이외에, ~바깥쪽에

Meine Eltern wohnen **außerhalb** der Stadt.
나의 부모님은 시**외에** 산다.

▸ pl. **Eltern** 부모님 / **wohnen** 살다 / f. **Stadt** 도시

Tip 'außerhalb ~이외의'의 반의어는 'innerhalb ~이내에'이며 둘 다 2격 전치사이다. 시간적인 '~이외에', '~이내에'로도 쓸 수 있다.

1715 **beschreiben**

기술하다, 묘사하다

Bitte **beschreiben** Sie den Unfall.
그 사고를 **묘사해** 주세요.

▸ m. **Unfall** 재해, 사고

1716 **endlich**

마침내

Ich habe **endlich** meine Brille gefunden.
마침내 나는 나의 안경을 찾았다.

▸ f. **Brille** 안경 / **finden** 찾다, 생각하다

1717 das **Gegenteil** -(e)s, -e

n. 반대

Sie hat gerade das **Gegenteil** behauptet.
그녀는 바로 **반대**를 주장했다.

▸ **gerade** 정확히, 방금, 바로 / **behaupten** 유지하다, 주장하다

1718 **hässlich**

추한, 못생긴

Er sah erschreckend **hässlich** aus.
그는 깜짝 놀랄 정도로 **못생겨** 보였다.

▸ **aussehen** ~한 모습이다, ~처럼 보이다 / **erschreckend** 놀라운

Tip 'hässlich 못생긴'의 비교급-최상급은 hässlicher-hässlichst이다.

1719 die **Kenntnis** -, -se

f. 지식, 앎, 인지, 인식

Ich habe die nötigen **Kenntnisse** für den Job.
나는 그 직업을 위해 필요한 **지식들**이 있다.

▸ **nötig** 필요한 / m. **Job** 일, 직업

1720 das
Maß
-es, -e

n. 측정 단위, 척도

Ein Gramm ist ein **Maß** für die Bestimmung von Gewichten.
그램은 무게 규정을 위한 하나의 **측정 단위**이다.

▸ n. **Gramm** 그램 / f. **Bestimmung** 규정 / n. **Gewicht** 무게

1721 **sicher**

확실히, 분명히, 틀림없이

Bist du **sicher**, dass die Post heute geöffnet ist?
오늘 우체국이 열려 있는 게 **확실해**?

▸ f. **Post** 우체국 / **heute** 오늘 / **öffnen** 열다

Tip 'Bist du sicher?'의 의미를 'Bist du dir sicher?'로도 표현 가능하다.

1722 die
Woche
-, -n

f. 주, 주간

Diese **Woche** habe ich keine Zeit.
이번 **주**에 시간이 없어.

▸ f. **Zeit** 시간

B1

1723 der
Tages-ablauf
-(e)s, -läufe

m. 일과

Mein **Tagesablauf** ist fast immer gleich.
내 **일과**는 거의 항상 같다.

▸ **fast** 거의 / **immer** 늘, 항상 / **gleich** 똑같은

1724 die
Über-stunde
-, -n

f. 초과 근무

Ich mache niemals **Überstunden** auf der Arbeit.
나는 절대 일에서 **시간 외 근무**를 하지 않는다.

▸ **machen** 하다, 만들다 / **niemals** 결코 ~ 아니다 / f. **Arbeit** 노동, 일

1725 **vegeta-risch**

채식(주의)의

Meine Mutter lebt **vegetarisch**.
우리 엄마는 **채식주의로** 사신다.

▸ f. **Mutter** 어머니 / **leben** 살다

Tip 'Meine Mutter lebt als Vegetarierin.'이라고도 말할 수 있다.

die
1726 **Wettervor-hersage**
-, -n

f. 일기 예보

Nach der **Wettervorhersage** für die nächste Woche wird es sehr sonnig.
다음 주 **일기 예보**에 따르면 해가 매우 쨍쨍할 예정이다.

▸ **nach** ~을(를) 향해서, ~뒤에, ~에 따르면 / **nächst** 근접한, 바로 다음에 / f. **Woche** 주 / **sonnig** 해가 비치는

1727 **zusagen**

확언하다, 승낙하다

Ich kann dem Termin noch nicht **zusagen**.
나는 아직 그 약속에 **확언할** 수 없다.

▸ m. **Termin** 일정, 예약 / **noch** 아직

der
1728 **Abfall-eimer**
-s, -

m. 쓰레기통

Du musst den Abfall in den **Abfalleimer** werfen.
쓰레기는 **쓰레기통**에 버려야 해.

▸ m. **Abfall** 쓰레기 / **werfen** 던지다

die
1729 **Betreuung**
-, -en

f. 담당, 돌봄, 보호

Meine Oma lebt in **Betreuung**.
우리 할머니는 **보호** 아래에 살고 계신다.

▸ f. **Oma** 할머니 / **leben** 살다, 거주하다

1730 **durch-einander**

뒤죽박죽인, 제정신이 아닌

Ich bin total **durcheinander**.
나 지금 완전히 **제정신이 아니**야.

▸ **total** 완전히

1731 **echt**

진짜의, 정말로

Bist du **echt** nicht böse auf mich?
너 나한테 **진짜로** 화 안 난 거지?

▸ **böse** 화난, 나쁜

1732 **fällig**

만기의, 기한이 다 된

Morgen wird die Miete **fällig**.
내일 그 임대는 **만기**될 것이다.

▸ **morgen** 내일 / f. **Miete** 임대, 임대료

1733 die **Grenze** -, -n

f. 경계, 국경

Die **Grenze** zwischen Polen und Deutschland ist offen.
폴란드와 독일 사이의 **국경**은 열려 있다.

▸ **zwischen** 중간에, 사이에 / **Polen** 폴란드 / **offen** 열린

1734 der **Hafen** -s, Häfen

m. **항구**

Im **Hafen** liegen viele Schiffe.
항구엔 많은 선박들이 있다.

▸ **liegen** 누워 있다, 놓여 있다, 위치하다 / n. **Schiff** 배, 선박

1735 **(sich) irren**

잘못 생각하다, 혼동하다

Tut mir leid, dass ich **mich geirrt** habe.
내가 **잘못 생각해**서 미안해.

▸ **tut mir leid** 미안합니다

1736 das **Kabel** -s, -

n. 케이블, 전선

Wo liegt eigentlich mein **Kabel**?
내 **전선**이 도대체 어디 있지?

▸ **liegen** 누워 있다, 놓여 있다, 위치하다 / **eigentlich** 본래의, 도대체

Tip Wo ist mein Kabel?로도 표현할 수 있다.

1737 das **Loch** -(e)s, Löcher

n. 구멍, 구덩이

Das ist ein sehr großes **Loch**.
이건 하나의 매우 큰 **구덩이**다.

▸ **groß** 큰

1738 die **Mahlzeit** -, -en

f. 식사

Der Mensch muss 3 **Mahlzeiten** am Tag essen.
사람은 하루에 3번의 **식사**를 해야 한다.

▸ m. **Mensch** 사람 / m. **Tag** 날, 일 / **essen** 먹다

Tip 'Der Mensch muss 3 mal am Tag etwas essen.'도 동일한 의미이다.

1739 **neulich**

최근에

Neulich habe ich ein Fernsehen gekauft.
나는 **최근에** TV를 하나 샀다.

▸ n. **Fernsehen** 텔레비전 / **kaufen** 사다

1740 **ob**

~인지 아닌지

Ich weiß nicht, **ob** es in Berlin regnet.
나는 베를린에 비가 **오는지 안 오는지** 모른다.

▸ **wissen** 알다 / **regnen** 비 오다

1741 **rechtzeitig**

시기에 알맞은, 제시간의

Denkst du, wir werden **rechtzeitig** am Flughafen ankommen?
넌 우리가 **제시간에** 공항에 도착할 거라고 생각하니?

▸ **denken** 생각하다 / m. **Flughafen** 공항 / **ankommen** 도착하다

die
1742 **Sucht**
-, Süchte

f. 중독

Die **Sucht** nach Alkohol ist ein großes Problem.
알코올 **중독**은 커다란 문제다.

▸ m. **Alkohol** 알코올, 술 / **groß** 큰 / n. **Problem** 문제

Tip 'Die Sucht nach Alkohol 알코올 중독'은 'Alkoholsucht' 한 단어로 표현할 수 있다.

1743 **trocknen**

마르다, 건조시키다

Ich muss noch meine Haare **trocknen**.
나는 내 머리를 **말려**야 한다.

▸ **noch** 아직, 또, 더 / n. **Haar** 털, 머리카락

die
1744 **Unterstüt-zung**
-, -en

f. 후원, 지원, 보조(금)

Ich biete dir meine **Unterstützung** an!
내가 너에게 나의 **후원**을 제공할게!

▸ **anbieten** 제안하다, 제공하다

1745 **versichern**

확언하다, 보증하다

Können Sie mir **versichern**, dass mein Paket am Montag ankommt?
저에게 제 소포가 월요일에 도착한다고 **확언해** 주실 수 있나요?

▸ n. **Paket** 소포 / m. **Montag** 월요일 / **ankommen** 도착하다

1746 die **Wiederholung** -, -en

f. 반복, 복습, 되풀이

Ich gucke mir die **Wiederholung** im Fernsehen an.

나는 티비에서 **재**방송을 본다.

▸ **angucken** 주시하다, 보다, 관찰하다 / n. **Fernsehen** 텔레비전 방송

1747 **stolz**

자랑스러운, 당당한

Mein Vater ist **stolz** auf mich.

나의 아버지는 나를 **자랑스러워**한다.

▸ m. **Vater** 아버지

1748 **betrügen**

속이다, 배신하다

Ich wurde von einem Mann auf dem Markt **betrogen**.

나는 시장의 한 남자로부터 **사기당했**다.

▸ m. **Mann** 남자, 남편 / m. **Markt** 시장

1749 **donnern**

천둥 치다

Ich mag es nicht, wenn es **donnert**.

난 **천둥 치는** 걸 안 좋아한다.

▸ **mögen** 좋아하다

1750 die **Existenz** -, -en

f. 존재

Er wusste nichts von der **Existenz** dieses Briefes.

그는 이 편지의 **존재**를 전혀 몰랐다.

▸ **wissen** 알다 / m. **Brief** 편지

연습문제

1 보기에서 알맞은 단어를 빈칸에 채워 문장을 완성하세요.

보기	außerhalb weit sicher fliegen zusagen ob

1 Der Ballon ist weit ______________ .

2 Wie ______________ ist es bis Hamburg?

3 Meine Eltern wohnen ______________ der Stadt.

4 Ich kann dem Termin noch nicht ______________ .

5 Ich weiß nicht, ______________ es in Berlin regnet.

6 Bist du ______________ , dass die Post heute geöffnet ist?

2 뜻이 맞는 단어끼리 연결하세요.

1 rechtzeitig • • a 속이다, 배신하다

2 fällig • • b 최근에

3 neulich • • c 만기의, 기한이 다 된

4 betrügen • • d 기술하다, 묘사하다

5 beschreiben • • e 시기에 알맞은, 제시간의

3 다음 형용사의 뜻과 비교급 - 최상급을 쓰세요.

1 hässlich (뜻: ______________) - ______________ - ______________

2 mager (뜻: ______________) - ______________ - ______________

정답

1 ① geflogen ② weit ③ außerhalb ④ zusagen ⑤ ob ⑥ sicher

2 ① e ② c ③ b ④ a ⑤ d

3 1) 뜻: 추한, 못생긴 - hässlicher - hässlichst 2) 뜻: 여윈, 지방이 적은 - magerer - magerst

독일 Talk

독일의 유명한 학자들

독일은 역사적으로 다양한 분야에서 많은 위인과 유명인을 배출했습니다. 그중에서도 우리나라에 잘 알려진 학자들을 살펴볼게요.

▲ 뒤셀도르프의 괴테 박물관

Johann Wolfgang von Goethe 요한 볼프강 폰 괴테

문학가이자 자연연구가이다. 그의 아버지는 법학자였고 황제의 고문을 맡기도 했다. 괴테는 변호사이자 작가이기도 하였는데, 《젊은 베르테르의 슬픔 Die Leiden des jungen Werthers》를 1774년에 썼고 이 작품으로 문단에서 이름을 떨치며 활발한 창작 활동을 했다. 특히 《파우스트 Faust》는 독일 고전주의를 확립한 작품으로 손꼽힌다.

Sigmund Freud 지그문트 프로이트

정신분석학의 창시자이다. 상담 치료 기법을 도입하여 발달시켰으며 인간의 마음 속에 존재하는 '무의식' 개념을 탐구하였다.

Karl Marx 칼 마르크스

유명한 철학자이자 정치사상가이다. 마르크스주의로 잘 알려진 그는 계급이 없는 사회를 이상으로 삼았다. 냉전 시대, 특히 동독을 비롯한 공산주의 국가에서 마르크스주의는 중요한 사상 중 하나였다.

Woche
8

Tag 36

Wann hast du **Feierabend**?

너는 언제 **퇴근**하니?

Tag 37

Ich lasse mich nicht so einfach **erschrecken**.

나는 그렇게 쉽게 **놀라**지 않는다.

Tag 38

Manchmal sind **Änderungen** sehr wichtig.

때때로 **변화**는 매우 중요하다.

Tag 39

Ich will das Foto bei Instagram **hochladen**.

나는 이 사진을 인스타그램에 **업로드하**고 싶어.

Tag 40

Sie beantwortete seine **Briefe** nicht.

그녀는 그의 **편지들**에 답장하지 않았다.

Tag 36

Wann hast du **Feierabend**?

너는 언제 **퇴근**하니?

Tag-36

A1

1751 die **Anrede** -, -n

f. 호칭, 부르는 형식

Wie ist Ihre **Anrede**? 'Herr Müller' oder 'Chef'?
당신의 **호칭**을 어떻게 해야 합니까? 'Müller 씨' 아니면 '사장님'인가요?

▸ m. **Chef** 상사, 사장

1752 **auto-matisch**

자동식의, 자동적인, 기계적인

Die Türen öffnen **automatisch**.
그 문들은 **자동으로** 열린다.

▸ f. **Tür** 문 / **öffnen** 열다

1753 **benutzen**

이용하다

Wir **benutzen** den Raum als Wohnzimmer.
우리는 그 방을 거실로 **사용한다**.

▸ m. **Raum** 방 / n. **Wohnzimmer** 거실

1754 die **Firma** -, Firmen

월요일

f. 회사

Wir haben in dieser **Firma** 5 Jahre zusammen gearbeitet.
우리는 이 **회사**에서 5년 동안 같이 일했다.

▸ n. **Jahr** 연도, 해 / **zusammen** 함께 / **arbeiten** 일하다, 노동하다

1755 **grillen**

그릴에 굽다, 바비큐하다

Mein Mann kann nächste Woche **grillen**.
나의 남편은 다음주에 **바비큐를 할** 수 있다.

▸ m. **Mann** 남자, 남편 / **nächst** 바로 다음의 / f. **Woche** 주

1756 **klar**

밝은, 깔끔한, 선명한, 명백한

Willst du mitkommen? - **Klar**!
너 같이 갈래? - **물론이지**!

▸ **mitkommen** 함께 오다

Tip 'Natürlich! 물론이지!'와 동일한 표현이며 구어체에서 두 표현이 동일한 의미로도 쓰인다.
'klar 명백한'의 비교급-최상급은 klarer-klarst이다.

1757 **sofort**

즉시, 곧바로

Warum sind Sie nicht **sofort** zum Arzt gegangen?
당신은 왜 **곧바로** 병원에 가지 않았나요?

▸ m. **Arzt** 의사 / **gehen** 가다

A2

die
1758 **Technik**
-, -en

f. 기술, 공학

Unsere Druck**technik** hat sich sehr weit entwickelt.
우리나라 인쇄 **기술**이 매우 많이 발전되었다.

▸ m. **Druck** 인쇄 / **entwickeln** 발전(발달)시키다

der
1759 **Wochentag**
-(e)s, -e

m. 평일

Was für ein **Wochentag** ist heute?
오늘은 무슨 **요일**입니까?

▸ **heute** 오늘

1760 **aus | ziehen**

펼치다, 뽑아내다, 벗다

Zieh deine nassen Sachen **aus**, sonst wirst du krank.
젖은 건 얼른 **벗어**, 그렇지 않으면 아프게 될 거야.

▸ **nass** 젖은, 축축한 / f. **Sache** 물건, 일 / **sonst** 그렇지 않으면 / **krank** 아픈

1761 **(sich) beschwe-ren**

불평하다

Die Frau **beschwert sich** über den schlechten Service im Restaurant.
그 부인이 식당의 좋지 않은 서비스에 대해 **불평한다**.

▸ **schlecht** 나쁜 / m. **Service** 서비스, 접대 / n. **Restaurant** 식당, 레스토랑

1762 die **Briefmarke** -, -n

f. **우표**

Ich brauche eine **Briefmarke**, um diesen Brief zu schicken.
난 이 편지를 보내기 위해 **우표**가 필요하다.

▸ **brauchen** 필요로 하다 / m. **Brief** 편지 / **schicken** 보내다

1763 **ergänzen**

보충하다, 채우다, 완전하게 하다

Haben Sie noch etwas zu dem Thema zu **ergänzen**, Herr Bamberg?
이 주제에 더 **보충할** 내용 있으신가요, Bamberg 씨?

▸ n. **Thema** 주제

1764 **klassisch**

고전적인

Klassische Musik entspannt mich.
클래식 음악은 내 긴장을 풀어 준다.

▸ f. **Musik** 음악 / **sich entspannen** 긴장이 풀리다, 완화되다, 쉬다

Tip 'klassisch 고전적인'의 비교급-최상급은 klassischer-klassischst이다.

1765 **mal**

좀, 한 번

Drei**mal** hat er an unsere Tür geklopft.
3**번**이나 그가 우리 문을 두드렸다.

▸ f. **Tür** 문 / **klopfen** 두들기다

Tip 'mal 좀, ~번(횟수)'는 구어체에서 독일인들이 말버릇처럼 사용하는 단어이다. 'Probier mal ~! 한번 ~해 봐! / 좀 ~해 봐!'와 같은 뉘앙스로, 'Probier!'보다 훨씬 부드러운 어감이 된다.

1766 **manch-**

많은, 다수의

Manche Studenten/Studentinnen wohnen im Wohnheim.
많은 남녀 학생들은 기숙사에 산다.

▸ m. **Student** 대학생 (남) / f. **Studentin** 대학생 (여) / **wohnen** 살다, 거주하다 / n. **Wohnheim** 기숙사

1767 die **Situation** -, -en

f. 상황, 입장

Ich bin in einer schwierigen **Situation**.
나는 어려운 **상황**에 있다.

▸ **schwierig** 어려운, 힘든

1768 die **Wurst** -, Würste

f. 소시지

Kann ich ein Stück **Wurst** und ein Glas Cola bestellen?
제가 **소시지** 1개와 콜라 1잔을 주문할 수 있을까요?

▸ n. **Glas** 유리잔 / **bestellen** 주문하다

Tag 36

1769 **täglich**

매일의, 날마다

Diese Zeitung erscheint **täglich**.
이 신문은 **매일** 출판된다.

▸ f. **Zeitung** 신문 / **erscheinen** 나타나다, 모습을 드러내다, 출판되다

1770 **übrig**

남아 있는, 나머지의

Das Essen von gestern ist noch **übrig**.
어제 음식이 아직 **남아 있다**.

▸ n. **Essen** 음식, 식사 / **gestern** 어제

1771 **(sich) verabschieden**

작별 인사를 하다

Verabschiede dich schnell von deiner Mutter! Wir müssen zum Bus!
얼른 엄마랑 **작별 인사해**! 우리 버스 타러 가야 해!

▸ **schnell** 빠른 / f. **Mutter** 어머니 / m. **Bus** 버스

Tip '~와 작별 인사를 하다', '~에게 작별 인사를 하다'라는 표현에서 전치사 von과 함께 사용한다.

1772 **weshalb**

무엇 때문에

Weshalb musst du samstags arbeiten?
무엇 때문에 네가 토요일마다 일해야 돼?

▸ **samstags** 토요일마다 / **arbeiten** 일하다

1773 **zurückschauen**

뒤를 돌아보다, 회고하다

Wenn ich auf diese Tage **zurückschaue**, werde ich glücklich.
그날들을 **(당시를) 생각할** 때면, 나는 행복해진다.

▸ m. **Tag** 날, 일 / **glücklich** 행복한, 운이 좋은

1774 der **Abschluss** -es, -Abschlüsse

m. **끝, 종결, 폐쇄**

Ich habe einen Schul**abschluss**.
나는 학교를 **졸업**했다.

1775 der **Bart** -(e)s, -Bärte

m. **수염**

Mein Vater hat einen **Bart**.
우리 아빠는 **수염**이 있다.

▸ m. **Vater** 아버지

1776 **betreuen**

담당하다, 돌봐 주다

Altenpfleger **betreuen** alte Menschen.
요양 보호사들이 나이 든 사람들을 **돌본다**.

▸ m. **Altenpfleger** 노인 간호사, 요양 보호사 / **alt** 늙은, 오래된 / m. **Mensch** 사람

1777 die **Dauer** -, -n

f. **지속, 기한, 오랜 기간**

Die **Dauer** meines Aufenthalts beträgt 2 Monate.
내 체류의 **기한**은 두 달에 달한다.

▸ m. **Aufenthalt** 체류 / **betragen** 어떤 수치에 달하다 / m. **Monat** 달, 월

1778 die **Diskussion** -, -en

f. **토론, 토의**

Diese **Diskussion** dauerte zu lange.
이 **토론**은 너무 오래 걸렸다.

▸ **dauern** 계속되다, 시간이 걸리다 / **lange** 오래, 오랫동안

1779 die
Einheit
-, -en

f. **통일, 단위**

Zentimeter, Meter und Kilometer sind **Einheiten**, mit denen man eine Distanz messen und bestimmen kann.
센티미터, 미터, 킬로미터는 길이를 측정하고 규정할 수 있는 **단위**이다.

▸ m. **Zentimeter** 센티미터 / m. **Meter** 미터 / m. **Kilometer** 킬로미터 / f. **Distanz** 거리 / **messen** 재다, 측정하다 / **bestimmen** 확정하다, 규정하다

1780 der
Feierabend
-s, -e

m. **(일이 끝난 후) 자유 시간, 퇴근**

Wann hast du **Feierabend**?
너는 언제 **퇴근**하니?

Tip 'Wann machst du Feierabend?'와 동일한 표현이다.

1781 **gewöhnen**

길들이다, 익숙하게 하다, 적응시키다

Du musst dich erst noch an deine neue Firma **gewöhnen**.
넌 새로운 회사에 우선 더 **익숙해져야** 한다.

▸ **neu** 새로운 / f. **Firma** 회사 / **erst** 첫 번째의, 우선 / **noch** 아직, 또, 더

1782 **heben**

(들어) 올리다

Können Sie das für mich hoch**heben**?
당신은 나를 위해 이걸 높이 **들어 올려 줄** 수 있나요?

▸ **hoch** 높은, 높이

Tip 'hoch 높은, 높이'와 'heben (들어) 올리다'를 합쳐서 'hochheben (높이) 들어 올리다'라는 복합 동사로 사용한다.

1783 **installieren**

설치하다, 설비하다, 임명하다

Kannst du mir diese Software **installieren**?
내게 이 소프트웨어 **설치해** 줄 수 있니?

▸ f. **Software** 소프트웨어

der
1784 **Künstler**
-s, -

m. **예술가**

Der **Künstler** ist stolz auf seine Arbeit, weil er Kunst liebt.
그 **예술가**는 예술을 사랑하기 때문에 그의 일을 자랑스러워한다.

▸ **stolz** 자부심이 강한, 자랑스러워하는 / f. **Arbeit** 일 / f. **Kunst** 예술 / **lieben** 사랑하다

Tag 36

1785 **(sich) lohnen**

도움이 되다, 보람이 있다, 유익하다

Es **lohnt sich** nicht, wenn wir jetzt noch losgehen... Es ist schon spät.
우리가 이제 출발하면 **도움이** 안 **돼**... 이미 늦었어.

▸ **jetzt** 지금 / **noch** 아직, 또, 더 / **losgehen** 떠나다, 출발하다 / **schon** 이미, 벌써 / **spät** 늦은, 지각한

1786 **maximal**

최대의

Es kommen **maximal** 200 Gäste zu der Party.
최대 200명의 손님들이 파티로 온다.

▸ **kommen** 오다 / m. **Gast** 손님, 방문객 / f. **Party** 파티

Tip 'maximal 최대의'의 반의어는 'minimal 최소의'이다.

1787 **nirgendwohin**

아무 데로도 아닌

In diesem Jahr fahren wir **nirgendwohin**.
우리는 올해 **아무 데로도** 가지 **않는다**.

▸ n. **Jahr** 연도, 해 / **fahren** 타고 가다, ~(으)로 가다

1788 der **Passagier** -s, -e

m. **탑승자, 승객**

Ich bin ein **Passagier** im Flugzeug.
나는 비행기 **탑승자**다.

▸ n. **Flugzeug** 비행기

1789 **reduzieren**

감소하다, 저하시키다

Viel Stress **reduziert** den Wille zur Arbeit.
많은 스트레스는 근로 의욕을 **저하시킨다**.

▸ m. **Stress** 스트레스 / m. **Wille** 의지, 의욕 / f. **Arbeit** 일

1790 **stürzen**

추락하다, 추락시키다

Ich bin von der Treppe **gestürzt**.
나는 계단에서 **추락했**다.

▸ f. **Treppe** 계단

1791 die **Tüte** -, -n

f. **봉투, 봉지**

Plastik**tüten** kosten 0,25€ extra.
비닐 **봉투**는 추가로 0.25유로입니다.

▸ f. **Plastik** 플라스틱 / **kosten** 비용이 들다 / **extra** 별도로, 그 밖에

1792 die **Unter-suchung** -, -en

f. **검사, 조사, 진찰, 심문**

Die **Untersuchung** beim Arzt dauert fast 30 Minuten.
병원에서 (의사의) **진찰**이 거의 30분 걸린다.

▸ m. **Arzt** 의사 / **dauern** 시간이 걸리다 / **fast** 거의 / f. **Minute** 분

1793 **verteilen**

분할하다, 분배하다

Ich muss meine Hochzeitseinladungen an meine Familie **verteilen**.
나는 내 청첩장을 가족들에게 **나눠 줘**야 한다.

▸ f. **Hochzeitseinladung** 청첩장 / f. **Familie** 가족

---

die
1794 **Wiese**
-, -n

f. 초원, 목장

Das Zebra rennt auf der **Wiese**.
얼룩말이 **초원**에서 뛴다.

▸ n. **Zebra** 얼룩말 / **rennen** 달리다

---

der
1795 **Ausdruck**
-(e)s, Ausdrücke

m. 표현, 말, 인쇄(물), 프린트(물)

Der **Ausdruck** von diesem Dokument ist schlecht, deshalb müssen wir es neu drucken.
이 문서의 **인쇄물**(의 질)이 좋지 않아서, 우리는 그것을 다시 인쇄해야만 한다.

▸ n. **Dokument** 문서 / **schlecht** 나쁜 / **deshalb** 그 때문에 / **neu** 새로운 / **drucken** 인쇄하다

1796 **begeistert**

흥분한, 감격한

Ich bin **begeistert**, denn das Wetter ist heute so schön.
나는 오늘 날씨가 너무 좋아서 **감격했**다.

▸ n. **Wetter** 날씨 / **heute** 오늘 / **schön** 아름다운, 좋은

---

die
1797 **Erziehung**
-, -en

f. 교육, 육성, 훈육

Viele Kinder erhalten eine gute **Erziehung**.
많은 아이들이 좋은 **교육**을 받는다.

▸ n. **Kind** 아이 / **erhalten** 보존하다, 받다, 얻다 / **gut** 좋은

Tag 36

1798 **führen**

안내하다, 이끌다

Ihr habt am Tag viele Gespräche **geführt**.
너희가 그날 많은 대화를 **이끌었**다.

▸ m. **Tag** 날, 일 / n. **Gespräch** 대화

Tip Gespräch führen은 '대화하다'라는 의미이다.

der
1799 **Geld-automat**
-en, -en

m. **현금 자동 인출기**

Ich hole Bargeld am **Geldautomat**.
내가 현금을 **자동 인출기**에서 꺼내 올게.

▸ **holen** 가져오다, 꺼내다 / n. **Bargeld** 현금

das
1800 **Heim**
-(e)s, -e

n. **주거, 집, 공공 수용 시설**

Wir haben unseren Hund aus dem Tier**heim** geholt.
우리는 우리 개를 동물 **보호소**에서 데려왔다.

▸ m. **Hund** 개 / n. **Tier** 동물 / **holen** 가져오다, 데려오다

Tip 'das Altenheim 양로원', 'das Pflegeheim 요양 보호소, 구호 시설', 'das Tierheim 동물 보호소'와 같은 시설을 칭할 때 자주 'Heim'과 결합된 단어들이 쓰인다.

연습문제

1 보기에서 알맞은 단어를 빈칸에 채워 문장을 완성하세요.

보기	ausziehen　stürzen　(sich) beschweren (sich) lohnen　betreuen

1　Die Frau ____________ ____________ über den schlechten Service im Restaurant.

2　Es ____________ ____________ nicht, wenn wir jetzt noch losgehen... Es ist schon spät.

3　Altenpfleger ____________________ alte Menschen.

4　Ich bin von der Treppe ______________________________ .

5　________ deine nassen Sachen _____, sonst wirst du krank.

Tag 36

2 뜻이 맞는 단어끼리 연결하세요.

1 die Erziehung •　　• a 통일, 단위
2 die Einheit •　　• b 교육, 육성, 훈육
3 übrig •　　• c 즉시, 곧바로
4 täglich •　　• d 매일의, 날마다
5 sofort •　　• e 남아 있는, 나머지의

3 다음 형용사의 뜻과 비교급 - 최상급을 쓰세요.

1　klar　(뜻: ____________) - ____________ - ____________

2　klassisch　(뜻: ____________) - ____________ - ____________

정답

1 ① beschwert sich ② lohnt sich ③ betreuen ④ gestürzt ⑤ Zieh ... aus
2 ① b ② a ③ e ④ d ⑤ c
3 1) 뜻: 밝은, 깔끔한, 선명한, 명백한 - klarer - klarst　2) 뜻: 고전적인 - klassischer - klassischst

Tag 37

Ich lasse mich nicht so einfach erschrecken.
나는 그렇게 쉽게 **놀라**지 않는다.

Tag-37

A1

1801 **sollen**

~해야 한다

Wann **soll** ich aufstehen?
언제 일어나**야 해**?

▸ **aufstehen** 일어나다, 기상하다

Tip sollen은 화법 조동사로, 주로 '화법 조동사+동사 원형'의 형태로 쓰인다.

1802 die **Kleidung** -, -en

f. 옷, 복장, 의류

Meine **Kleidung** ist perfekt für den Sommer.
내 **옷**은 여름을 위해 완벽하지.

▸ m. **Sommer** 여름 / **perfekt** 완벽한

1803 die **Ansage** -, -n

f. 고지, 안내

Der Direktor macht eine wichtige **Ansage**.
그 감독이 중요한 **지시**를 했다.

▸ m. **Direktor** 책임자, 관리자, 감독 / **wichtig** 중요한

1804 der **Ausgang** -(e)s, Ausgänge

m. 출구, 외출

Der **Ausgang** ist rechts.
출구는 오른쪽입니다.

▸ **rechts** 오른쪽에

Tip 'Ausgang 출구'의 반의어는 'der Eingang 입구'이다.

1805 **besetzt**

차지한

Dieser Platz ist schon **besetzt**.
이 자리는 이미 **자리가 있**다. (누군가로 **차 있**다.)

▸ m. **Platz** 광장, 자리, 장소, 곳 / **schon** 이미, 벌써

1806 **bitter**

(맛이) 쓴, 혹독한

Grapefruit schmeckt **bitter**.
자몽은 **쓴맛이 난**다.

▸ f. **Grapefruit** 자몽 / **schmecken** 맛이 나다

Tip 'bitter 쓴'의 비교급-최상급은 bitterer-bitterst이다.

der
1807 **Flughafen**
-s, Flughäfen

m. **공항**

Sie muss um 11:00 Uhr am **Flughafen** sein.
그녀는 11시에 **공항**에 있어야 한다.

die
1808 **Gruppe**
-, -n

f. **그룹, 무리, 집단**

Meine Freunde sind alle in einer Whatsapp**gruppe**.
내 친구들은 모두 Whatsapp **그룹**에 있다.

▸ m. **Freund** 친구, 남자 친구

Tip Whatsapp은 독일에서 많이 사용되는 메신저 어플이다.

A2

1809 **besichtigen**

구경하다, 관람하다

Wollen wir morgen das Museum **besichtigen**?
우리 내일 박물관 **관람하**러 갈까?

▸ **morgen** 내일 / n. **Museum** 박물관

1810 **halb**

절반의

Ich hätte gerne **halb** so viel wie er.
난 그의 것의 **절반** 정도를 원합니다.

1811 die **Kreuzung** -, -en

f. 교차로, 교점

Das Auto steht an der **Kreuzung**.
그 자동차가 **교차로**에 서 있다.

▸ n. Auto 자동차

1812 **kündigen**

(해약, 해고 등)을 통보하다

Wenn du möchtest, kannst du den Vertrag jederzeit **kündigen**.
너가 원한다면, 너는 그 계약을 언제든지 **해지**할 수 있다.

▸ möchten 원하다 / m. Vertrag 계약 / jederzeit 언제나, 항상

1813 **meinen**

생각하다, 마음먹다, 뜻을 두다

Was **meinst** du davon?
이것에 대해 너는 어떻게 **생각하니**?

▸ davon 그것에 관하여

1814 die **Nase** -, -n

f. 코

Meine **Nase** blutet.
코에서 피가 난다.

▸ bluten 피가 나다, 출혈하다

Tip '콧물이 난다'는 'Meine Nase läuft.'이다.

1815 **spannend**

흥미진진한, 긴장되는

Diese Sendung ist **spannend**.
이 방송 프로그램은 **흥미진진하**다.

▸ f. Sendung 방송, 프로그램

1816 der
Wolf
-(e)s, Wölfe

m. **늑대**

Er ist wie ein **Wolf** im Schafspelz.
그는 마치 양의 탈을 쓴 **늑대** 같아.

▸ m. **Schafspelz** 양털 가죽

1817 **verpassen**

놓치다

Ich habe die U-Bahn **verpasst**.
나는 지하철을 **놓쳤어**.

▸ f. **U-Bahn** 지하철

1818 **wann**

언제

Wann kommen sie?
그들은 **언제** 오나요?

▸ **kommen** 오다

1819 die
Zahl
-, -en

f. **숫자, 수(數)**

Entschuldigung, würden Sie die **Zahl** bitte wiederholen?
죄송하지만, 그 **숫자**를 다시 반복해 주시겠습니까?

▸ f. **Entschuldigung** 용서, 사과, 실례합니다 / **wiederholen** 되풀이하다, 반복하다

Tip 번호나 수를 잘 못 알아들었을 때 많이 사용하는 표현이다.

B1

1820 das
Taschen-tuch
-(e)s, -tücher

n. **손수건, 휴지**

Kannst du mir ein **Taschentuch** geben?
너 내게 **손수건** 줄 수 있니?

▸ **geben** 주다

1821 **um … zu**

~하기 위해서

Ich gehe zu dir, **um** dich **zu** umarmen.
내가 너를 안아 주**기 위해서** 너에게 갈게.

▸ **gehen** 가다 / **umarmen** 포옹하다, 안다

1822 **verlassen**

떠나다

Er hat die Party um 20 Uhr **verlassen**.
그는 파티에서 저녁 8시 정각에 **떠났다**.

▸ f. **Party** 파티 / f. **Uhr** 시각, 시계

1823 **werfen**

던지다, 내팽개치다

Sie **wirft** stark den Ball.
그녀는 공을 세게 **던진다**.

▸ **stark** 강한, 세게 / m. **Ball** 공

1824 **zukünftig**

미래의, 다가올

Wir sollten uns **zukünftig** nicht mehr sehen.
우리 **앞으로** 만나지 말자.

1825 **ab | waschen**

씻어내다

Bitte wasch das Geschirr **ab**!
설거지 좀 **해** 줘!

▸ n. **Geschirr** 식기

1826 **behindern**

방해하다, 훼방 놓다

Fahrradfahrer **behindern** die Autos auf der Straße.
자전거 운전자들이 거리에서 자동차들을 **방해한다**.

▸ m. **Fahrradfahrer** 자전거 타는 사람 / f. **Straße** 길, 도로 / n. **Auto** 자동차

1827 der **Direktor** -s, -en

m. **지도자, 관리자, 장**

Unser Schul**direktor** hat kein Auto.
우리 교**장** 선생님은 자동차가 없다.

▸ f. **Schule** 학교 / n. **Auto** 자동차

1828 **ein | schalten**

첨가하다, 끼워 넣다, 가동하다

Du musst erst die Kaffeemaschine **einschalten**.
넌 우선 그 커피 머신을 **가동시켜**야 해.

▸ **erst** 첫 번째의, 우선 / f. **Kaffeemaschine** 커피 머신

1829 **fest**

단단한, 굳은, 딱딱한

Der Schmutz sitzt ziemlich **fest** an den Schuhen.
얼룩이 상당히 **딱딱하게** 신발에 굳어 있다.

▸ m. **Schmutz** 더러움, 얼룩 / **sitzen** 앉다, 앉아 있다 / **ziemlich** 상당히 / m. **Schuh** 신발

Tip 'fest 딱딱한'의 비교급-최상급은 fester-festest이다.

1830 das **Gefühl** -s, -e

n. **감정, 느낌, 감각**

Ich habe kein gutes **Gefühl** bei ihr.
나는 그녀한테 좋은 **감정**을 가지고 있지 않다.

▸ **gut** 좋은

Tag 37

1831 die **Himmels-richtung** -, -en

f. 방위

Sie hat Freunde aus allen **Himmelsrichtungen**.
그녀는 **사방팔방**에서 온 친구들이 있다.

▸ m. **Freund** 친구, 남자 친구

1832 **insgesamt**

다 해서, 총계로

Insgesamt kostet das Paket 98,74€.
그 소포는 **총** 98.74유로입니다.

▸ **kosten** 비용이 들다 / n. **Paket** 소포

1833 **kritisieren**

비판하다, 논평하다

Er will dich nicht **kritisieren**.
그는 너를 **비판하**려고 하지 않는다.

▸ **wollen** 원하다, ~하고 싶다

1834 **leiten**

이끌다, 안내하다, 지도하다

Ich **leite** eine Firma, die Öl importiert.
나는 기름을 수입하는 한 회사를 **이끈다**.

▸ f. **Firma** 회사 / n. **Öl** 기름 / **importieren** 수입하다

1835 die **Mensa** -, -s/-en

f. 학생 식당

Der Student isst ab und zu in der **Mensa**.
그 남자 대학생은 때때로 **학생 식당**에서 식사한다.

▸ m. **Student** 대학생 / **essen** 먹다 / **ab und zu** 가끔, 때때로

Tip Mensa는 대학교 등에 있는 학생 식당을 의미한다.

1836 **normalerweise**

보통, 일반적으로

Normalerweise gehe ich mittwochs zum Sport.
보통 나는 수요일마다 운동하러 간다.

▸ **gehen** 가다 / **mittwochs** 수요일마다 / m. **Sport** 운동

1837 **per**

~(으)로, ~을(를) 가지고

Ich bin **per** Bahn von Hamburg nach Berlin gefahren.
나는 기차**로** 함부르크에서 베를린으로 갔다.

▸ f. **Bahn** 기차 / **fahren** 타고 가다, ~(으)로 가다

Tip 'Ich bin mit der Bahn von Hamburg nach Berlin gefahren.'와 동일한 표현이다.

Tag 37

die
1838 **Reform**
-, -en

f. 개혁, 개량

Die **Reformen** werden nächste Woche in Kraft treten.
그 **개혁**은 다음주에 힘을 발휘할 것이다.

▸ **nächst** 바로 다음의 / f. **Woche** 주 / f. **Kraft** 힘 / **treten** 디디다, 나아가다, 발휘하다, 작동시키다

die
1839 **Strafe**
-, -n

f. 처벌, 징계

Der Verbrecher bekommt seine gerechte **Strafe**.
그 범죄자는 그의 정당한 **처벌**을 받는다.

▸ m. **Verbrecher** 범죄자, 범인 / **bekommen** 받다, 얻다 / **gerecht** 공정한, 정당한

1840 **voraussichtlich**

예측할 수 있는, 아마도

Wir werden Sie **voraussichtlich** nächsten Monat besuchen.
우리는 **아마도** 다음 달에 당신을 방문할 것입니다.

▸ **nächst** 바로 다음의 / m. **Monat** 달, 월 / **besuchen** 방문하다

1841 **zusamm | sitzen**

나란히 앉다, 동석하다

Wir **sitzen** gemütlich um den Tisch **zusammen**.

우리는 편안하게 테이블을 둘러싸 **나란히 앉아 있**다.

▸ **gemütlich** 아늑한, 평온한, 편안한 / m. **Tisch** 테이블, 탁자

1842 **an | schließen**

연결하다, 접속시키다

Seine Mutter muss den Ofen an den Strom **anschließen**.

그의 엄마는 오븐을 콘센트에 **연결해**야 한다.

▸ f. **Mutter** 어머니 / m. **Strom** 전기, 강

1843 **bieten**

제공하다, 제안하다, 나타내다

Ich **biete** dir 20€ für diese Schuhe.

이 신발을 위해 내가 너에게 20€를 **제공(지원)해** 줄게.

▸ m. **Schuh** 신발

1844 **drehen**

회전시키다, 돌리다. 촬영하다

Dreh dich mal nach rechts, dann kannst du es besser sehen.

오른쪽으로 몸을 **돌려** 봐, 그럼 더 잘 볼 수 있어.

▸ **rechts** 오른쪽에 / **besser** 보다 좋은 / **sehen** 보다

1845 **erschre-cken**

경악하다, 소스라치게 놀라다

Ich lasse mich nicht so einfach **erschrecken**.

나는 그렇게 쉽게 **놀라**지 않는다.

▸ **lassen** 허용하다, ~하게 하다 / **einfach** 쉬운, 그야말로

1846 **füttern**

먹이를 주다

Du musst heute und morgen meine Katze **füttern**.

너는 오늘 그리고 내일 내 고양이에게 **먹이를 줘**야 한다.

▸ **heute** 오늘 / **morgen** 내일 / f. **Katze** 고양이

Tip füttern은 사람보다는 주로 동물에게 사용하는 표현이다.

1847 das **Gewürz** -es, -e

n. 양념, 조미료

Was ist dein Lieblings**gewürz**?

네가 가장 좋아하는 **양념**은 뭐니?

▸ **Lieblings**- 가장 좋아하는 -

1848 **höchstens**

기껏해야

Sie sieht **höchstens** 30 Jahre alt aus.

그녀는 **기껏해야** 30살로 보인다.

▸ **aussehen** ~처럼 보이다 / n. **Jahr** 연도, 해, ~살

1849 die **Kantine** -, -n

f. 구내식당, 매점

Wir essen heute in der **Kantine**.

우린 오늘 **구내식당**에서 먹는다.

▸ **essen** 먹다 / **heute** 오늘

1850 die **Mappe** -, -n

f. 서류철, 서류 가방, 파일

Meine **Mappe** enthält alle wichtigen Dokumente.

내 **서류철**은 모든 중요한 문서들을 포함하고 있다.

▸ **enthalten** 포함하다, 함유하다 / **wichtig** 중요한 / n. **Dokument** 문서

Tip 미술대학에 원서를 낼 때 제출하는 '포트폴리오'도 Mappe라고 한다.

연습문제

1 보기에서 알맞은 단어를 어미 변화에 맞게 빈칸에 채워 문장을 완성하세요.

보기	insgesamt behindern kündigen per besichtigen

1 Wollen wir morgen das Museum ____________ ?

2 Ich ____________ meinen langweiligen Job.

3 ____________ kostet das Paket 98,74€.

4 Es kostet 2 Euro ____________ Bus zu fahren.

5 Fahrradfahrer auf der Straße ____________ die Autos.

2 뜻이 맞는 단어끼리 연결하세요.

1 die Strafe •	• a 고지, 안내
2 die Zahl •	• b 처벌, 징계
3 die Ansage •	• c 놓치다
4 spannend •	• d 예측할 수 있는, 가망이 있는
5 das Gefühl •	• e 숫자
6 verpassen •	• f 감정, 느낌, 감각
7 voraussichtlich •	• g 흥미진진한, 긴장되는

3 다음 형용사의 뜻과 비교급 - 최상급을 쓰세요.

1 bitter (뜻: ____________) - ____________ - ____________

2 fest (뜻: ____________) - ____________ - ____________

정답

1 ① besichtigen ② kündige ③ Insgesamt ④ per ⑤ behindern

2 ① b ② e ③ a ④ g ⑤ f ⑥ c ⑦ d

3 1) 뜻: (맛이) 쓴, 혹독한 - bitterer - bitterst

2) 뜻: 단단한, 굳은, 딱딱한 - fester - festest

Tag 38

Manchmal sind **Änderungen** sehr wichtig.

때때로 **변화**는 매우 중요하다.

Tag-38

A1

1851 der **Anrufbeantworter** -s, -

m. **자동 응답기**

Der alte **Anrufbeantworter** funktioniert nicht mehr.

그 낡은 **자동 응답기**가 더 이상 작동하지 않는다.

▸ **alt** 늙은, 오래된 / **funktionieren** 작동하다

1852 **aus | füllen**

가득 채우다, 보충하다

Ich **fülle** ein Formular **aus**.

나는 서식을 **기입한다**.

▸ n. **Formular** 서식

1853 **bezahlen**

지불하다

Kann ich mit Kreditkarte **bezahlen**?

신용 카드로 **지불해**도 되나요?

▸ f. **Kreditkarte** 신용 카드

1854 **fremd**

다른 곳의, 타향의, 낯선

Ich fühle mich hier **fremd**.

나는 이곳이 **낯설**게 느껴져요.

▸ **(sich) fühlen** 느끼다 / **hier** 여기에

Tip 'fremd 낯선'의 비교급-최상급은 fremder-fremdest이다.

1855 die **Speise-karte** -n

f. 메뉴판, 식단

Könnte ich bitte die **Speisekarte** haben?
제가 **메뉴판**을 가져도 되겠습니까?(**메뉴판** 좀 주실 수 있나요?)

▸ **haben** 가지다

Tip 식당에서 공손하게 메뉴판을 요청할 때 사용하는 표현이다.

1856 **legen**

두다, 놓다, 눕히다, 내려놓다

Legen Sie bitte die Flasche auf den Tisch.
병은 탁자 위로 **놓아** 주세요.

▸ f. **Flasche** 병 / m. **Tisch** 테이블, 탁자

A2

1857 die **Mann-schaft** -, -en

f. 팀, 선수단

Ist FC Bayern eine gute **Mannschaft**?
FC 바이에른이 좋은 **선수단**인가?

▸ **gut** 좋은

1858 **merken**

눈치채다, 인지하다

Hast du gar nicht **gemerkt**, dass ich mich unter dem Tisch versteckt habe?
너 내가 책상 밑에 숨었던 거 전혀 **눈치** 못 **챘**어?

▸ **gar** 전혀, 결코 / **unter** ~아래에, ~밑에 / m. **Tisch** 테이블, 탁자 / **(sich) verstecken** 숨다

1859 **(sich) streiten**

다투다, 싸우다

Ich habe **mich** mit meiner Mama **gestritten**.
나는 엄마와 **다투었**다.

Tip 'sich streiten mit + 3격'은 '~와(과) 싸우다'라는 의미이다.

1860 **wünschen**

기원하다, 바라다

Ich **wünsche** Ihnen alles Gute.
당신에게 모든 것이 잘되기를 **바랍**니다.

▸ n. **Gut** 선(善)

der
1861 **Buchstabe**
-n(s), -n

m. **자모(字母), 문자**

Das deutsche Alphabet enthält 30 **Buchstaben**, inklusive Ä, Ö, Ü, ß.
독일어 알파벳은 Ä, Ö, Ü, ß를 포함하여 30**문자**이다.

▸ n. **Alphabet** 알파벳 / **enthalten** 포함하다, 함유하다 / **inklusive** ~을(를) 포함하여

die
1862 **Jugend**

f. **청춘, 청년, 젊은이**

In meiner **Jugend** wollte ich eine Weltreise machen.
청년이었을 때 나는 세계 여행을 하고 싶어했다.

▸ f. **Weltreise** 세계 여행 / **machen** 하다, 만들다

Tip 복수가 없다.

Tag 38

1863 **kühl**

서늘한, 시원한, 썰렁한

Mir ist **kühl**.
서늘하다.

Tip 'kühl 서늘한'의 비교급-최상급은 kühler-kühlst이다.
'서늘하다.'를 'Mir ist frisch.'라고도 한다.

der
1864 **Mantel**
-s, Mäntel

m. **외투, 코트**

Es ist zu warm. Ich ziehe meinen **Mantel** aus.
너무 따뜻해. 나는 **외투**를 벗어야겠어.

▸ **warm** 따뜻한 / **ausziehen** (옷, 신발 등을) 벗다

1865 **nichts**

무(無), 아무것도 ~않은

Im Kühlschrank gibt es **nichts**. Wir müssen einkaufen gehen.

냉장고에 **아무것도** 없어. 우리는 장 보러 가야만 해.

▸ m. **Kühlschrank** 냉장고 / **einkaufen** 구입하다, 장 보다 / **gehen** 가다

Tip 'es gibt+4격: 4격이 있다.' 구조를 알아 두자.

---

die

1866 **Orange**

-, -n

f. 오렌지

Ich esse gerne **Orangen**.

나는 **오렌지**를 즐겨 먹는다.

▸ **essen** 먹다

1867 **passieren**

일어나다, 발생하다

Keine Sorge. Es ist nichts **passiert**.

걱정하지 마. 아무런 일도 **발생하**지 않았어.

▸ f. **Sorge** 걱정, 근심 / **nichts** 아무것도 ~않다

---

das

1868 **Quiz**

-, -

n. 퀴즈

Im Fernsehen gibt es viele **Quiz**shows.

티비에는 많은 **퀴즈** 쇼들이 있다.

▸ n. **Fernsehen** 텔레비전 / f. **Show** 쇼

B1

die

1869 **Tätigkeit**

-, -en

f. 활동, 일

Was ist Ihre **Tätigkeit**?

당신의 **일**은 무엇입니까?

1870 die **Umwelt** -, -en

f. 환경 (자연 또는 사회적)

Tiere müssen sich an ihre **Umwelt** anpassen, um zu überleben.
동물은 생존하기 위하여 그들의 **환경**에 적응해야 한다.

▸ n. **Tier** 동물 / **(sich) anpassen** 적응하다 / **überleben** 살아남다

1871 **vermissen**

그리워하다

Ich **vermisse** schon meine Heimat.
나는 벌써 내 고향을 **그리워한다**.

▸ **schon** 이미, 벌써 / f. **Heimat** 고향

1872 die **Wanderung** -, -en

f. 도보 여행, 하이킹

Unsere **Wanderung** nach Norden wird lange dauern.
우리의 북쪽으로의 **도보 여행**은 오래 걸릴 것이다.

▸ m. **Norden** 북쪽 / **lange** 오래, 오랫동안 / **dauern** 시간이 걸리다, 계속되다

1873 **zu | gehen**

접근하다, 전진하다

Wie **geht** das denn hier **zu**?
여기는 도대체 어떻게 **접근해**야 하니?

▸ **denn** 그래서, 도대체 / **hier** 여기에

1874 **achten**

존경(존중)하다, 주의하다

Achte auf dein Verhalten!
행동에 **주의해**!

▸ n. **Kind** 아이 / **immer** 늘, 항상 / n. **Gesetz** 법

Tag 38

1875 **benötigen**

필요로 하다

Ich **benötige** die Erlaubnis meiner Eltern.
나는 우리 부모님의 허락이 **필요하다**.

▸ f. **Erlaubnis** 허가 / pl. **Eltern** 부모님

1876 **dicht**

촘촘한, 밀집한, 아주 가깝게

Der Fahrradfahrer fährt zu **dicht** an den Autos. Das ist doch gefährlich.
자전거 운전자가 자동차들 옆으로 너무 **가깝게** 운전한다. 그건 참 위험하다.

▸ m. **Fahrradfahrer** 자전거 타는 사람 / **fahren** 타고 가다, ~(으)로 가다 / n. **Auto** 자동차 / **gefährlich** 위험한

Tip 'dicht 촘촘한'의 비교급-최상급은 dichter-dichtst이다.

1877 **enthalten**

함유하다, 포괄하다

Ich **enthalte** mich bei der Wahl.
나는 나를 투표에 **포함시킨다**. (후보로 등록한다.)

▸ f. **Wahl** 선택, 선발, 투표

Tip 독일에서 누군가를 '후보로 등록한다'고 할 때 사용하는 표현이다.

1878 das **Feuerzeug** -(e)s, -e

n. 라이터

Ich habe mein **Feuerzeug** verloren.
난 내 **라이터**를 잃어버렸다.

▸ **verlieren** 잃다, 분실하다

1879 **gefährden**

위태롭게 하다

Die Brücke ist durch die Überschwemmung **gefährdet**.
그 다리는 홍수로 인해 **위태롭**다.

▸ f. **Brücke** 다리 / **durch** ~을(를) 통과하여, ~(으)로, ~에 따라 / f. **Überschwemmung** 범람, 홍수

1880 der **Held** -en, -en

m. **영웅**

Odysseus ist ein mythologischer **Held**.
오디세우스는 신화적인 **영웅**이다.

▸ **mythologisch** 신화적인

1881 **innen**

내부에, 안쪽에

Von **innen** war das Haus leider nicht so schön wie von außen.
그 집 **내부**는 안타깝지만 바깥처럼 그렇게 아름답진 않았다.

▸ n. **Haus** 집 / **leider** 유감스럽게도, 안타깝게도 / **schön** 아름다운, 좋은 / **außen** 밖에, 외부에

1882 der **Kranken-wagen** -s, -

m. **구급차**

Der **Krankenwagen** fährt den Patienten ins Krankenhaus.
구급차가 환자를 병원으로 이송한다.

▸ **fahren** 타고 가다, ~(으)로 가다 / m. **Patient** 환자 / n. **Krankenhaus** 병원

Tag 38

1883 **längst**

가장 긴, 오래전에, 벌써

Das sollte eigentlich **längst** fertig sein.
이건 원래 **오래전에** 끝났어야 해.

▸ **eigentlich** 본래의, 원래 / **fertig** 준비가 된, 완성된, 끝난

1884 **messen**

재다, 측정하다

Ich **messe** die Distanz zwischen meiner Tür und meinem Zaun.
나는 내 문과 울타리 사이의 거리를 **측정합니다**.

▸ f. **Distanz** 거리 / **zwischen** 중간에, 사이에 / f. **Tür** 문 / m. **Zaun** 울타리

1885 **nun**

이제

Kommst du **nun** endlich? Wir sind zu spät!
너 **이제** 드디어 오는 거니? 우리 늦었어!

▸ **kommen** 오다 / **endlich** 드디어, 마침내 / **spät** 늦은, 지각

1886 **nähen**

꿰매다, 옷을 짓다, (상처를) 봉합하다

Ich muss noch das Loch in meiner Hose **nähen**.
나는 내 바지에 구멍을 **꿰매**야 한다.

▸ **noch** 아직, 또, 더 / n. **Loch** 구멍 / f. **Hose** 바지

1887 **persönlich**

개인적인, 사적인, 인간적인

Ich will lieber **persönlich** mit dir sprechen.
나는 차라리 너와 **개인적으로** 이야기를 나누고 싶어.

▸ **lieber** 차라리 / **sprechen** 말하다

Tip 'persönlich 개인적인'의 비교급-최상급은 persönlicher-persönlichst 이다.

1888 **regelmäßig**

규칙적인, 정기적인

Wir sollten **regelmäßig** zum Sport gehen.
우리는 **규칙적으로** 운동을 하러 가야 한다.

▸ m. **Sport** 운동 / **gehen** 가다

Tip 'regelmäßig 규칙적인'의 반의어는 'unregelmäßig 불규칙적으로'이다.

1889 **streiken**

파업하다

Die Mitarbeiter **streiken** am Montag.
동료들이 월요일에 **파업한다**.

▸ m. **Mitarbeiter** 동료, 함께 일하는 사람 / m. **Montag** 월요일

1890 die **Salbe** -, -n

f. **연고**

Ich brauche eine **Salbe** für meine Wunde.
나는 내 상처를 위한 **연고**가 필요하다.

▸ **brauchen** 필요로 하다 / f. **Wunde** 상처

1891 **ursprüng-lich**

기원의, 원래의

Ursprünglich kommt er aus Deutschland.
원래 그는 독일 출신이다.

1892 die **Vorschrift** -, -en

f. **지시, 규정**

Die **Vorschrift** lautet, den Müll hier nicht abzulegen.
그 **규정**에 따르면 이곳에 쓰레기를 버리지 않도록 되어 있다.

▸ **lauten** 소리 나다, ~(이)라는 내용이다 / m. **Müll** 쓰레기 / **hier** 여기에 / **ablegen** 떼어 놓다, 내려놓다

1893 die **Wirkung** -, -en

f. **효과, 성과, 작용**

Die **Wirkung** dieses Medikaments ist sehr gut.
이 약의 **효과**는 매우 좋다.

▸ n. **Medikament** 약 / **gut** 좋은

1894 die **Änderung** -, -en

f. **변화, 변경**

Manchmal sind **Änderungen** sehr wichtig.
때때로 **변화**는 매우 중요하다.

▸ **manchmal** 때때로 / **wichtig** 중요한

1895 die
Burg
-, -en

f. 성(곽)

In Deutschland gibt es viele alte **Burgen**.
독일에는 오래된 **성들**이 많다.

▸ **alt** 늙은, 오래된

1896 **(sich) erholen**

휴양하다, 회복하다

Bitte **erhol dich** erstmal nach dem Marathon.
마라톤하고 나선 부디 **휴식을 취하**렴.

▸ **erstmal** 우선 / **nach** ~을(를) 향해서, ~후에 / n. **Marathon** 마라톤 경주

1897 die
Forderung
-, -en

f. 요구, 요청

Ihre **Forderungen** sind zu hoch.
당신의 **요구 사항들**은 너무 지나칩니다.

▸ **hoch** 높은

1898 die
Gewerkschaft
-, -en

f. 노동 조합

Meine **Gewerkschaft** kümmert sich gut um die Angestellten.
나의 **노동 조합**은 회사원들을 매우 잘 보살핀다.

▸ **(sich) kümmern** 신경 쓰다, 돌보다 / m.(f.) **Angestellte** 회사원

1899 der
Knopf
-(e)s, Knöpfe

m. 단추, 뚜껑 꼭지

Drück bitte mal den roten **Knopf**.
그 빨간 **버튼** 좀 눌러 봐.

▸ **drücken** 누르다, 밀다 / **rot** 빨간색의, 붉은

1900 **mutig**

용기있는, 용감한

Fünf **mutige** Bürger haben ein Kind aus dem Fluss gerettet.

다섯 명의 **용감한** 시민들이 한 아이를 강에서 구해 냈다.

▸ m. **Bürger** 시민, 주민 / n. **Kind** 아이 / m. **Fluss** 강 / **retten** 구하다

Tip 'mutig 용기있는'의 비교급-최상급은 mutiger-mutigst이다.

연습문제

1 보기에서 알맞은 단어를 어미 변화에 맞게 빈칸에 채워 문장을 완성하세요.

보기	(sich) streiten　innen　ausfüllen längst　wünschen　achten

1 Ich ________ ein Formular ________.

2 Ich ________________ Ihnen alles Gute.

3 Von ________ war das Haus leider nicht so schön wie von außen.

4 ________________ auf dein Verhalten!

5 Ich habe ________ mit meiner Mama ________.

6 Das sollte eigentlich ________ fertig sein.

2 뜻이 맞는 단어끼리 연결하세요.

1 die Umwelt •	• a 환경 (자연 또는 사회적)
2 die Tätigkeit •	• b 지시, 규정
3 die Wirkung •	• c 활동, 일
4 die Änderung •	• d 효과, 성과, 작용
5 die Vorschrift •	• e 변화, 변경

3 다음 형용사의 뜻과 비교급 - 최상급을 쓰세요.

1 fremd (뜻: ________) - ________ - ________

2 kühl (뜻: ________) - ________ - ________

3 dicht (뜻: ________) - ________ - ________

4 persönlich (뜻: ________) - ________ - ________

5 mutig (뜻: ________) - ________ - ________

정답

1 ① fülle ... aus ② wünsche ③ innen ④ Achte ⑤ mich ... gestritten ⑥ längst

2 ① a ② c ③ d ④ e ⑤ b

3 1) 뜻: 딴 곳의, 타향의, 낯선 - fremder- fremdest 2) 뜻: 서늘한, 시원한, 썰렁한 - kühler- kühlst
3) 뜻: 촘촘한, 밀집한, 아주 가깝게 - dichter- dichtest 4) 뜻: 개인적인, 사적인, 인간적인 - persönlicher- pers
5) 뜻: 용기있는, 용감한 - mutiger- mutigst

Tag 39

Ich will das Foto bei Instagram **hochladen**.

나는 이 사진을 인스타그램에 **업로드하**고 싶어.

Tag – 39

A1

1901 der **Appetit** -(e)s, -e

m. **식욕**

Ich habe keinen Hunger aber **Appetit**.
나는 배고픔은 없지만 **식욕**은 있다.

▸ m. **Hunger** 배고픔

1902 **bis**

~까지

Bis wann brauchst du das Buch?
언제**까지** 너는 책이 필요하니?

▸ **brauchen** 필요로 하다 / n. **Buch** 책

1903 der **Blick** -(e)s, -e

m. **눈빛, 눈초리, 시선**

Dein **Blick** ist sehr ängstlich.
너 **눈빛**이 근심이 많은 듯해.

▸ **ängstlich** 걱정되는, 근심스러운

1904 die **Freizeit** -, -en

f. **여가 시간**

Er verbringt seine **Freizeit** im Fitnesscenter.
그는 그의 **여가 시간**을 헬스장에서 보낸다.

▸ **verbringen** (시간을) 보내다 / n. **Fitnesscenter** 헬스장

1905 **antworten**

대답하다, 응답하다

Es ist schwer auf die Frage zu **antworten**.
그 질문에 **답하기**가 어렵다.

▸ f. **Frage** 질문 / **schwer** 어려운, 무거운

Tip 'Die Frage ist schwer zu beantworten.'라고도 말할 수 있다.

---

die
1906 **Sprache**
-, -n

f. 말, 언어

Meine Mutter**sprache** ist Deutsch.
나의 모국**어**는 독일어이다.

▸ f. **Mutter** 어머니

1907 **mit | kommen**

함께 오다, 함께 가다

Ich gehe spazieren. **Kommst** du **mit**?
나는 산책하러 갈 거야. **함께 갈래**?

▸ **gehen** 가다 / **spazieren** 산책하다

Tip 'Ich mache einen Spaziergang.'로도 말해 보자.

A2

der
1908 **Alarm**
-(e)s, -e

m. 경보, 알람

Ich stelle meinen **Alarm** auf 7 Uhr morgens.
난 매일 아침 7시에 **알람**을 맞춰 놔.

▸ **stellen** 세우다, 배치하다, 준비하다 / **morgens** 아침마다

1909 **außer**

제외하고, 밖에

Ich mag alle Tiere **außer** Katzen.
나는 고양이를 **제외한** 모든 동물을 좋아해요.

▸ **mögen** 좋아하다 / n. **Tier** 동물 / f. **Katze** 고양이

1910 das **Ballett** -(e)s, -e

n. 발레

Frau Meiers Tochter geht gerne zum **Ballet**.
Meier 부인의 딸은 **발레**하러 잘 간다.

▸ f. **Tochter** 딸 / **gehen** 가다 / **gern** 즐겨, 기꺼이

1911 die **Geschichte** -n

f. 이야기, 역사

Er schreibt eine **Geschichte** des dreißigjährigen Krieges.
그는 30년 전쟁의 **역사**를 집필한다.

▸ **schreiben** 쓰다 / **dreißigjährig** 서른 살인, 30년간의 / m. **Krieg** 전쟁

Tip 복수가 없다.

1912 der **Koreaner** -s, -

m. 한국인 (남)

Die **Koreaner** essen gern scharfe Gerichte.
한국인들은 매운 음식을 즐겨 먹는다.

▸ **essen** 먹다 / **gern** 즐겨, 기꺼이 / **scharf** 매운/ n. **Gericht** 요리

Tip 여성은 die Koreanerin이라고 한다.

1913 das **Lokal** (e)s, -e

n. 음식점, 식당, 레스토랑

In dieser Straße gibt es ein neues **Lokal**.
바로 이 거리에는 한 새로운 **식당**이 있다.

▸ f. **Straße** 도로, 길 / **neu** 새로운

1914 der **März** -es, -e

m. 3월

Roberto ist im **März** geboren.
로베르토는 **3월**에 태어났다.

▸ **gebären** 낳다

1915 **nach Haus(e)**

집으로

Gehen Sie nach der Arbeit **nach Hause**?
당신은 일 끝나고 **집으로** 가십니까?

▸ **gehen** 가다 / **nach** ~을(를) 향해서, ~의 뒤에 / f. **Arbeit** 일

Tip '내가 사는 집으로' 간다는 뜻으로 사용된다.

1916 das **Pech** -es, -e

n. 불운, 곤경

So ein **Pech**! Während des Urlaubs hat es die ganze Woche geregnet.
이렇게 **운이 없을 수가**! 휴가 일주일 내내 비가 왔어.

▸ **während** ~하는 동안에 / m. **Urlaub** 휴가 / **ganz** 전체의, 완전히 / f. **Woche** 주 / **regnen** 비 오다

1917 der **Samstag** -(e)s, -e

m. 토요일

Wollen wir am **Samstag** einen Ausflug machen?
우리 **토요일**에 소풍 갈까?

▸ m. **Ausflug** 소풍, 근거리 여행 / **machen** 하다, 만들다

1918 **wie alt**

몇 살의, 나이가 얼마나 든

Wie alt ist dein Sohn?
너의 아들은 **몇 살**이니?

▸ m. **Sohn** 아들

B1

1919 **tatsächlich**

실제의, 사실의

Schwimmen macht mir **tatsächlich** viel Spaß.
수영하는 것은 내게 **실제로** 큰 재미를 준다.

▸ **schwimmen** 수영하다 / **machen** 하다, 말하다 / m. **Spaß** 재미, 즐거움

1920 **unterbrechen**

중단하다, (말을) 끊다

Bitte hör auf, mich zu **unterbrechen**, wenn ich spreche!
제발 내가 **말하면 끊**는 것 좀 그만해!

▸ **aufhören** 그만하다 / **sprechen** 말하다

1921 **vermutlich**

추측할 수 있는, 추측컨대

Vermutlich wird es morgen regnen.
추측컨대, 내일 비가 올 거야.

▸ **morgen** 내일 / **regnen** 비 오다

1922 **während**

~하는 동안에

Während des Essens sprechen wir viel.
식사**하는 동안에** 우리는 많은 얘기를 한다.

▸ n. **Essen** 식사, 음식 / **sprechen** 말하다 / **viel** 많이, 자주

Tip 접속사로 쓰이면 '~하는 반면에'의 의미로, 후치이다.

1923 **zugänglich**

들어갈 수 있는, 접근 가능한

Ist das Gebäude **zugänglich**?
이 건물 **들어갈 수 있**나요?

▸ n. **Gebäude** 건물

1924 **ähnlich**

닮은, 비슷한

Ich bin meiner Mutter **ähnlich**.
나는 나의 엄마를 **닮았어**.

▸ f. **Mutter** 어머니

Tip '~와(과) 닮았다'라는 표현을 할 땐 전치사 없이 3격하고만 사용된다.

1925 **beruflich**

직업상의, 업무상의

Mein Vater fährt **beruflich** Auto.
우리 아빠는 **직업으로** 자동차를 운전하신다.

▸ m. **Vater** 아버지 / **fahren** 타고 가다, ~(으)로 가다 / n. **Auto** 자동차

Tip 'Mein Vater fährt Autos von Beruf.'도 동일한 의미의 표현이다.

---

das
1926 **Detail**
-s, -s

n. 세부, 상세

Das ist ein **Detail**, welches wir ignorieren können.
이건 우리가 무시해도 되는 **세부** 사항이야.

▸ **welch** 어느, 어떤 / **ignorieren** 무시하다

Tip 여기에서 welch-는 관계대명사로 쓰여 앞 단어를 수식하였다. 의문대명사 일 땐 '어느, 어떤'을 뜻한다.

---

die
1927 **Entlassung**
-, -en

f. 퇴직, 퇴학, 졸업, 석방, 제대

Die **Entlassung**spapiere sind mit der Post gekommen.
해고 내용 증명서가 우편으로 날아왔다.

▸ n. **Papier** 종이, 서류 / f. **Post** 우체국, 우편 / **kommen** 오다

1928 **flexibel**

유연한, 잘 휘어지는

Die Arbeitszeit meiner Firma ist **flexibel**.
나의 회사의 근무 시간은 **유연**하다. (**잘 바뀐**다.)

▸ f. **Arbeitszeit** 근무 시간 / f. **Firma** 회사

Tip 'flexibel 유연한'의 반의어는 'inflexibel 잘 휘어지지 않는, 경직된'이다.

1929 **geeignet**

유용한, 능력있는, 적임의, 융통성 있는

Sie sind für den Job sehr gut **geeignet**.
당신은 이 직업에 매우 **적합하**십니다.

▸ m. **Job** 일, 직업 / **gut** 좋은

1930 der **Import** -(e)s, -e

m. **수입, 수입품**

Der **Import** von ausländischen Autos nach Korea steigt von Jahr zu Jahr weiter an.
외제차의 한국(으로의) **수입**이 매년 계속해서 늘고 있다.

▸ **ausländisch** 외국의 / n. **Auto** 자동차 / **ansteigen** 오르다, 상승하다 / **von Jahr zu Jahr** 해마다, 매년 / **weiter** 계속하여, 이어서

1931 **körperlich**

육체적인, 유형의, 구체적인, 물질적인

Körperlich bin ich fit, aber geistig bin ich echt fertig.
신체적으로 난 멀쩡한데, 정신적으로 난 정말 지쳤어.

▸ **fit** 체력이 좋은 / **geistig** 정신적인, 마음의 / **echt** 진짜의, 실제의, 정말로 / **fertig** 준비가 된, 완성된, 지친

1932 **landen**

착륙하다, 착륙시키다, 내려앉다

Das Flugzeug **landet** in Berlin.
비행기가 베를린에 **착륙한다**.

▸ n. **Flugzeug** 비행기

1933 **mischen**

섞다, 혼합하다

Wenn du 'Spezi' trinken willst, **misch** einfach Fanta und Cola!
너 'Spezi'가 마시고 싶으면 그냥 환타와 콜라를 **섞어**!

▸ **trinken** 마시다 / **mischen** 섞다, 혼합하다 / **einfach** 쉬운, 그냥

Tip Spezi는 환타와 콜라를 섞은 맛으로 독일인들이 즐겨 마시는 음료이다.

1934 **nach | schlagen**

참조하다, 참고하다

Das kannst du in einem Buch **nachschlagen**.
그건 네가 책에서 **참고할** 수 있어.

▸ n. **Buch** 책

Tag 39

1935 **produzie-ren**

생산하다, 제작하다

Die Fabrik meines Vaters **produziert** T-Shirts.
나의 아빠의 공장은 티셔츠를 **생산합니다**.

▸ f. **Fabrik** 공장 / m. **Vater** 아버지 / n. **T-Shirt** 티셔츠

die
1936 **Rente**
-, -n

f. 이자, 연금

Mein Vater bekommt jeden Monat seine **Rente**.
나의 아버지는 매달 그의 **연금**을 받는다.

▸ m. **Vater** 아버지 / **bekommen** 받다, 얻다 / m. **Monat** 달, 월

die
1937 **Schuld**
-, -en

f. 잘못, 책임, 빚

Ich muss Geld sparen, wegen meinen **Schulden** aus dem Sommer.
나는 여름에 (진) **빚** 때문에 돈을 저금해야 한다.

▸ n. **Geld** 돈 / **sparen** 절약하다, 저축하다 / **wegen** ~때문에 / m. **Sommer** 여름

1938 **schief**

비스듬한, 비뚤어진

Hupsala, mein Hut sitzt **schief**!
어이쿠, 내 모자가 **비뚤어졌**군!

▸ m. **Hut** 모자

Tip 'schief 비뚤어진'의 비교급-최상급은 schiefer-schiefst이다.

der
1939 **Vorteil**
-(e)s, -e

m. 이득, 이점, 장점

Was für einen besonderen **Vorteil** hat dein Laptop?
네 노트북은 어떤 특별한 **장점**을 가지고 있니?

▸ **besonder** 특수한, 특별한 / n. **Laptop** 노트북

Tip 'Vorteil 장점'의 반의어는 'der Nachteil 단점'이다.

1940 **wert**

가치있는, 소중한

Wie viel ist dieses Auto **wert**?
이 자동차는 얼만큼 **가치가 있**니?

▸ n. **Auto** 자동차

1941 **allerdings**

물론, 그러나

Das Essen war lecker, **allerdings** sehr teuer.
음식 맛은 좋았**는데,** 너무 비쌌어.

▸ n. **Essen** 음식, 식사 / **lecker** 맛있는 / **teuer** 비싼

die
1942 **Brücke**
-, -n

f. 다리

Der Han Fluss hat viele **Brücken**.
한강에는 많은 **다리**가 있다.

▸ m. **Fluss** 강

1943 **erfordern**

필요로 하다, 요구하다

Die Universität **erfordert** einige Dokumente für die Aufnahme.
그 대학교는 입학을 위해 몇몇 서류를 **요구한다**.

▸ f. **Universität** 대학교 / **einig** 몇몇의 / n. **Dokument** 문서, 서류 / f. **Aufnahme** 수용, 입학, 가입

1944 **fort | setzen**

계속하다, 계승하다, 치우다, 제거하다

Ich will meine Mittagspause **fortsetzen**.
나는 점심 휴식 시간을 **계속 (이어서 더)** 갖고 싶다.

▸ f. **Mittagspause** 점심 휴식 시간

Tag 39

1945 der **Geschmack** -(e)s, Geschmäcke

m. **맛, 기호, 입맛, 취향**

Der **Geschmack** erinnert mich an deutsches Essen.

그 **맛**은 내게 독일 음식을 상기시키는구나.

▸ **(sich) erinnern** 상기하다

1946 **hoch | laden**

업로드하다

Ich will das Foto bei Instagram **hochladen**.

나는 이 사진을 인스타그램에 **업로드하**고 싶어.

▸ n. **Foto** 사진

1947 **klagen**

불평(불만)을 늘어놓다, 호소하다

Ihre Kinder **klagen** über Bauchschmerzen.

그녀의 아이들이 복통을 **호소한다**.

▸ n. **Kind** 아이 / m. **Bauchschmerz** 복통

1948 **mündlich**

구두의, 구술의

Du kannst mir das auch **mündlich** bestätigen.

넌 그것을 **구두로** 내게 확인시켜 줄 수 있다.

▸ **bestätigen** ~에 대해 진실임을 입증하다, 확인하다

Tip 'mündlich 구두의, 구술의'의 반의어는 'schriftlich 글자의, 서면으로'이다.

1949 das **Netzwerk** -(e)s, -e

n. **네트워크**

Soziale **Netzwerke** üben einen großen Einfluss auf die Jugend aus.

소셜 **네트워크**는 청소년들에게 큰 영향을 미친다.

▸ **sozial** 사회의, 사회적인 / **ausüben** 행하다, 나타내다 / **groß** 큰 / m. **Einfluss** 영향 / f. **Jugend** 청소년, 젊은이

1950 **protestieren**

항의하다

Die Menschen **protestieren** gegen den neuen Präsidenten.

사람들이 새로운 대통령에 맞서 **항의한다**.

▸ m. **Mensch** 사람 / **gegen** ~을(를) 향하여, ~에 맞서서 / **neu** 새로운 / m. **Präsident** 대통령

Tag 39

연습문제

1 보기에서 알맞은 단어를 빈칸에 채워 문장을 완성하세요.

보기	körperlich während ähnlich außer antworten geeignet

1 Es ist schwer auf die Frage zu ____________.

2 Sie sind für den Job sehr gut ____________.

3 Ich mag alle Tiere ____________ Katzen.

4 Ich bin meiner Mutter ____________.

5 ____________ des Essens sprechen wir viel.

6 ____________ bin ich fit, aber geistig bin ich echt fertig.

2 뜻이 맞는 단어끼리 연결하세요.

1 die Rente •	• a 직업상의, 업무상의
2 die Geschichte •	• b 이자, 연금
3 vermutlich •	• c 이득, 이점, 장점
4 beruflich •	• d 추측할 수있는, 추측컨대
5 der Vorteil •	• e 이야기, 역사

3 다음 형용사의 뜻과 비교급 - 최상급을 쓰세요.

1 schief (뜻: ____________) - ____________ - ____________

정답

1 ① antworten ② geeignet ③ außer ④ ähnlich ⑤ Während ⑥ Körperlich
2 ① b ② e ③ d ④ a ⑤ c
3 1) 뜻: 비스듬한, 비뚤어진 - schiefer - schiefst

Tag 40

Sie beantwortete seine **Briefe** nicht.

그녀는 그의 **편지들**에 답장하지 않았다.

Tag-40

A1

1951 **(sich) freuen**

~을(를) 기쁘게 하다

Ich habe **mich** über das Geschenk **gefreut**.
나는 그 선물을 받고 **기뻤다**.

▸ n. **Geschenk** 선물

1952 **(sich) an | ziehen**

~에게 착용시키다

Die Mutter **zieht** dem Baby die Schuhe **an**.
엄마가 아기에게 신발을 **신긴다**.

▸ f. **Mutter** 어머니 / n. **Baby** 아기 / m. **Schuh** 신발

1953 **bleiben**

머무르다, 체류하다, 지속되다

Die Krankenschwestern mussten den ganzen Tag bei der Patientin **bleiben** und auf sie aufpassen.
그 간호사들은 하루 종일 그 여자 환자 곁에 **머무르면서** 그녀를 돌봐야 했다.

▸ f. **Krankenschwester** 간호사 / **ganz** 전체의, 완전히 / m. **Tag** 날, 일 / f. **Patientin** 여자 환자 / **aufpassen** 주의하다

1954 der / das
Schild
-(e)s, -e/-er

m. **방패 / n. 간판, 표지판**

Man darf hier nicht schwimmen. Da steht ein **Schild**: 'Schwimmen verboten'.
여기에서 수영을 하면 안 돼. 저기 '수영 금지'라고 쓰여진 **표지판**이 세워져 있어.

▸ **dürfen** ~해도 된다 / **schwimmen** 수영하다 / **stehen** 서 있다, (위치해) 있다 / n. **Schwimmen** 수영하기 / **verboten** 금지된

1955 der
Ausflug
-(e)s, Ausflüge

m. **소풍**

Morgen machen wir einen **Ausflug**.
내일 우리는 **소풍**을 간다.

▸ **morgen** 내일 / **machen** 하다, 만들다

1956 **bisschen**

조금, 약간

Ich kann ein **bisschen** Japanisch sprechen.
나는 일본어를 **조금** 말할 수 있다.

▸ n. **Japanisch** 일본어 / **sprechen** 말하다

1957 **stellen**

세우다, ~에 놓다

Der Student **stellt** das Buch auf das Sofa.
그 남자 대학생이 책을 소파 위**에 놓는다**.

▸ m. **Student** 대학생 / n. **Buch** 책 / n. **Sofa** 소파

1958 die
Halbpension
-, -

f. **일박이식 숙소**

Unser Restaurant gibt uns **Halbpension**.
우리 레스토랑에는 **일박이식 숙소**도 있습니다.

▸ n. **Restaurant** 식당, 레스토랑

Tip Halbpension은 '일박이식 숙소'로 일박과 함께 아침 식사, 저녁 식사가 제공되는 숙박 형태이다.

1959 **kein-**

아무 것도 ~않은, 하나도 ~않은

Das ist **kein** Trinkwasser.
그것은 식수가 **아니다**.

▸ n. **Trinkwasser** 식수

---

der
1960 **Montag**
-(e)s, -e

m. **월요일**

Am **Montag** habe ich keinen Unterricht.
나는 **월요일**에 아무 수업도 없다.

▸ m. **Unterricht** 수업

---

der
1961 **Himmel**
-s, -

m. **하늘**

Der **Himmel** ist heute ganz blau und die Sonne scheint.
하늘이 오늘 완전히 파랗고 해가 비친다.

▸ **heute** 오늘 / **ganz** 전체의, 완전히 / **blau** 파란색의 / f. **Sonne** 태양 / **scheinen** 빛나다, 비치다

---

der
1962 **Professor**
-s, -en

m. **교수 (남)**

Mein **Professor** hat heute meinen Bericht gelobt.
내 **교수님**이 오늘 나의 보고서를 칭찬하셨다.

▸ **heute** 오늘 / m. **Bericht** 보고, 보고서 / **loben** 칭찬하다

1963 der **September** -(s), -

m. **9월**

Das Oktoberfest ist ein deutsches Fest, das von Mitte **September** bis Anfang Oktober stattfindet.

옥토버페스트는 **9월** 중순에서 10월 초까지 열리는 독일의 한 축제이다.

▸ n. **Oktoberfest** 옥토버페스트 / n. **Fest** 축제 / f. **Mitte** 중간, 중순 / m. **Anfang** 시작 / **stattfinden** 일어나다, 행해지다

Tip Oktoberfest는 독일 뮌헨에서 열리는 세계적인 맥주 축제이다.

1964 **wie viel(e)**

얼마나 많은

Wie viele Kinder haben Sie?

자녀들이 **얼마나 많이** 있으신가요?

▸ n. **Kind** 아이 / **haben** 가지고 있다

1965 **aus | sprechen**

발음하다

Der Deutschlehrer **spricht** einen langen Satz sehr deutlich **aus**.

독일어 선생님이 한 긴 문장을 매우 분명하게 **발음하신다**.

▸ m. **Deutschlehrer** 독일어 교사 / **lang** 긴 / m. **Satz** 문장 / **deutlich** 분명한, 잘 들리는

1966 der **Bär** -en, -en

m. **곰**

Der große **Bär** kämpft tüchtig mit den anderen **Bären**.

그 큰 **곰**이 다른 **곰들**과 맹렬히 싸운다.

▸ **groß** 큰 / **kämpfen** 싸우다, 투쟁하다 / **tüchtig** 세차게, 충분히 / **ander** 다른

1967 die
Grippe
-, -n

f. 유행성 감기, 독감

Meine Tochter hat die **Grippe**.
내 딸은 **독감**에 걸렸다.

▸ f. **Tochter** 딸

1968 der
Brief
-(e)s, -e

m. 편지

Sie beantwortete seine **Briefe** nicht.
그녀는 그의 **편지들**에 답장하지 않았다.

▸ **beantworten** 답하다

B1

1969 **(sich) trennen**

갈라서다, 헤어지다

Ich **trenne mich** von meinen alten Klamotten, die mir zu klein sind.
나는 내게 너무 작은 낡은 옷들과 **작별할** 것이다.

▸ **alt** 늙은, 오래된 / f. **Klamotte** 옷, 잡동사니 / **klein** 작은

1970 die
Unterlage
-, -n

f. 서류, 자료, 증거

Uns fehlen noch einige Ihrer **Unterlagen**.
우리에게 당신의 몇몇 **서류들**이 아직 빠져 있습니다.

▸ **fehlen** 실패하다, 아쉽다, 부족하다 / **noch** 아직, 또, 더 / **einig** 몇몇의

1971 **verpflichtet**

의무가 있는, 해야 하는

Du fühlst dich **verpflichtet**, gute Arbeit zu leisten.
너는 일을 잘 해야 한다는 **의무감을** 느끼고 있다.

▸ **(sich) fühlen** 느끼다 / **gut** 좋은 / f. **Arbeit** 일 / **leisten** 해 내다, 행하다

1972 **wahnsin-nig**

정신 나간, 얼빠진

Aaargh! Ich werde **wahnsinnig**.
으악! 난 **미쳐 버**릴 거야.

der
1973 **Zettel**
-s, -

m. **쪽지, 종이**

Der Chef notiert sich etwas auf einem **Zettel**.
사장이 뭔가를 **쪽지**에 메모한다.

▸ m. **Chef** 상사, 사장 / **notieren** 적어 두다, 메모하다 / **etwas** 어떤 것, 무언가

1974 **akzeptie-ren**

받아들이다, 승낙하다

Sein Sohn **akzeptiert** die Vertragsbedingungen der Firma.
그의 아들이 그 회사의 계약 조건을 **받아들인다**.

▸ m. **Sohn** 아들 / f. **Vertragsbedingung** 계약 조건 / f. **Firma** 회사

1975 **(sich) beschäf-tigen**

채용하다, 몰두하게 하다

Ich weiß nicht, wie ich **mich** alleine **beschäftigen** soll. Mir ist langweilig.
난 어떻게 혼자서 **몰두해**야 할지 모르겠어. 너무 지루해.

▸ **wissen** 알다 / **allein** 혼자 / **langweilig** 지루한

1976 **dekorieren**

꾸미다, 장식하다

Wollen wir morgen dein Zimmer **dekorieren**?
우리 내일 네 방을 **꾸밀까**?

▸ **wollen** 원하다, ~하고 싶다 / **morgen** 내일 / n. **Zimmer** 방

1977 **entspannend**

긴장이 풀리는, 편안한

Wenn ich diese Musik höre, ist es **entspannend**.
내가 이 음악을 들을 때면, **긴장이 풀린**다.

▸ f. **Musik** 음악 / **hören** 듣다

Tip 'entspannend 긴장이 풀리는'의 반의어는 'spannend 긴장되는, 흥미진진한'이다.

---

die
1978 **Flüssigkeit**
-, -en

f. 액체, 유동성, 유창함

Ein Auto braucht viele verschiedene **Flüssigkeiten**.
한 자동차에 여러 다양한 **액체(류)**가 필요하다.

▸ n. **Auto** 자동차 / **brauchen** 필요로 하다 / **verschieden** 서로 다른, 다양한

---

das
1979 **Gebiet**
-(e)s, -e

n. 지역, 영역

In diesem **Gebiet** gibt es wenig Tankstellen.
이 **지역**엔 주유소가 적게 있다.

▸ **wenig** 약간의 / f. **Tankstelle** 주유소

1980 **heizen**

데우다, 난방하다

Diesen Winter können wir mehr **heizen**!
이번 겨울에는 우리 좀 더 **난방을 할** 수 있어!

▸ m. **Winter** 겨울

1981 **illegal**

불법의, 위법의

Der Verkauf von Drogen ist **illegal**.
마약 판매는 **불법이**다.

▸ m. **Verkauf** 판매 / f. **Droge** 마약

Tip 'illegal 불법의'의 반의어는 'legal 법률상의, 합법적인'이다.

Tag 40

1982 das
Konsulat
-s, -e

n. **영사관, 영사직**

Ich muss zum koreanischen **Konsulat**, um mein Visa abzuholen.
나는 비자를 받기 위하여 한국 **영사관**에 가야 한다.

▸ **koreanisch** 한국의 / n. **Visum** 출입국 허용, 비자 / **abholen** 수령하다, 가져오다

1983 **(sich) langweilen**

지루하다

Langweilst du **dich** schon?
너 벌써 **지루하**니?

▸ **schon** 이미, 벌써

Tip 동일한 의미의 표현 'Ist dir langweilig?'로도 말해 보자.

1984 **miteinander**

서로, 함께

Wir gehen jetzt **miteinander** nach Hause.
우리는 지금 **함께** 집으로 간다.

▸ **gehen** 가다 / n. **Haus** 집

1985 die
Nachfrage
-, -n

f. **문의, 조회, 수요**

Die **Nachfrage** nach diesem Produkt ist sehr hoch.
이 상품의 **수요**가 매우 높다.

▸ n. **Produkt** 제품 / **hoch** 높은

Tip '수요와 공급'을 'Nachfrage und Angebot'라고 한다.

1986 die
Puppe
-, -n

f. **인형**

Kleine Mädchen spielen oft mit **Puppen**.
어린 소녀들이 종종 **인형**을 가지고 논다.

▸ **klein** 작은, 적은, 어린 / n. **Mädchen** 소녀, 여자아이 / **spielen** 놀다, 연주하다, 경기하다 / **oft** 자주

1987 **regional**

지방의, 지역적인

Mit dem **Regional**programm kann man **regionale** Nachrichten hören.

지역 방송을 통해서 사람들은 **지역의** 소식을 들을 수 있다.

▸ n. **Programm** 프로그램, 방송 / f. **Nachricht** 소식, 뉴스 / **hören** 듣다

1988 **salzig**

짠, 소금기가 많은

Deutsches Essen ist zu **salzig** für Koreaner.

독일 음식은 한국인들에겐 너무 **짜**다.

▸ n. **Essen** 음식, 식사 / m. **Koreaner** 한국 사람

1989 **schützen**

지키다, 보호하다

Auf der Welt gibt es viele Organisationen, die die Wale **schützen** möchten.

전 세계에 고래를 **보호하**고자 하는 기구가 많이 있다.

▸ f. **Welt** 세상 / f. **Organisation** 조직, 기구 / m. **Wal** 고래 / **möchten** 원하다

1990 **wenden**

뒤집다, 방향을 바꾸다

Du musst da hinten **wenden**.

너는 저 뒤에서 **방향을 바꿔**야 한다.

▸ **hinten** ~뒤에

1991 **(sich) amüsieren**

재밌게 지내다, 즐거운 시간을 보내다

Ich **amüsiere mich** im Freizeitpark.

나는 놀이공원에서 **즐거운 시간을 보낸다**.

▸ m. **Freizeitpark** 놀이공원

1992 **beschließen**

끝내다, 결정하다

Aufgrund Ihrer hervorragenden Leistungen in unserem Unternehmen, haben wir **beschlossen**, Sie zum Manager zu befördern.
당신의 우리 회사에서의 뛰어난 성과를 토대로 우리는 당신을 매니저로 승진시키기로 **결정했**습니다.

▸ **aufgrund** ~에 근거하여, ~때문에 / **hervorragend** 탁월한, 뛰어난 / f. **Leistung** 성과, 업적 / n. **Unternehmen** 회사 / m. **Manager** 매니저 / **befördern** 나아가게 하다, 승진시키다

1993 **entweder A oder B**

A이거나 또는 B

Ihre Familie reist **entweder** heute **oder** morgen ab.
그녀의 가족은 오늘**이나** 내일 여행을 간다.

▸ f. **Familie** 가족 / **reisen** 여행하다 / **heute** 오늘 / **morgen** 내일

1994 **folgen**

뒤따르다, 뒤따라가다

Seine Familie **folgte** ihm ins Ausland.
그의 가족은 그를 **따라** 해외로 **갔다**.

▸ f. **Familie** 가족 / n. **Ausland** 외국

1995 die **Geschwindigkeit** -, -en

f. 속도, 속력

Die **Geschwindigkeit** von Ihrem Auto war zu hoch.
당신 자동차의 **속력**이 너무 높았습니다.

▸ n. **Auto** 자동차 / **hoch** 높은

1996 **klären**

분명하게 하다, 맑게 하다, 정제하다

Wir sollten erst **klären**, wann und wo wir uns genau treffen wollen.
우리는 우선 우리가 정확히 언제 어디서 만나려는지 **분명히 해야** 한다.

▸ **erst** 첫 번째의, 우선 / **genau** 정확히 / **treffen** 만나다 / **wollen** 원하다, ~하고 싶다

---

der
1997 **Mittag**
-(e)s, -e

m. **정오, 점심**

Was haben Sie zu(m) **Mittag** gegessen?
당신은 **점심**으로 무엇을 먹었습니까?

▸ **essen** 먹다

Tip 'Was haben Sie als Mittagessen gehabt/gegessen?'으로도 표현 가능하다.

---

der
1998 **Nagel**
-s, Nägel

m. **손톱, 발톱, 못**

Wir hängen das Bild an den **Nagel**, der in der Wand steckt.
우리는 벽에 있는 **못**에 그림을 건다.

▸ **hängen** 걸다 / n. **Bild** 그림, 사진 / f. **Wand** 벽

---

die
1999 **Pflaume**
-, -n

f. **자두, 자두나무**

Meine Mutter entsteint **Pflaumen**.
나의 엄마가 **자두** 씨를 빼 낸다.

▸ f. **Mutter** 어머니 / **entsteinen** 돌을 제거하다, 씨를 제거하다

---

die
2000 **Rückkehr**
-

f. **귀환, 복귀, 반환**

In einem Monat steht meine **Rückkehr** nach Korea an.
한 달 뒤에 나의 한국으로의 **복귀**(한국으로 **돌아감**)가 예정되어 있다.

▸ m. **Monat** 달, 월 / **anstehen** 접해 있다, 정해져 있다

Tip 복수가 없다.

Tag 40

연습문제

1 보기에서 알맞은 단어를 빈칸에 채워 문장을 완성하세요.

보기	illegal　Unterlage　(sich) freuen Konsulat　schützen　verpflichtet

1 Ich habe ______ über das Geschenk __________.

2 Ich muss zum Koreanischen __________________, um mein Visa abzuholen.

3 Ich glaube, dass irgendwann ein Held zu mir kommt, um mich zu ______________.

4 Uns fehlen noch einige Ihrer ______________________.

5 Ich fühle mich ______________, gute Arbeit zu leisten.

6 Der Verkauf von Drogen ist ______________________.

2 뜻이 맞는 단어끼리 연결하세요.

1 der Nagel •	• a 소풍
2 miteinander •	• b 조금, 약간
3 die Geschwindigkeit •	• c 손톱, 발톱, 못
4 der Ausflug •	• d 지역, 유역
5 bisschen •	• e 정신나간, 얼빠진
6 wahnsinnig •	• f 서로, 함께
7 das Gebiet •	• g 속도, 속력

정답

1 ① mich... gefreut ② Konsulat ③ schützen ④ Unterlagen ⑤ verpflichtet ⑥ illegal
2 ① c ② f ③ g ④ a ⑤ b ⑥ e ⑦ d

독일의 유명한 음악가들

우리가 잘 아는 음악가들 중에서도 독일인이 많습니다. 음악의 아버지로 불리는 바흐부터 알아볼까요?

▲ 본의 바흐 생가

Johann Sebastian Bach 요한 세바스티안 바흐

바로크 음악을 대표하는 음악가이자 오르간 연주자인 요한 세바스티안 바흐는 음악의 아버지로 알려져 있다. 서양 음악사를 집대성한 것은 물론, 우수한 제자를 많이 양성해 후대 음악 발전에도 지대한 영향을 끼쳤다.

Ludwig van Beethoven 루드비히 반 베토벤

베토벤은 하이든, 모차르트와 더불어 빈 고전파를 대표하는 음악가이다. 7세 때부터 연주회를 열었고, 11세 때는 최초의 작품을 발표하는 등 뛰어난 재능을 보인 베토벤은 27세 무렵부터 시작된 난청 때문에 시련을 겪기도 했다. 하지만 베토벤은 청각을 잃은 상태에서도 작품 활동을 계속해 나갔고 '운명', '황제' 등의 걸작을 남겼다.

Johannes Brahms 요하네스 브람스

함부르크에서 태어난 브람스는 19세기 후반 낭만주의를 대표하는 음악가 중 하나이다. 자신만의 풍부하고 다양한 감정을 음악에 담아, 소박하고도 인간적인 곡을 많이 남겼다. 그의 음악은 낭만적인 색채를 띠면서도 독일 음악의 전통을 따라 구성과 형식이 뚜렷하다는 특징을 갖고 있다.

시원스쿨 독일어

커리큘럼

왕초보부터 독일어 능력 시험까지 맞춤형 커리큘럼으로 여러분의 독일어를 책임집니다.

단계	왕초보	기초	
난이도	A0	A1	A2
통합	왕초보 탈출 1탄	왕초보 탈출 2탄	왕초보 탈출 3탄
	가장 쉬운 독일어 첫걸음		
문법/어휘		가볍게 시작하는 독일어 기초문법	
		하루 20분 필수 VOKA 1, 2, 3탄	동사 Master
	GO! 독학 독일어 단어장		
말하기	독일어 발음 마스터	자신만만 기초 말하기 1탄	자신만만 기초 말하기 2탄
			리얼! 실전 독일어 회화
			리얼! 현지 독일어 1, 2탄
		여행 독일어	
듣기		귀가 트이는 독일어 듣기 A1-A2	
쓰기(작문)		한국인이 자주 틀리는 독일어 A1-A2	
		술술 써지는 기초 작문	
읽기		동화로 배우는 독일어 1	동화로 배우는 독일어 2
시험		60일 완성! 독일어 능력 시험 A1	60일 완성! 독일어 능력 시험 A2
			독일어 능력 시험 A2 실전 모의고사
			독일어 능력시험 telc A2

<table>
<tr><th colspan="3">중급 · 고급</th></tr>
<tr><th>B1</th><th>B2</th><th>C1</th></tr>
<tr><td>영화로 배우는 독일어
<투어 드 포스></td><td></td><td></td></tr>
<tr><td></td><td></td><td></td></tr>
<tr><td colspan="2">제대로 배우는 독일어 중급문법</td><td></td></tr>
<tr><td></td><td></td><td></td></tr>
<tr><td>GO! 독학 독일어 단어장</td><td></td><td></td></tr>
<tr><td></td><td>독일어 주제별 말하기 1</td><td>독일어 주제별 말하기 2</td></tr>
<tr><td>EASY 네이티브 중급 독일어</td><td>EASY 네이티브 고급 독일어</td><td></td></tr>
<tr><td>리얼! 현지 독일어 1, 2탄</td><td></td><td></td></tr>
<tr><td>술술 말하는 네이티브 꿀 패턴</td><td></td><td></td></tr>
<tr><td>실전! 서바이벌 독일어</td><td></td><td></td></tr>
<tr><td colspan="2">리얼 상황별 독일어 회화</td><td></td></tr>
<tr><td>여행 독일어</td><td></td><td></td></tr>
<tr><td colspan="2">귀가 트이는 독일어 듣기 B1-B2</td><td>고급 독일어 청취</td></tr>
<tr><td></td><td></td><td></td></tr>
<tr><td colspan="2">술술 써지는 독일어 중고급 작문</td><td></td></tr>
<tr><td>문화사로 배우는 독일어</td><td></td><td>뉴스로 배우는 고급 독일어</td></tr>
<tr><td>60일 완성!
독일어 능력 시험 B1</td><td rowspan="2">60일 완성!
독일어 능력 시험 B2</td><td></td></tr>
<tr><td>독일어 능력 시험
B1 실전 모의고사</td><td></td></tr>
<tr><td>독일어 능력시험 telc B1</td><td>독일어 능력시험 telc B2</td><td></td></tr>
<tr><td colspan="3">FLEX UP 독일어</td></tr>
</table>

시원스쿨 독일어 홈페이지를 방문해 보세요!

germany.siwonschool.com

Level

Test

혜택 1

현재 내 실력은? 레벨 테스트!

독학에 성공하기 위해서는 수시로 나의 실력을 점검하며 레벨에 맞는 커리큘럼에 따라 학습해야 합니다. 시원스쿨 독일어 홈페이지에서 무료로 레벨테스트하고 혜택도 받으세요.

준비 왕초보 또는 중·고급 기준으로 현재 나의 실력이 어느 정도인지 확인하세요.

STEP 02

실력 확인 총15개의 문항으로 나의 레벨과 채점 결과, 정답 및 해설까지 살펴보세요.

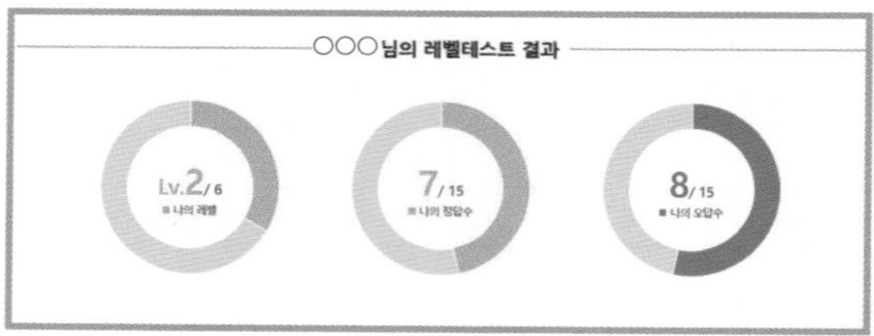

STEP 03

레벨테스트 혜택 받기 나에게 딱 맞는 추천 강의와 패키지 할인 쿠폰을 받으세요.

혜택 2

모르는 건 바로바로! 공부 질문게시판

강의와 도서 내용 중 궁금한 점을 공부 질문게시판에 올려 주세요. 담당 강사진과 시원스쿨 독일어 연구진이 바로바로 자세히 답변해 드립니다.

독일어 퍼펙트 원어민 발음 강의 자음 r발음 z발음 (0)	답변대기
독일어 퍼펙트 원어민 발음 강의 장음 단음 발음할 때 (0)	답변대기
독일어 왕초보탈출 1탄 Haben 부정문 질문 (0)	답변대기
독일어 왕초보탈출 2탄 명령문질문입니다 (0)	답변대기
독일어 왕초보탈출 2탄 독일어 왕초보 2탄 김성희 (1)	답변완료
독일어 왕초보탈출 3탄 형용사 어미변화 (1)	답변완료
60일 완성! 독일어 능력 시험 B1 Trozt der Bedenken unserer Nachbarn에서 (1)	답변완료

혜택 3

모두 무료! 공부 자료실

학원에 가지 않아도 충분한 학습 자료를 제공합니다. 원어민 MP3 파일과 샘플 강의뿐만 아니라 강의별 주제별·테마 어휘, 기초 문법 자료 등 수시로 업데이트되는 자료를 꼭 챙기세요.

원어민이 자주쓰는 꿀! 패턴 독일어 축약형 배우기 ★ (0)	1970
독일어 왕초보탈출 2탄 독일어 형용사 원급_비교급_최상급 알아보기! ★ (0)	1524
독일어 왕초보탈출 1탄 독일어로 채소 말하기 ★ (0)	1132
독일어 왕초보탈출 3탄 3,4격 지배 전치사를 공부해보자 ★ (0)	972
리얼! 현지 독일어 2탄 편지쓰기 (지인/모르는사람에게_formeller Brief) ★ (0)	2296
리얼! 현지 독일어 1탄 독일어로 각종 부호는 어떻게 말할까!? ★ (1)	932

혜택 4

완전 핵이득! 이벤트

참여만 해도 사은품이 와르르! 수시로 할인, 증정 이벤트를 제공합니다.

로그인 | 회원가입 | 고객센터
SIWON
시원스쿨 제2외국어
랜드 대상 (9년 연속)
사이트 설문조사
이벤트 진행중!
원스쿨 독일어 수강신청 수강후기 선생님 소개 무료학습 학습지원센터 이벤트

시원스쿨
독일어 강사진

"기초 독일어 절대 강자
김성희 선생님"

강좌

- 독일어 왕초보탈출 1, 2, 3탄
- 독일어 진짜학습지 첫걸음
- 독일어 자신만만 기초말하기 1,2탄
- 술술 써지는 독일어 기초 작문, 중고급 작문
- 동화로 배우는 독일어 Ⅰ, Ⅱ
- 독일어능력시험 Telc B1

"독일어 강의 베테랑
민병필 선생님"

강좌

- 가볍게 시작하는 독일어 기초 문법
- 제대로 배우는 독일어 중급문법
- 가장 쉬운 독일어 첫걸음
- 독일어 능력시험 A2 실전 모의고사

"속성 독일어 전문가
이로사 선생님"

강좌

- 하루 20분 VOKA 1, 2, 3탄
- 귀가 트이는 독일어 듣기 A1-A2
- 귀가 트이는 독일어 듣기 B1-B2
- 동사 Master
- 60일 완성! 독일어 능력 시험 A1, A2
- GO! 독학 독일어 단어장
- FLEX UP 독일어
- 독일어능력시험 Telc B2

"합격을 위한 독일어 전문가
최유정 선생님"

강좌

- 독일어 능력시험 B1 실전 모의고사
- 독일어 능력시험 Telc A2
- 문화사로 배우는 독일어

독일어 도서 라인업

GO! 독학 독일어 첫걸음

체계적인 커리큘럼으로 혼자서도 쉽게 독학할 수 있다GO!

초보자도 혼자서 무리없이 학습할 수 있는 회화 위주의 체계적인 커리큘럼으로, 일상 회화를 통해 어휘와 문법을 익힐 수 있으며 스토리텔링 방식으로 더 쉽고 재미있게 학습이 가능하다.

김성희 지음 | 원어민 김현정 감수 | 값 18,900원
(본책+별책 부록+ MP3+무료 강의 제공)

GO! 독학 독일어 문법

A1-B2 필수 문법 완벽 정복!

독일어 전공자뿐만 아니라 독일어를 처음 접하는 왕초보 학습자들도 최대한 쉽고 재미있게 독일어에 접근하고 문법을 이해할 수 있도록 구성한 교재이다. 학원에 다니지 않아도 이 책 한 권과 풍성한 학습 자료들, 저자 직강 유료 동영상 강의로 독일어 문법을 완벽하게 마스터할 수 있다.

민병필 지음 | 값 19,800원

실전 말하기와 시험 준비까지 **완전** 정복!

GO! 독학 독일어 단어장

매일 딱15분만!

김범식독일어학원 저
Michael Gutzeit 감수

시원스쿨닷컴

개정 1쇄 발행 2024년 8월 12일

지은이 김범식독일어학원
감수 Michael Gutzeit
펴낸곳 (주)에스제이더블유인터내셔널
펴낸이 양홍걸 이시원

홈페이지 www.siwonschool.com
주소 서울시 영등포구 영신로166 시원스쿨
교재 구입 문의 02)2014-8151
고객센터 02)6409-0878

ISBN 979-11-6150-870-2
Number 1-531108-25252507-08

GO! 독학 독일어 단어장

머리말

이 책을 펼치신 여러분, 반갑습니다.

한국어와 전혀 다른 체계의 독일어 문법, 영어보다 많은 알파벳, 다양한 규칙들과 변화형 등 독일어는 일견 어렵다는 인상을 받기 쉽습니다.
특히 현장에서 십수 년간 학생들을 만나며, 끝없는 단어의 벽에 부딪혀 막막해하는 모습들을 종종 볼 수 있었습니다. 실제로 그들은 입을 모아

'도대체 어떤 단어를 몇 개까지 외워야 하나요?'
'어떻게 해야 빨리 많이 외울 수 있나요?'

라며 힘들어했습니다.
새로운 언어를 배울 때, 단어의 중요성은 아무리 강조해도 지나치지 않습니다. 일상회화부터 시험용 및 고급 독일어까지, 모든 말과 글의 가장 기초가 되는 것이 바로 탄탄한 단어 학습량이기 때문이죠. 물론 말처럼 쉽지만은 않을 것입니다. 그럴 땐 무엇 때문에 독일어를 배우기 시작했는지 다시 한 번 되새겨 보세요. 또, 독일어로 능수능란하게 소통하는 나의 모습도 상상해 보세요. 그렇게 한 걸음씩 멈추지 않고 계속한다면, 하루하루 늘어가는 나의 실력과 더불어 독일어를 이해하고 알아가는 기쁨 또한 크리라 확신합니다.

이 책은 독일어를 필요로 하는 모든 분들의 실력 향상을 위해 저의 모든 노하우를 담았습니다.

먼저 각 Tag마다 독일어능력시험 A1, A2, B1 기준으로 구분된 단어를 예문과 함께 듣고, 보고, 읽어 보세요. 나의 현재 수준과 목표에 맞춰 각 단계별 학습 속도를 조절할 수 있습니다. 성별과 수에 따른 관사와 변화형까지 한눈에 들어오도록 수록되어 있으니 반드시 통으로 암기하시기 바랍니다. 무료 제공하는 원어민 MP3를 꼭 활용하여 네이티브 발음으로 단어와 예문을 연습해 보세요. **Step 1. 책 보고, 듣고, 따라하기 → Step 2. 책 안 보고, 듣고, 따라하기 → Step 3. 책 보고 따라한 다음, 듣고 확인하기**와 같은 순서로 자연스럽게 말하기 훈련까지 병행해도 좋습니다. 이어서 예문에 등장한 단어들과 꼭 필요한 독일어 Tip까지 내 것으로 만들고, 연습 문제로 실력을 점검해 보세요. 마지막으로, 잠시 쉬어 갈 수 있는 독일 Talk 코너로 독일어를 좀 더 즐겁고 흥미롭게 만나 보세요.

Aller Anfang ist schwer,
doch ohne ihn kein Ende wär'.

모든 시작은 어렵다, 그러나 시작이 없이는 결과도 없다.

(독일 속담)

첫 시작에서 목표 달성까지, 언제나 여러분의 독일어 학습을 응원하겠습니다.

Deutsch - Institut BSK 원장
저자 김범식

이 책의 구성과 특징

표제어
A1, A2, B1 체계에 따라 엄선된 단어 2,000개를 하루 50단어, 총 40일 암기 코스로 정리했습니다. 단어의 성별과 수에 따른 관사와 변화형까지 한눈에 익히세요.

예문
실제 원어민이 자주 사용하는 예문으로 단어 암기력 향상은 물론, 말하기 훈련까지 가능합니다.

원어민 MP3
독일 원어민 전문 성우가 녹음한 단어와 예문 MP3 파일을 제공합니다.
(germany.siwonschool.com ▶쿠폰번호 입력 후 다운로드)

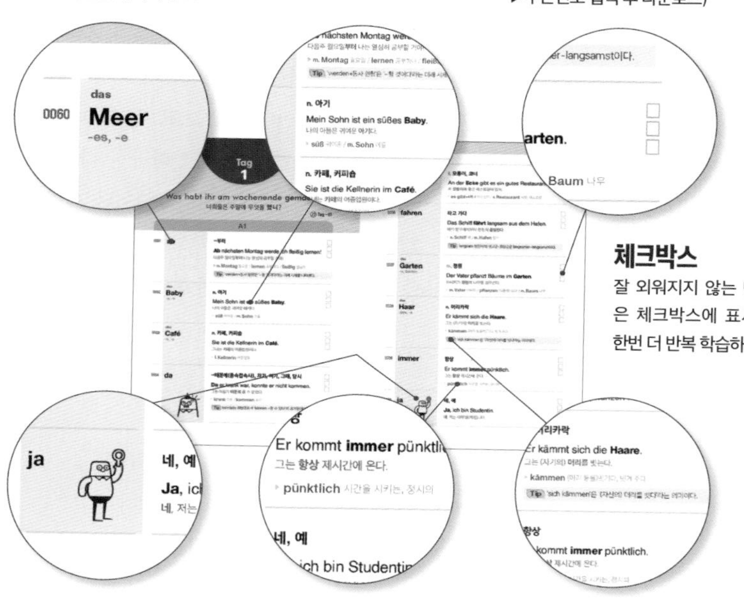

체크박스
잘 외워지지 않는 단어들은 체크박스에 표시하고 한번 더 반복 학습하세요.

삽화
단어와 예문 상황에 꼭 맞는 귀여운 그림으로 연상 작용을 일으켜, 단어 암기를 돕습니다.

참고 단어
예문에 제시된 새 단어들을 바로 아래 제시하여, 잘 모르는 단어도 바로바로 이해할 수 있습니다.

TIP
독일어 고수가 되기 위해 꼭 알아야 할 꿀팁만 모았습니다. 문법, 응용 단어, 유의어 비교, 복습 포인트 등 빠짐없이 내 것으로 만드세요.

연습문제
외국어 독학에 성공하기 위해서는 실력 점검과 복습이 필수적입니다. 목표한 단어를 다 외웠는지 각 Tag마다 연습문제로 꼭 확인해 보세요.

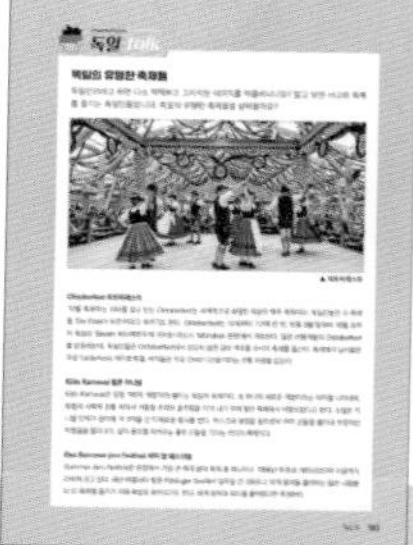

독일 Talk
독일의 명소, 축제, 유명인 등 읽을거리를 통해 좀 더 재미있는 독일어로 한 발짝 다가갈 수 있도록 하였습니다.

단어 학습 플랜

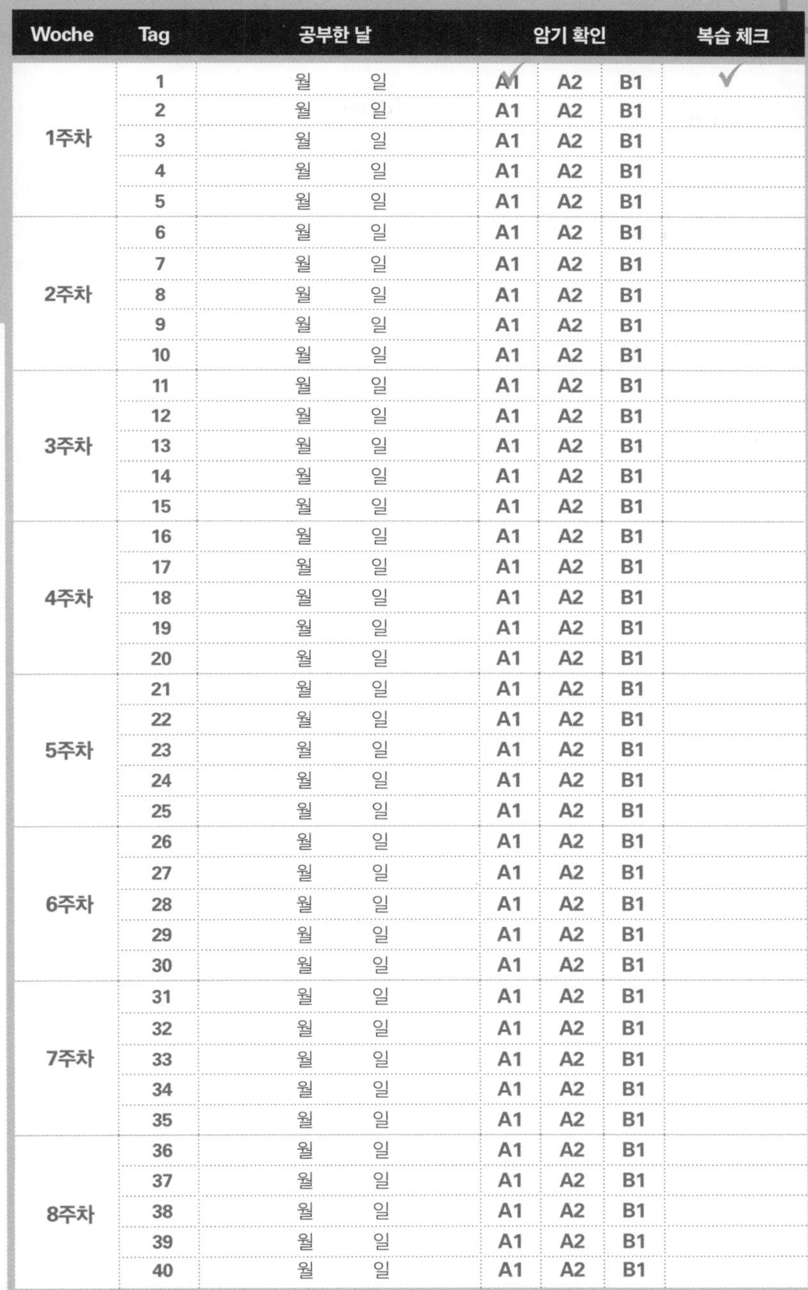

Woche	Tag	공부한 날	암기 확인			복습 체크
1주차	1	월 일	A1	A2	B1	✓
	2	월 일	A1	A2	B1	
	3	월 일	A1	A2	B1	
	4	월 일	A1	A2	B1	
	5	월 일	A1	A2	B1	
2주차	6	월 일	A1	A2	B1	
	7	월 일	A1	A2	B1	
	8	월 일	A1	A2	B1	
	9	월 일	A1	A2	B1	
	10	월 일	A1	A2	B1	
3주차	11	월 일	A1	A2	B1	
	12	월 일	A1	A2	B1	
	13	월 일	A1	A2	B1	
	14	월 일	A1	A2	B1	
	15	월 일	A1	A2	B1	
4주차	16	월 일	A1	A2	B1	
	17	월 일	A1	A2	B1	
	18	월 일	A1	A2	B1	
	19	월 일	A1	A2	B1	
	20	월 일	A1	A2	B1	
5주차	21	월 일	A1	A2	B1	
	22	월 일	A1	A2	B1	
	23	월 일	A1	A2	B1	
	24	월 일	A1	A2	B1	
	25	월 일	A1	A2	B1	
6주차	26	월 일	A1	A2	B1	
	27	월 일	A1	A2	B1	
	28	월 일	A1	A2	B1	
	29	월 일	A1	A2	B1	
	30	월 일	A1	A2	B1	
7주차	31	월 일	A1	A2	B1	
	32	월 일	A1	A2	B1	
	33	월 일	A1	A2	B1	
	34	월 일	A1	A2	B1	
	35	월 일	A1	A2	B1	
8주차	36	월 일	A1	A2	B1	
	37	월 일	A1	A2	B1	
	38	월 일	A1	A2	B1	
	39	월 일	A1	A2	B1	
	40	월 일	A1	A2	B1	

차례

온라인 제공 원어민 MP3 파일 (germany.siwonschool.com)

Woche
1